HTML5, CSS3, JavaScript를 이용한
모바일 웹 애플리케이션

# 모바일 웹 개발의 정석

**초판 1쇄** 2013년 11월 11일

**글쓴이** 그렉 아볼라 · 존 라쉬 **옮긴이** 이대호 **펴낸이** 서인석 **펴낸곳** (주)제우미디어 **출판등록** 제 3-429호 **등록일자** 1992년 8월 17일
**주소** 서울시 마포구 상수동 324-1 한주빌딩 5층 **전화** 02-3142-6845 **팩스** 02-3142-0075
**홈페이지** www.jeumedia.com **페이스북** www.facebook.com/jeumedia

**ISBN** 978-89-5952-292-7

값은 뒤표지에 있습니다. 파본 및 잘못된 책은 바꾸어 드립니다.

이 책의 한국어판 저작권은 ㈜엔터스코리아를 통한 저작권사와의 독점 계약으로 ㈜제우미디어가 소유합니다.
신 저작권법에 의하여 한국 내에서 보호를 받는 저작물이므로 무단전재와 무단복제를 금합니다.

**만든 사람들 | 출판사업부총괄** 손대현 **기획편집** 전태준 **교정 · 교열** 안종군 **기획팀** 김용진, 홍지영, 김혜리, 신한길
**영업** 김웅현, 김영욱, 박임혜, 최호식 **제작** 김금남 **표지 · 내지디자인** 디자인수 **도움주신분** 김태현, 박현철, 최명훈

HTML5, CSS3, JavaScript를 이용한
모바일 웹 애플리케이션

# 모바일 웹 개발의 정석

제우미디어

# 목 차

# Part II: 애플리케이션과 내부 구조 수립

# Part III: 개발

## Chapter 7 Web SQL과의 상호 작용

## Chapter 8 Geolocation과 AJAX

## Chapter 9 Query 실행과 소셜 미디어 연결하기

## Part IV: 성능 및 프로덕션

## 부록 A: HTML5, CSS3, JavaScript의 개념

# 소 개

모바일 웹 사이트는 만들기도 쉽고, HTML5, CSS3를 이용하여 여러 가지 기능을 사용할 수 있다는 장점이 있지만 지금까지의 모바일 분야 개발은 iOS와 Android의 Native Application(이하 '네이티브 앱') 개발에 치중되어 있습니다.

하지만 네이티브 앱에 대한 수요가 늘어남에 따라 개발과 유지, 보수에 대한 비용이 점차 증가하기 시작했습니다. 유저들은 좀 더 쉽고, 빠르며, 높은 품질을 가진 다양한 플랫폼에 적용할 수 있는 애플리케이션을 원했지만 네이티브 앱들이 나오기 시작했을 당시, 모바일 브라우저에서 네이티브 앱급의 품질을 구현할 수는 없었습니다.

2012년, 모바일 브라우저들이 마침내 네이티브 앱에 대한 대응책을 내놓았습니다. 개발자들은 HTML5/CSS3/JavaScript의 다양한 기능을 이용하여 네이티브 앱과 비슷하거나 더 뛰어난 품질을 가진 결과물을 만들 수 있게 되었습니다. 이 결과물은 동시에 다양한 장치들과 플랫폼에 적용할 수 있었기 때문에 각각의 플랫폼에 맞는 개발자를 따로 고용해야 하는 수고를 덜게 되었습니다.

네이티브 앱 개발사들은 앱들이 좀 더 유명해지는 것에 중점을 두고 있지만, 이 와중에도 HTML5 분야는 매일 조금씩 성장하고 있습니다. HTML5/CSS3/JavaScript를 이용한 웹 애플리케이션 또한 점점 더 많은 사람들이 모바일 장치를 사용하게 되면서 좀 더 저렴한 비용으로 회사의 제품과 서비스를 모바일상에서 제공할 수 있게 되었습니다.

이 책에는 모바일 웹 애플리케이션 샘플 제작 방법을 바탕으로 모바일 웹 애플리케이션을 처음 만들어 보는 사용자부터 이미 많이 만들어 본 사용자에 이르기까지 활용할 수 있는 다양한 난이도의 스킬을 소개하였습니다. 따라서 모바일 웹 표준에 대한 이해의 폭을 넓히고 웹 애플리케이션을 만드는 데에 많은 도움이 될 것입니다.

모바일 웹 애플리케이션을 만들고 싶다고 해서 Objective-C와 Java를 반드시 배워야 할 필요는 없습니다.

그 이유는 HTML5/CSS3/JavaScript를 이용하면 브라우저라는 커다란 앱 스토어에서 당신만의 특별한 앱을 만들 수 있기 때문입니다.

이 책의 궁극적인 목적은 개발자들에게 모바일 웹 개발과 관련된 로컬 테스팅, 개발, 품질 향상 및 트윅에 관한 전반적인 내용을 설명하는 것입니다. "모바일 웹 개발의 정석"은 새로운 기술을 이해하는 방법과 그 기술을 실제 애플리케이션과 아이디어에 적용할 수 있는 방법을 제공합니다. 모바일 웹 애플리케이션 개발이 처음에는 어렵게 느껴질지 모르지만 기초부터 잘 배워두면 어느새 실력 있는 개발자가 되어 있을 것입니다.

이 책은 총 4개의 파트로 구성되어 있습니다.

## PART I: HTML5/CSS3/JavaScript에 대한 소개

파트 I에서는 HTML5/CSS3/JavaScript란 무엇이고, 어떻게 모바일 장치에 적용되는지에 대해 소개합니다. 가장 많이 사용하는 Manifest Cache, Geolocation과 CSS3를 하나씩 분석하는 한편, 각 섹션에 예제 코드를 수록하여 직접 적용해볼 수 있도록 하였습니다. 이와 아울러 jQuery Mobile과 jQTouch와 같은 모바일 UI 프레임 워크에 대해서도 설명하였습니다.

여러분이 이 책에서 배우게 될 기술은 많은 배경 지식을 필요로 합니다. 이 배경 지식들을 자기 것으로 만들기 위해서는 각각의 장치가 지원하는 기술과 그에 대한 제한 사항까지 알고 있어야 합니다. 파트 I에서는 모바일 웹 애플리케이션을 구동할 수 있게 해주는 운영 체제와 브라우저에 대해 설명합니다. 모바일 기기가 다양한 만큼 모바일 브라우저 버전이나 장치의 화면 크기도 다양합니다. 이 모든 상황에서 애플리케이션이 정상적으로 동작하게 만드는 것이 무엇보다 중요합니다.

마지막으로 모바일 웹을 채택한 회사들과 이 회사들이 사용한 기술에 대해 알아볼 것입니다. 이 웹 사이트들은 웹 애플리케이션에서도 네이티브 애플리케이션만큼 다양한 기능들을 사용할 수 있다는 것을 보여줄 것입니다.

## PART II: 애플리케이션과 내부 구조 수립

파트 II에서는 'Corks'라는 샘플 애플리케이션에 대한 전반적인 구조에 대해 설명합니다. Corks는 개인 소유의 와인을 관리해주는 애플리케이션으로, 이 책에서는 jQuery Mobile을 이용하여 제작합니다.

모바일 애플리케이션 개발과 이를 테스트할 수 있는 MAMP, XAAMP와 디바이스 시뮬레이터에 대해 설명하고, 이와 아울러 모바일 웹 호스팅 옵션과 CDNs(콘텐츠 배달 서비스)를 이용한 대역폭 줄이기에 관련된 사항도 알아봅니다.

마지막으로 샘플 애플리케이션을 통해 모바일 웹 개발에 있어서 정말 중요한 부분인 Wireframe 설정과 애플리케이션의 기능, 레이아웃 및 구조에 대해 알아볼 것입니다.

## PART III: 개발

파트 III은 애플리케이션의 기능에 사용되는 HTML5/CSS3/JavaScript에 대한 부분으로, Geolocation을 이용하여 와인의 위치를 찾는 방법과 Twitter를 이용하여 자신이 가지고 있는 와인에 대해 이야기하는 방법에 대해 설명합니다.

마지막으로 Web SQL, 웹 데이터베이스, 로컬 저장소 등을 이용해 애플리케이션을 지속하는 방법에 대해서도 설명합니다. 이 방법은 모바일 장치에서 브라우저가 구동 중이지 않을 때에도 유저들의 데이터를 유지할 수 있도록 해줍니다.

## PART IV: 성능과 제품

파트 IV는 성능 튜닝 부분으로, 최적화와 표준화를 통해 모든 브라우저에서 최적의 성능을 이끌어 내는 방법과 애플리케이션을 확장하는 방법에 대해 설명합니다.

## 이제 모바일 웹 애플리케이션을 만들어 봅시다

이 책은 HTML5/CSS3/JavaScript 기술을 통해 풍부한 사용자 경험을 이끌어 낼 수 있는 모바일 웹 애플리케이션의 개발부터 테스트 및 유지 방법까지 설명하고 있습니다.

"모바일 웹 개발의 정석"은 Front-End 개발자들을 대상으로 한 책이기는 하지만, HTML/CSS/JavaScript에 대해 조금이라도 알고 있다면 이 책을 충분히 접할 수 있을 것입니다. 또한 이 책에서는 가장 최신 기술들을 다루고 있기 때문에 JavaScript를 조금이라도 알고 있다면 이해하는 데 많은 도움이 될 것입니다. 물론 각각의 샘플 코드마다 충분히 이해하기 쉽게 설명되어 있으므로 큰 걱정은 하지 않아도 됩니다.

이제 플랫폼에 구애받지 않는 모바일 웹 애플리케이션을 개발해봅시다!

# HTML5/
# CSS3/
# JavaScript에
# 대한 소개

# 모바일 웹 개발 소개

점점 더 많은 사람들이 핸드폰으로 웹 브라우징을 하고 있기 때문에 각 회사들은 '웹 애플리케이션'이라고 불리는 웹 사이트를 제작하여 새로운 고객들을 접해야 할 필요성이 증대되고 있습니다. 대부분의 회사들이 컴퓨터에 최적화된 웹 사이트를 먼저 개발하기 때문에 모바일 플랫폼에 맞는 페이지를 다시 처음부터 개발하기는 현실적으로 어렵습니다.

이 장에서는 모바일 장치나 디자인 패턴 등과 같은 모바일 웹 애플리케이션을 위한 배경 지식에 대해 다룰 것입니다. 각 운영 체제의 디자인 표준에 부합하는 애플리케이션을 만들기 위해서는 이 장을 통해 기본적인 지식을 확실히 배워두어야 합니다.

또한 모바일 웹 애플리케이션 내에서 장치의 Orientation, Viewport, 커스텀 폰트 등을 제어하기 위한 기술들에 대해 배울 것입니다. 이러한 기술들에 대한 이해는 유저들에게 좋은 사용자 경험(UX: User eXperience)을 제공하는 데 반드시 필요합니다. 이와 아울러 이 장에서는 모바일 웹 애플리케이션 개발에 있어 좋은 예제가 될 다른 유명한 모바일 애플리케이션들을 소개합니다.
사람들은 대부분 모바일 브라우저가 지원하는 많은 도구와 기능들이 존재한다는 것을 모르기 때문에 모바일 웹 사이트를 만드는 일이 어렵다고 생각합니다. 이 책을 읽은 후에는 모바일 웹 개발의 개념에 대한 이해와 최신 기술을 이용한 여러분만의 애플리케이션을 만들 수 있습니다.

# 모바일 웹의 예제

요즘 넘쳐나는 모바일 웹 사이트들은 우리에게 모바일 웹에 대한 지식과 개발에 대한 필요성을 느끼게 합니다. 모바일 웹 애플리케이션과 네이티브 애플리케이션은 서로 비슷하기 때문에 서로 구분하기가 힘듭니다. 가장 먼저 모바일 웹으로 할 수 있는 일에는 무엇이 있는지 알아보겠습니다.

- **Facebook**: 개발자들은 유저들이 어떤 장치들을 사용하는지와는 상관없이 최고의 유저 경험을 이끌어 내기 위해 최선을 다해 왔습니다. 개발자들은 CSS3와 HTML5의 조합으로 Facebook 네이티브 iPhone 애플리케이션과 웹 애플리케이션을 비슷하게 만들 수 있었습니다. Facebook은 HTML5의 Geolocation 기능을 이용하여 유저들의 위치를 파악하고, 이를 통해 좋아하는 장소에 체크인하기 쉽게 만들어 놓았습니다. 유저들은 웹 사이트의 빠른 로딩을 위해 브라우저 캐싱 기능을 사용합니다. 이 기능에 대한 설명과 애플리케이션에 적용하는 방법들은 책의 뒷부분에 소개되어 있습니다. Facebook 웹 애플리케이션과 네이티브 애플리케이션의 차이는 거의 없기 때문에 잘 구분하지 못합니다. 만약 두 가지 애플리케이션의 차이가 거의 없다면 제대로 만든 것이라고 할 수 있습니다.

- **Twitter**: Twitter가 처음 서비스를 시작했을 때에는 공식 모바일 애플리케이션이 존재하지 않았습니다. 이후 Twitter에서 제공하는 API(Application Programming Interface)를 이용하여 제작한 첫 Twitter 애플리케이션이 유명해졌습니다. 이에 Twitter는 전략을 바꿔 모바일 전용 애플리케이션과 웹 사이트를 제작하여 성장의 발판을 마련하였습니다. 컴퓨터상에서 이용할 수 있고 Twitter와 똑같은 사용자 경험을 할 수 있는 모바일 웹 사이트를 만든 것입니다. Twitter는 HTML5 기능을 이용하여 인터넷에 연결되어 있지 않은 경우에도 트윗된 내용을 볼 수 있게 하였습니다. 또한 CSS3 Transition을 이용하여 페이지 간의 이동을 좀 더 쉽게 하였습니다. 심지어 Facebook과 마찬가지로 Twitter에서도 HTML5의 Geolocation 기능을 이용하여 트윗을 할 때 위치를 태그할 수 있도록 하였습니다. Twitter 서비스를 시작할 당시에는 모바일 애플리케이션이 존재하지 않았기 때문에 제3자가 만든 애플리케이션과 경쟁하기도 했습니다. 이 경쟁으로 인해 Twitter가 다른 많은 여러 기업들을 인수하게 되어 현재의 플랫폼을 만들 수 있게 되었습니다.

- **Foursquare**: Foursquare 사는 주력 네이티브 iPhone 애플리케이션이 있음에도 불구하고 유저들이 방문하는 곳에 대한 정보를 제공하는 간단한 웹 애플리케이션을 만들기로 하였습니다. Foursquare 사는 HTML5 Geolocation을 이용하여 해당 장소의 상세 정보 페이지에 나와 있는 전화번호를 클릭하면 바로 전화를 걸 수 있게 만들어 놓았습니다.

- **Financial Times**: Financial Times는 HTML5를 이용하여 모든 플랫폼에서 작동하는 웹 애플리케이션을 제작하였습니다. 그 이유는 각기 다른 모바일 장치 플랫폼에 맞는 앱을 개발할 필요가 없어졌기 때문입니다. Financial Times는 콘텐츠의 저장과 캐싱이 가능한 HTML5의 로컬 저장소 기능을 이용하여 웹 애플리케이션의 단점을 보완했습니다. 또한 통합 오프라인 요소들을 이용하여 인터넷에 연결되어 있지 않은 경우에도 웹 애플리케이션을 이용할 수 있도록 하였습니다.

- **Yelp**: Yelp는 Foursquare와 비슷한 서비스를 제공하는 사이트로, 유저들이 좋아하는 음식점에 평점 주기, 길 찾기 등의 서비스를 제공합니다. Yelp 또한 Geolocation 기능과 Google Map 서비스를 이용하여 주변에 어떤 음식점이 있는지 알려줍니다. 음식점을 터치하는 경우에는 해당 음식점을 강조해서 보여줍니다.

- **Untappd**: Untappd는 플랫폼상에서의 모바일 기술을 잘 활용한 좋은 예입니다. Untappd는 다른 애플리케이션들과 달리 모바일 분야에서 시작하였습니다. 처음부터 모바일 분야에서 시작한 결과, 서비스 시작 첫날부터 다양한 모바일 장치를 지원하는 서비스를 제공할 수 있었으며, 각각의 플랫폼상에서 구현해 낼 수 있는 것들과 구현해 낼 수 없는 것들에 대해 알게 되었습니다. 또한 다양한 플랫폼과 장치들을 이용하는 유저들의 피드백을 받아 성장하고 있습니다. Untappd는 로컬 저장소, Geolocation 및 HTML5/CSS3 기능을 이용하여 네이티브와 웹 애플리케이션의 경계를 허물기 위해 노력하고 있습니다.

## 네이티브 플랫폼과 웹 플랫폼에 대한 이해

네이티브 애플리케이션과 웹 애플리케이션의 차이점에 대해 알고 있는 사람들은 그리 많지 않습니다. 네이티브 애플리케이션은 앱 스토어에서 다운로드한 후에 사용하며, 웹 애플리케이션과는 다른 프로그래밍 언어로 만들어집니다. 각각의 장치들은 그들만의 독자적인 프로그래밍 언어로 구동됩니다. 예를 들어 iPhone은 Objective-C를 이용하여 프로그래밍하고, Android는 Java를 이용하여 프로그래밍합니다. 두 종류의 서로 다른 언어로 된 애플리케이션을 만들어야 하기 때문에 개발자를 한 명 더 고용해야 하고, 이로 인해 비용이 많이 든다는 점이 네이티브 애플리케이션의 단점입니다. 사람들은 웹 애플리케이션이 네이티브 애플리케이션의 대응책이 될 수 없다고 믿지만 HTML5/CSS3/JavaScript 등의 최신 기술을 이용하면 웹 애플리케이션을 네이티브 애플리케이션과 같은 수준으로 만들 수 있습니다.

### 네이티브 플랫폼과 웹 플랫폼의 장단점

표 1-1은 네이티브 플랫폼의 장단점을 나타낸 것입니다.

**[표 1-1] 네이티브 플랫폼의 장단점**

| 장점 | 단점 |
| --- | --- |
| 앱 스토어를 통한 쉬운 노출과 접근성 | 개발, 업그레이드, 유지보수에 많은 비용 소모 |
| 카메라, 주소록, 네트워크 연결 상태 등의 네이티브 기능에 접근할 수 있음 | 한 종류의 플랫폼에서만 사용 가능(다른 종류의 플랫폼에서 사용하려면 새로운 언어로 다시 개발해야 함) |
| 수익 창출이 쉬움 | 앱 스토어의 제한 사항에 맞추어야 함 |

회사의 전략에 따라 네이티브 애플리케이션을 사용할 것인지, 웹 애플리케이션을 사용할 것인지도 신중하게 선택해야 합니다. 애플리케이션 자체를 하나의 서비스로 인식하고 유저들에게 과금하려고 한다면 차라리 네이티브 애플리케이션이 더 좋을 것입니다.

네이티브 애플리케이션은 애플리케이션 사용이나 다운로드 시에 과금할 수 있는 반면, 웹 애플리케이션은 구독료 형식으로 과금할 수는 있지만 애플리케이션 사용에 대한 과금은 할 수 없기 때문입니다.

네이티브 애플리케이션의 단점은 개발 비용과 유지보수 비용이 많이 든다는 것입니다. 사람들은 한 번 애플리케이션 개발이 끝나면 더 이상 애플리케이션에 돈을 투자하지 않아도 된다고 생각하고 있습니다. 개발이 끝난 후에도 애플리케이션을 업데이트하거나 유지보수하는 비용은 필요합니다.

또한 네이티브 애플리케이션은 앱 스토어나 마켓에 의존해야 한다는 단점이 있습니다. 개발한 애플리케이션을 앱 스토어나 마켓에 등록할 때 해당 앱 스토어나 마켓이 제한해 놓은 사항에 동의하고 따라야 합니다. 즉, 앱 스토어나 마켓이 언제든지 해당 앱의 수익 창출을 막거나 유저들이 다운로드하는 것을 막을 수 있다는 말입니다. 더욱이 이러한 앱 스토어들은 앱이 창출한 수익의 일부분을 가져갑니다. 예를 들어 애플 앱 스토어와 구글 플레이는 앱이 창출한 수익의 30%를 가져가고, 나머지를 개발자에게 돌려줍니다. 30%를 작은 금액이라고 생각할지 몰라도, 이 금액들이 쌓이면 큰 액수가 됩니다.

표 1-2는 모바일 웹 플랫폼의 장단점을 나타낸 것입니다.

**[표 1-2] 모바일 웹 플랫폼의 장단점**

| 장점 | 단점 |
| --- | --- |
| 단기간에 적은 비용으로 쉽게 개발 가능 | 웹 페이지의 내용이 많을 경우 성능상의 문제가 제기됨 |
| 한 가지 코드로 여러 플랫폼, 장치에서 이용 가능 | 모바일 장치에서의 디버깅과 테스팅이 컴퓨터보다는 제한됨 |
| 유지보수가 쉬움 | 웹 애플리케이션을 위한 앱 스토어가 없기 때문에 수익 창출이 어려움 |
| PhoneGap 등의 Third-party 솔루션을 통해 네이티브에서 사용할 수 있는 기능들을 사용할 수 있음 | PhoneGap 등의 Third-party 솔루션을 사용한다고 하더라도 모든 네이티브 기능을 사용할 수 없음 |

웹 애플리케이션을 개발하는 것은 보람된 일이라고 할 수 있습니다. 더욱이 HTML5/CSS3/JavaScript를 이

용하면 애플리케이션을 쉽게 개발할 수 있습니다. 또한 웹 개발 시에 필요한 공통적인 프로그래밍 언어이기 때문에 애플리케이션 개발 비용이 절감됩니다. 더욱이 한 개의 애플리케이션을 개발하면 다양한 플랫폼에서 사용할 수 있습니다. 즉, 하나의 애플리케이션을 코딩하면 iPhone, Android, Blackberry 등과 같은여러 가지 장치에서 사용할 수 있습니다.

웹 애플리케이션 개발의 단점은 디버깅과 테스팅입니다. 컴퓨터상에서 사용하는 웹 애플리케이션을 테스트할 경우에는 버그를 쉽게 고칠 수 있지만 모바일 에뮬레이터상에서는 웹 애플리케이션의 성능에 중점을두어 고쳐야 합니다. 예를 들어 컴퓨터상에서는 컴퓨터의 속도에 따라 브라우저의 성능이 결정되지만 핸드폰상에서 이용할 수 있는 내부 자원은 제한되어 있습니다. CSS3 Transition은 페이지 내비게이션을 표시하는 데 좋은 방법이지만, 이를 처리하는 데는 대용량의 메모리가 요구됩니다. 데모리 할당량에 신경 쓰지 않으면 일부 브라우저에서 웹 애플리케이션과의 충돌이 생길 수 있습니다. 또한 운영 체제의 종류나 버전에 따라 브라우저가 약간 다른 방식으로 동작하는 경우도 있습니다. 예를 들면 Android 4.0.x 버전과 Android 4.1 버전의 브라우저는 동작하는 방식이 다르기 때문에 콘텐츠를 올바르게 표시하기 위해서는 각각 다른 방식으로 디버깅해야 합니다.

또한 컴퓨터상에서는 브라우저의 On-Click 이벤트를 빠른 속도로 인식하지만 모바일 장치에서의 터치 이벤트는 이보다 느립니다. 모바일 브라우저에서는 유저가 살짝 터치하는지, 드래깅하는지를 구분하여 감지해야 하기 때문입니다. 이로 인해 모바일 웹 애플리케이션 내에서 링크나 버튼을 클릭할 경우 약간의 딜레이가 생깁니다. 하지만 이 책에서 다루는 내용으로도 이 문제를 충분히 해결할 수 있습니다. 이 밖에도 웹애플리케이션을 좀 더 네이티브 애플리케이션처럼 느끼게 해주는 Home Screen 모드나 Full App 모드도존재합니다. 이러한 모드들은 브라우저의 주소 표시줄이나 상태 바 없이 웹 페이지를 띄워줍니다.

## Web-to-Native 솔루션

Third-party를 사용할 때 솔루션을 이용하면 웹 애플리케이션을 네이티브 플랫폼에서 이용할 수 있습니다. 브라우저 사용 시에는 이용할 수 없는 네이티브 기능들에 접근할 수 있도록 만들어줍니다. 가장 대표적인 예로는 카메라를 들 수 있습니다. 모바일 Safari를 사용하는 유저들은 브라우저상에서 파일 업로드가 불가능합니다. 하지만 다른 브라우저에서는 이 기능을 사용할 수 있습니다. 이와 같이 각각의 브라우저는 서로 다른 특징들을 가지고 있는데, 이는 애플리케이션 개발에 큰 걸림돌이 될 수 있습니다. Android에서는 이미 저장된 사진들을 업로드할 수 있지만 웹상에서 카메라로 사진을 찍어 업로드할 수는 없습니다.

PhoneGap은 가장 유명한 Third-party 솔루션 중 하나로, 총 7가지의 플랫폼을 지원하는 유일한 오픈 소스 모바일 프레임워크입니다(iOS, Android, BlackBerry, webOS, Windows Phone 7, Symbian, Bada). PhoneGap은 총 10가지의 네이티브 API를 지원합니다. 이를 통해 카메라, 알림, 저장소, 파일 등에 쉽게 접근할 수 있습니다. 또한 설명서가 쉽고 복잡하지 않으며 웹 애플리케이션을 네이티브 플랫폼으로 쉽게 바꿀 수 있습니다.

이미 PhoneGap을 이용한 많은 애플리케이션이 출시되어 있습니다. 그 대표적인 예로는 Untappd를 들수 있습니다. 이 앱은 웹 애플리케이션이지만 카메라 기능을 이용하여 유저들이 체크인하는 곳의 사진을 찍어서 올릴 수 있습니다. Untappd 사가 이 애플리케이션을 iOS와 Android용으로 만드는 기간은 한 달이 채 걸리지 않았습니다. 이 애플리케이션에 대한 반응이 좋아 네이티브 애플리케이션 출시 이후 가입자 수가 평소의 10배 정도로 늘어났습니다.

PhoneGap을 이용하면 여러 플랫폼에서 애플리케이션을 사용할 수 있지만 각각의 플랫폼마다 지원하는 기능은 조금씩 다릅니다. PhoneGap 홈페이지에는 각 플랫폼에서 지원하는 기능들에 대한 차이점이 나와 있습니다(http://phonegap.com/about/feature). PhoneGap을 이용하면 7가지의 각각 다른 플랫폼에서 사용할 수 있지만 해당 플랫폼의 앱 스토어에서 배포하는 경우에는 추가 프로그램이나 단계가 필요할 수 있습니다.

PhoneGap 사는 이 문제를 해결하기 위해 PhoneGap Build를 출시하였습니다. 이를 이용하면 앱 스토어에 적합한 애플리케이션을 만들 수 있습니다. http://build.phonegap.com에서 PhoneGap Build에 대한 더 많은 정보를 얻을 수 있습니다.

PhoneGap 외에도 다른 많은 솔루션들이 존재하지만, 필자의 경험상으로는 PhoneGap이 코딩을 가장 쉽게 접할 수 있도록 설명을 잘해 놓았습니다. HTML5/CSS3/JavaScript로 코딩만 잘해도 머지않은 미래에 사람들이 당신을 iOS/Android 개발자라고 부를 것입니다.

## 장치와 운영 체제

    모바일 개발자들은 모바일을 개발할 때 애플리케이션이 지원할 장치에는 어떤 것들이 있을지를 염두에 두고 개발해야 합니다. 네이티브 플랫폼에서는 장치가 구동 중인 운영 체제에 따라 애플리케이션 구동 여부를 제한할 수 있습니다.

모바일 웹 애플리케이션에서는 그럴 필요가 없으며 단지 운영 체제의 종류와 어떤 브라우저를 쓰는지에 대한 정보만 알면 됩니다. 각각의 운영 체제와 브라우저들에 대해 충분히 이해했다면 모바일 개발이 훨씬 쉬워질 것입니다.

- **iOS:** iOS는 애플 사의 writer operating system입니다. iPod touch, iPhone, iPad가 iOS 운영 체제로 구동됩니다. iOS 플랫폼은 두 종류의 해상도만 지원합니다. 모든 iOS 장치들은 'Mobile Safari'라는 WebKit 브라우저가 미리 설치된 상태로 출시됩니다. 이 브라우저는 파일 업로드 기능이 비활성화되어 있기 때문에 웹 사이트에 파일을 업로드할 수 없습니다. 이전 버전에서는 개발자들이 상단과 하단의 내비게이션 바를 고정시킬 수 있는 overflow scroll element를 사용할 수 없었지만, 최신 버전에서는 사용할 수 있게 되어 웹 애플리케이션을 좀 더 네이티브화할 수 있게 되었습니다.

- **Android:** Android 플랫폼은 다양한 종류의 핸드폰에 사용되고 있으며, Google에서 저작권을 가지고 있습니다. Android는 오픈 소스 운영 체제이기 때문에 개발자들이 그들의 필요에 따라 커스터마이징할 수 있습니다. 대표적인 예로는 Android 운영 체제를 탑재한 Amazon Fire를 들 수 있습니다. 모든 Android 장치들에는 표준 WebKit 브라우저가 탑재되어 있습니다. 다만 Android가 다양한 장치에서 구동되고 있다는 점이 부정적인 측면입니다. 크고 작은 해상도와 가상 및 물리적인 키보드, 뒤로가기 버튼 등이 장치마다 다르기 때문에 Android 플랫폼으로 개발한다는 것은 힘든 일일 수 있습니다. 다행스럽게도 Android 에뮬레이터를 통해 다양한 화면 크기와 운영 체제 버전에서 해당 앱을 구동시켜 볼 수 있습니다. 이 에뮬레이터가 해당 앱이 핸드폰에서 어떻게 보여질 것인지를 잘 나타내줍니다. 2011년 3분기에는 Android가 약 47%의 시장 점유율을 보이고 있습니다. Android가 오픈 소스 플랫폼이기 때문에 핸드폰 제조사들이 Android 소스 코드를 가져다가 제조사, 통신사의 요구에 맞추어 그들만의 커스터마이징된 버전을 제작한다는 것도 알아두어야 합니다.

- **BlackBerry:** BlackBerry는 세 번째로 유명한 스마트폰입니다. BlackBerry도 Android와 마찬가지로 다양한 화면 크기의 장치들에서 구동되고 있습니다. 대부분의 BlackBerry 장치에는 물리적인 키보드와 트랙볼이 있습니다. 최근에 BlackBerry 사는 가상 키보드를 갖춘 터치스크린 장치를 출시했습니다. BlackBerry OS6부터는 모든 BlackBerry 장치에 WebKit 브라우저가 설치되어 출시됩니다. 이로 인해 BlackBerry 플랫폼에서의 개발이 좀 더 수월해졌습니다. 즉, 요즘 출시되는 모든 웹 애플리케이션은 BlackBerry OS6보다 하위 버전의 운영 체제에서는 동작하지 않습니다.

- **WebOS:** WebOS는 Palm 사에서 개발한 플랫폼입니다. Palm 사는 2009년에 HP 사에 인수되어 Android, iOS와 Blackberry에 대항할 새로운 핸드폰을 개발하고 있었습니다. 2011년, HP는 핸드폰 제조사들이 Android 대신 Palm을 선택해주기를 바라면서 오픈 소스 운영 체제로 WebOS를 출시하였습니다. WebOS의 최신 버전은 3.0.4이며, WebOS 2.0 버전부터 모든 HTML5/CSS3 기능을 WebOS WebKit 브라우저에서 사용할 수 있게 되었습니다.

- **Windows Phone:** 2010년, Microsoft 사는 'Windows Phone'이라는 새로운 운영 체제를 탑재한 핸드폰을 출시하였습니다. 이 핸드폰은 'Windows CE'라는 운영 체제로 구동됩니다. 하지만 Internet Explorer 9가 나온 시점에서 이 운영 체제에는 Internet Explorer 7이 설치되어 있었습니다. HTML5와 CSS3를 지원하지 않는 Internet Explorer 7 때문에 웹 개발자들이 이 Windows 플랫폼에 대한 개발에 골머리를 앓고 있었습니다.

   2011년 2월, Microsoft 사는 'Mango'라는 코드네임을 가진 차기 버전의 Windows Phone을 출시하였습니다. 이 업데이트로 인해 개발자들이 HTML5와 CSS3 기능들을 사용할 수 있게 되었습니다. 하지만 가장 최근에 나온 Windows Phone에서는 개발자들이 Gradients 기능을 포함한 일부 CSS3 기능을 여전히 사용할 수 없는 상태입니다.

위 목록에 포함되어 있지 않은 운영 체제도 많지만 위에 있는 것들이 가장 흔히 쓰는 것들입니다. 모바일 애플리케이션을 개발할 때 가장 중요한 점은 그 애플리케이션을 사용하는 모바일 장치에서 최신 브라우저를 지원하는지의 여부입니다.

최신 브라우저를 지원하지 않으면 애플리케이션을 돋보이게 만들어주는 HTML5와 CSS3 기능들을 사용할 수 없습니다. 유저들이 사용하는 브라우저를 감지하는 법과 필요시에 낮은 해상도 버전의 웹 사이트로 리디렉션하는 법은 나중에 다룰 것입니다.

## 디자인의 미학

모바일 웹 개발 이론의 전제는 다양한 플랫폼에 걸쳐 하나의 코드 베이스를 유지하는 것입니다. 이와 아울러 각각의 장치에 따른 디자인 패턴을 파악하는 것도 중요합니다. 디테일에 중점을 두면서 애플리케이션이 네이티브 애플리케이션처럼 느껴지도록 디자인한다면 유저들에게 좀 더 좋은 유저 경험을 제공해줄 수 있을 것입니다.

### 대화상자

모바일 웹을 디자인할 때에는 모바일 네트워크의 대역폭 제한을 고려해야 합니다. 컴퓨터 브라우저상에서 시간이 걸리지 않는 작업일지라도 모바일 장치상에서는 모든 것이 달라질 수 있습니다. 이때 가장 좋은 방법은 화면상에 작업의 진행 경과를 표시하는 것입니다. 화면에 '로딩 중'이라는 표시를 해 놓기만 하면 됩니다. 로딩 중이라는 표시가 없으면 유저들은 앱이 현재 로딩 중이라는 것을 알 수 없기 때문에 실망하게 될 수도 있습니다.

## iOS 디자인 패턴

iOS에서는 대부분의 앱에 2개의 내비게이션 바가 있습니다. 상단에 위치한 바는 현재 페이지를 나타내고, 하단에 위치한 바는 다른 페이지와 연결되는 링크를 나타냅니다. iOS5가 나오기 이전에는 유저가 상단 바와 하단 바 사이에 위치한 콘텐츠를 스크롤하였을 때 이 2개의 바를 고정할 수 있는 방법이 없었습니다. 하지만 CSS3 속성을 사용하기 시작하면서부터 개발자들은 "overflow-scroll: touch" 옵션을 이용하여 웹 애플리케이션 내부에서 화면이 자연스럽게 스크롤되도록 만들 수 있게 되었습니다.

## Android 디자인 패턴

Android 장치는 액션 바가 제일 위에 위치하고 있으며, 이 액션 바 바로 밑에 내비게이션 바가 위치하고 있습니다.

Android에는 iOS에 있는 하단 내비게이션 바가 없는데, 이는 대부분의 Android 장치들이 화면 아랫부분에 버튼이 있기 때문입니다. Android 장치에 하단 내비게이션 바가 생긴다면 유저들은 아래 버튼을 클릭하면서 하단 바를 실수로 누르게 될 수도 있습니다.

## Viewport

유저들은 모바일 장치에서 웹 페이지를 볼 때 확대하기도 하고 축소하기도 합니다. 모바일 애플리케이션을 개발할 때에는 'Viewport'라는 HTML 메타 태그를 사용합니다. 이 Viewport는 화면 해상도에 따른 최대/최소 너비를 지정할 수 있게 만들어주는데, 이 설정은 유저들이 웹 애플리케이션에서 확대/축소를 하지 못하게 할 수 있습니다. Viewport는 HTML의 〈HEAD〉 부분에서 정의하며, 다음 목록에 있는 속성들을 사용할 수 있습니다.

- **width:** 웹 애플리케이션의 너비를 정합니다. 기본 값은 '980'입니다(예 width=320).
- **height:** 웹 애플리케이션의 높이를 정합니다(예 height=320).
- **maximum-scale:** 최대 축소 비율이며, 0과 10 사이의 소수점을 포함한 숫자를 사용할 수 있습니다(예 maximum-scale=0.25).
- **minimum-scale:** 최소 축소 비율이며, 0과 10 사이의 소수점을 포함한 숫자를 사용할 수 있습니다(예 minimum-scale=1.6).
- **initial-scale:** 초기 확대 비율이며, Maximum-scale와 Minimum-scale 사이의 숫자를 사용해야 합니다(예 initial-scale=1.0).

- **user-scalable:** 유저가 확대/축소할 수 있도록 또는 못하도록 할 수 있습니다. 기본 값은 True입니다 (CSS user-scalable=False).

Width(너비)와 Height(높이) 설정은 device-width와 device-hight 로 정의할 수 있으며, HTML5 자체에서 사용 장치의 화면 크기에 따라 이를 조정합니다. 다음은 모바일 웹 애플리케이션에 쓰이는 Viewport 태그 예제입니다.

```
<meta name="viewport"
content="width=device-width; initial-scale=1.0; maximum-scale=1.0;
   minimum-scale=1.0;
user-scalable=false;"/>
```

이 태그는 문서의 너비를 장치의 화면 해상도에 맞도록 설정합니다. 유저들이 태블릿과 같이 화면이 큰 장치에서 사용할 때 유용하게 쓰이는 태그입니다. Initial-scale이 1.0로 설정되어 있는데, 이는 화면이 장치의 가로 길이에 딱 맞도록 해줍니다. 이 값을 2.0, 3.0 등으로 두세 배 늘려보면 어떤 차이가 있는지 직접 살펴볼 수 있습니다(그림 1-1).

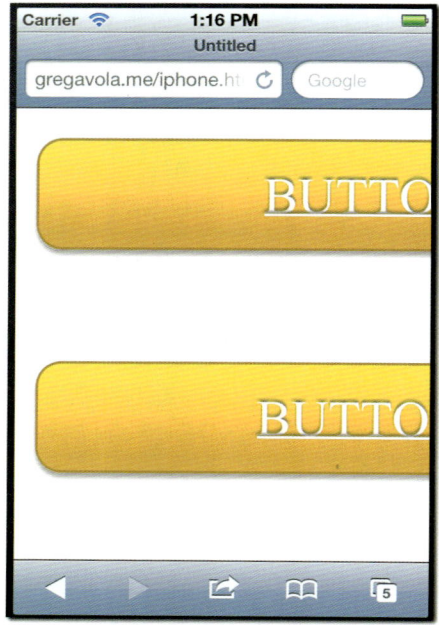

[그림 1-1] Initial-scale을 2.0으로 설정하면 애플리케이션이 2배로 확대되어 보일 것입니다

User-Scalable 속성은 기본 값이 True로 되어 있습니다. 대부분의 웹 애플리케이션들에서는 유저들이 콘텐츠를 확대/축소하는 것을 허용하지 않습니다. 왜냐하면 대부분의 네이티브 애플리케이션들이 이 속성을 사용하지 않고, 인터페이스 디자인이 해당 장치에 최적화되어 있기 때문입니다. Initial-scale을 지정해 두었다면 웹 애플리케이션 내의 모든 것이 장치의 화면 너비로 조정되기 때문에 유저가 확대/축소할 필요가 없습니다.

한 가지 명심해야 할 점은 이 Viewport는 페이지가 처음 로드되는 시점에만 적용되며, 유저가 언제든지 바꿀 수 있다는 것입니다. 유저가 새로 고침을 하면 유저가 마지막으로 확대한 비율의 상태로 되돌아갑니다.

## Orientation

대부분의 모바일 장치에서는 웹 페이지를 볼 수 있는 다양한 방법들이 존재합니다. 모바일 장치가 수평이나 가로 보기 모드로 되어 있을 때에는 모바일 OS 자체에서 브라우저를 이에 맞게 되돌려줍니다. 이에 따라 CSS를 이용하여 웹 페이지를 바꿔주는 것은 개발자의 몫입니다.

```
<script type="text/JavaScript" language="JavaScript">
    var supportsOrientationChange = "onorientationchange" in window,
        orientationEvent = supportsOrientationChange ? "orientationchange":
"resize";
    window.addEventListener{orientationEvent, function() {
        alert('화면 해상도 변화를 감지했습니다!');
    }, false);
</script>
```

이 코드는 모바일 브라우저상에서 일어나는 특정 이벤트를 감지하는 역할을 합니다. 하지만 이 이벤트는 표준화된 것이 아니기 때문에 해당 장치에서 사용하는 이벤트가 어떤 것인지 알아봐야 합니다. 위 JavaScript의 첫 번째 줄은 현재 띄워져 있는 창에서 일어나는 'onorientationchange'라는 이벤트를 감지합니다. 만약 해당 브라우저에서 이 이벤트를 지원하는 경우에는 그대로 사용하면 되지만 지원하지 않는 경우에는 orientationchange 또는 resize라는 약간 다른 이름으로 사용하기도 합니다.

해당 장치에서 어떤 이름으로 이 이벤트가 사용되는지를 알아낸 다음에는 이벤트 리스너를 설정해야 합니다. 모바일 브라우저는 해당 브라우저가 지원하는 각각의 이벤트에 대해 해당 이벤트가 발생하는 경우,

JavaScript로 신호를 보냅니다. 위 코드에서는 모바일 장치를 옆으로 눕혔을 경우마다 방향 전환을 감지하는 메시지를 출력합니다. 메시지를 출력하는 것 외에도 다양한 방법으로 응용할 수 있습니다.

## 폰트

오래된 브라우저들에서 사용했던 폰트는 해당 폰트가 운영 체제의 일부로 미리 설치되어 있었던 경우가 많았습니다. 하지만 요즘은 모바일 장치마다 사용하는 표준 폰트가 다릅니다. 최신 브라우저에서는 개발자들이 웹 애플리케이션에 따라 다양한 종류의 폰트를 사용할 수 있게 되었습니다. 즉, JavaScript와 CSS로 HTML 내부의 속성을 바꾸어 커스텀 폰트를 사용할 수 있게 된 것입니다.

예를 들면 구글 웹 폰트 API는 기본 폰트를 웹 페이지에 적합한 다른 폰트로 쉽게 바꿔주는 역할을 합니다. 구글 웹 폰트에서는 다양한 종류의 폰트를 고를 수 있습니다.

```html
<html>
  <head>
    <link rel="stylesheet" type="text/css"
href="http://fonts.googleapis.com/css?family=Tangerine">
    <style>
      body {
        font-family: 'Tangerine', serif;
        font-size: 48px;
      }
    </style>
  </head>
  <body>
    <div>This is test of Google Web Fonts!</div>
  </body>
</html>
```

이 예제의 HEAD 부분에 구글의 CSS 파일이 있고, 쿼리 부분에 사용할 폰트가 명시되어 있습니다(family=Tangerine 부분). 그 CSS 파일을 브라우저로 열어보면 다음 내용이 출력됩니다.

```
@font-face {
  font-family: 'Tangerine';
  font-style: normal;
  font-weight: normal;
  src: local('Tangerine');
url('http://themes.googleusercontent.com/static/fonts/tangerine/v3/
HGfsyCL5WASpHOFnouG-RD8E0i7KZn-EPnyo3Hzu7kw.woff') format('woff');
}
```

구글은 '@font-face'라는 CSS3 속성을 사용하는데, 이 속성은 해당 컴퓨터에 설치되어 있지 않은 특별한 폰트를 HTML 문서에서 사용할 수 있게 해줍니다. 한 번 로드되면 이를 지원하는 브라우저에서 해당 폰트가 출력됩니다. 모바일 장치에서 최적화된 성능을 위해서라면 사용할 폰트를 개발 웹 사이트에 저장한 후에 사용하는 것을 추천합니다. 이 구글 폰트 API는 최신 브라우저를 비롯한 인터넷 익스플로러 6 또는 그 이상의 최신 버전을 모두 지원합니다. 하지만 iOS는 SVG 폰트만 지원합니다. 이 SVG 폰트는 구글 폰트에서 지원하는 폰트이지만 다른 폰트 라이브러리는 지원하지 않을 수 있습니다. 구글 폰트가 사용하기 쉽고 다양한 장치들을 지원하기 때문에 따로 다른 곳에서 폰트를 다운로드하거나 구매하여 사용할 필요가 없습니다.

*Fontsquirrel 사의 @font-face 생성 툴(http://www.fontsquirrel.com/fontface/generator) 을 이용하면 CSS에서 사용할 @font-face 구문을 좀 더 쉽게 만들 수 있습니다.*

## 요약

이 장에서는 모바일 장치, 모바일 플랫폼과 브라우저의 상호 작용에 대해 대략적으로 알아보았습니다. 이 밖에도 모바일 웹, 네이티브 플랫폼, 네이티브와 웹의 장단점, 커스텀 폰트, 운영 체제별 디자인 패턴에 관련된 내용을 알아보았습니다.

CHAPTER

2

# 모바일 웹
# 기술 개요

이 장에서는 이러한 종류의 개발을 가능하게 하는 새로운 기술에 대해 알아보겠습니다. 위치 찾기, 네트워크 연결, 데이터베이스 관리, 세션과 캐시 접근 등의 기능을 이용할 때 HTML5의 기능에 터치하기만 하면 됩니다. 이러한 기능들은 유저들에게 더 많은 편리함과 경험을 제공합니다.

웹 애플리케이션이 좀 더 네이티브 애플리케이션처럼 느껴질 수 있게 해주는 그림자 상자, 둥근 모서리, Gradient, 바탕화면 크기 조절과 같은 CSS3 기능들에 대하여 알아볼 것입니다. 보통 모바일 웹 개발 시에 그래픽 디자이너가 필요하다고 생각하지만, CSS3 요소들만으로도 그래픽 디자이너가 디자인한 것처럼 보이도록 만들 수 있습니다.

마지막으로 jQuery, Sencha Touch, XUI 등의 JavaScript 프레임워크를 이용하는 방법과 애플리케이션을 세련되게 만들 수 있도록 도와주는 Modernizr, iScroll, JavaScript 템플릿 라이브러리 등의 유틸리티에 대해서도 알아볼 것입니다.

# HTML

HTML5가 나오기 이전의 HTML 표준은 1999년 12월 24일에 제정되었습니다. 이때의 버전은 4.01이었으며, 사람들은 이를 그냥 'HTML'이라고 불렀습니다. HTML5는 웹 브라우징의 전체적인 틀을 바꿔 놓았습니다. 또한 네이티브 브라우저를 통해 이전에는 사용할 수 없었던 다양한 기능들을 개발 시에 이용할 수 있도록 만들어 놓았습니다.

예를 들어 Flash와 같은 개발 테크놀로지를 이용하면 유저들에게 동영상을 보여주거나 다른 유저들과의 상호 작용이 가능하도록 만들어줍니다. HTML5를 이용하면 Flash 없이도 특별한 태그를 이용하여 웹 페이지에 동영상을 불러올 수 있습니다. 이 방법은 Flash가 설치되어 있지 않은 iOS 모바일 장치에서도 잘 작동합니다. 또 다른 장점으로는 새로운 프로그래밍 언어를 배울 필요 없이 HTML5 〈video〉 태그만 이용하면 웹 사이트에 동영상을 불러올 수 있다는 점을 들 수 있습니다.

HTML5는 〈Semantic〉 태그를 통해 HTML 문서들을 정의하는 새로운 속성과 요소들을 소개하고 있습니다. HTML5가 나오기 전에는 HTML 문서의 태그를 볼 때 header와 footer가 어느 부분인지 이해하기가 쉽지 않았습니다. HTML5에서는 브라우저가 처리하기 쉽도록, 또 유저들이 이해하기 쉽도록 header, footer와 콘텐츠 태그를 추가하였습니다.

HTML5는 〈Semantic〉 태그뿐만 아니라 데이터베이스, Geolocation, 향상된 캐싱 등의 새로운 기능을 추가하였습니다. 이를 통해 개발자들은 모바일 장치상에서 이전 버전의 HTML을 사용했을 때보다 다양한 기능들에 접근할 수 있게 되었습니다. 현재는 HTML5가 표준이기 때문에 거의 대부분의 모바일 브라우저에서 이 기능을 지원합니다.

## HTML5 핵심 기능들

HTML5에는 애플리케이션을 좀 더 강력하게 만들어줄 새로운 기능들이 많이 추가되었습니다. 이 중에 모바일 웹 애플리케이션에 사용할 몇몇 핵심 기능들을 소개하겠습니다. 브라우저의 경계를 허물어 버릴 강력한 기능들에는 오프라인 저장소로 사용될 수 있는 파일 캐싱 기능과 유저의 위치를 파악하는 기능들이 있습니다.

유저의 위치를 파악하는 기능은 해당 지역에 관련된 정보나 지역 광고 등에 이용할 수 있습니다. 애플리케이션을 개발하는 데 어떤 기능이 필요한지에 따라 다르겠지만, 위에 나열한 기능들을 모두 사용할 수도 있습니다.

## Geolocation 기능 이용하기

지난 몇 년 동안 웹 애플리케이션이나 서비스에 있어서 유저의 위치 정보에 접근하는 것이 중요해졌습니다. 개발자들은 유저의 위치 정보를 그 지역에 관한 정보 표시나 길 찾기 등에 이용합니다. HTML5를 이용하면 위치 정보를 쉽게 얻을 수 있습니다. HTML5는 몇 가지 커스텀 옵션을 제공하고 있습니다.

브라우저의 Geolocation은 네이티브 장치에 있는 Geolocation과는 많이 다릅니다. 설명서에 따르면 브라우저의 Geolocation은 유저의 위치에서 사용할 수 있는 가장 적합한 방법을 이용해 위치 정보를 얻게 됩니다. 이론상으로는 핸드폰의 GPS 칩을 이용하는 것이 가장 정확한 방법이지만, 어떤 경우에는 브라우저가 기지국이나 Wi-Fi 정보를 이용하여 위치 정보를 얻기도 합니다. 표 2-1은 HTML5의 Geolocation Method를 나타낸 것입니다.

**[표 2-1] HTML5의 Geolocation Method**

| Method | 설명 |
| --- | --- |
| navigator.geolocation.getCurrentPosition(success, fail, options) | 개발자가 유저의 현재 위치 정보를 얻을 수 있게 해줍니다. |
| navigator.geolocation.watchPosition(success, fail, options) | 개발자가 유저의 위치가 시간이 지남에 따라 변하는지 알 수 있게 해줍니다. |

## Location Method 옵션

개발자의 필요에 따라 getPosition과 watchPosition 사용 시에 특정한 옵션을 설정할 수 있습니다.

- **enableHighAccuracy(Boolean: true, false)**: 이 속성을 true 값으로 설정하면, 가장 정확한 현재 위치를 얻을 수 있습니다.

- **timeout(Integer, miliseconds)**: Geolocation에서는 기본 값으로 시간 제한 설정이 되어 있지 않습니다. 위치 정보를 구할 수 없는 경우에 대비하여 timeout 옵션에 Geolocation 함수가 동작할 시간을 제한해주는 것이 좋습니다. 설정한 시간이 지나면 fail 함수가 실행됩니다.

- **maximum(Integer, miliseconds)**: 이 옵션은 Geolocation으로 구한 위치 정보를 얼마동안 사용할 것인지를 정할 수 있게 해줍니다. 캐시된 위치 정보가 설정해 놓은 시간보다 더 오래전에 구해진 정보인 경우에는 새로운 위치 정보를 다시 구해옵니다.

## Location Callback 함수

Geolocation으로 위치 정보를 구하는 데 성공하면 success 함수가 실행되고, position object에 표 2-2에 나열한 정보를 전달합니다.

**[표 2-2]** getPosition과 watchPosition의 파라미터 옵션

| Method | Type | 설명 |
|---|---|---|
| position.coords.latitude | Double | 위도를 나타냅니다(소수점 포함). |
| position.coords.longitude | Double | 경도를 나타냅니다(소수점 포함). |
| position.coords.altitude | Double | 고도를 나타냅니다(미터 단위). |
| position.coords.accuracy | Double | 위도와 경도의 정확도를 나타냅니다. 숫자가 클수록 정확합니다. |
| position.coords.altitudeAccuracy | Double | 고도의 정확도를 나타냅니다. |
| position.coords.heading | Double | 해당 장치가 어느 방향으로 이동하는지를 나타냅니다. 도(degree)로 나타내며, 해당 값을 구할 수 없는 경우에는 NULL을 반환합니다. |
| position.coords.speed | Double | 해당 장치의 속도를 나타냅니다. 해당 값을 구할 수 없는 경우에는 NULL을 반환합니다. |

값을 구하는 데 실패하면 fail 함수가 호출되고, object에 err.code와 err.message를 전달합니다. 이에 대한 옵션은 표 2-3과 같습니다.

**[표 2-3]** getPosition과 watchPosition 함수의 오류 응답

| 속성(err.code) | 속성(err.message) | 설명 |
|---|---|---|
| error.code.1 | PERMISSION_DENIED | 유저가 해당 웹 사이트에 위치 정보를 제공하는 것에 대해 동의하지 않았을 때 발생합니다. |
| error.code.2 | POSITION_UNAVAILABLE | 위치 정보를 구할 수 없을 때 발생합니다. 하나 이상의 위치 정보 제공자가 에러 메시지를 반환했을 경우입니다. |
| error.code.3 | TIMEOUT | 위치 정보 요청 시간이 초과되었을 때 발생합니다. timeout 옵션을 설정했을 경우에만 발생하는 에러입니다. |

## navigator.geolocation.getCurrentPosition( )을 이용하여 유저 위치 정보 한 번만 구하기

애플리케이션에서 유저의 위치 정보를 한 번만 구해야 하는 경우가 생기면, 이 방법이 유용할 것입니다.

```html
<html>
    <body onload="start();">
        <div id="content"></div>
    </body>
</html>
<script>
function start()
{
    if (navigator.geolocation) {
        var options = {
                enableHighAccuracy: true
        };

        navigator.geolocation.getCurrentPosition(onSuccess, onError, options);
    }
    else
    {
        var content = document.getElementById("content");
        content.innerHTML = "Geolocation is not enabled on your browser";
    }
}
//성공했을 때 실행할 함수
function onSuccess(position){
var content = document.getElementById("content");
var message = "";
var lat = position.coords.latitude;
var lng = position.coords.longitude;
content.innerHTML = "위도: <strong>" + lat + "</strong> 경도: <strong>" +
lng + "</strong>";
}
function onError(error){
    var content = document.getElementById("content");
    var message = "";
        switch (error.code){
```

```
        case 0:
            message = "뭔가 잘못되었어요: " + error.message;
            break;
        case 1:
            message = "위치 정보 제공을 거부하셨습니다.";
            break;
        case 2:
            message = "브라우저가 위치 정보를 확인할 수 없습니다.";
            break;
        case 3:
            message = "위치 정보를 확인하는 도중 시간 초과가 되었습니다.";
            break;
    }
    content.innerHTML=message;
}
</script>
```

이 스크립트 예제는 이전에 다룬 모든 로직들을 적용하고 있으며, geolocation.getCurrentPosition 기능을 올바르게 사용하는 법을 알려주고 있습니다. 이 스크립트는 유저 위치 정보를 구할 수 있도록 요청하며, DIV 부분에 위도와 경도를 표시합니다. 어떤 오류가 발생하면 err.code 속성을 통해 오류 내용을 유저에게 표시합니다.

### navigator.watchPosition( )을 이용하여 유저 위치 정보를 지속적으로 확인하기

watchPosition은 유저의 위치 정보를 한 번만 확인하는 getPosition과 달리 유저의 위치 정보를 지속적으로 업데이트합니다. 이 기능은 애플리케이션에서의 유저 이동 여부 또는 이동 경로에 대한 정보가 필요한 경우에 사용됩니다. watchPosition은 getCurrentPosition 함수와 옵션 및 사용 방법이 같지만, 사용 구문이 약간 다릅니다.

```
var watchID = navigator.geolocation.watchPosition(success, fail,
options);
```

watchPosition을 사용할 때에는 timeout 기능을 사용하는 것이 좋습니다. 그렇지 않으면 해당 기능이 계속 동작하여 유저의 배터리가 빨리 소모될 수 있습니다. watchID는 watchPosition 함수를 나타내는 숫자로 된 ID 값을 가집니다. 다음 변수를 이용하여 이 기능의 실행을 종료할 수 있습니다.

```
navigator.geolocation.clearWatch(watchID);
```

watchPosition이 성공적으로 실행되면, getPosition과 동일한 방식으로 작동합니다. watchPosition은 보통 getPosition을 사용했을 때보다 정확한 위치 정보를 가져옵니다. 맨 처음 구하는 위치 정보는 대략적인 값일 수 있지만, watchPosition은 시간이 지남에 따라 이를 수정하여 좀 더 정확한 값을 가져오기 때문입니다. 하지만 확실히 이 방법이 배터리를 더 빨리 소모하기는 합니다.

## 저장소 옵션 설정하기

개발자들은 HTML5에서 데이터를 저장하는 데 있어서 이전보다 좀 더 좋은 기능을 사용할 수 있게 되었습니다. 브라우저가 종료되거나 모바일 장치를 재부팅한 경우에도 사용할 수 있습니다. HTML5 저장소는 브라우저의 DOM을 이용하여 두 종류의 저장소 옵션을 제공합니다. 이를 통해 비밀번호나 애플리케이션 설정, 인증 토큰, HTML 캐시 등을 저장하는 데 사용할 수 있습니다.

### localStorage와 sessonStorage object 사용하기

localStorage에 저장된 자료는 개발자가 삭제를 지시하거나 유저가 브라우저 캐시를 삭제하기 전까지는 지워지지 않습니다. 따라서 브라우저를 종료하거나 핸드폰을 재부팅하는 등의 세션을 끝내는 작업을 하는 경우에도 애플리케이션 설정을 유지하려면 localStorage를 사용하면 됩니다.

sessonStorage에 저장된 자료는 지속되지 않으며 브라우저나 브라우저 탭을 종료했을 때 삭제됩니다. 파일이 로컬에서 실행될 때(file://프로토콜 사용 시)에는 sessionStorage를 사용할 수 없습니다. 방문 횟수나 장바구니같이 잠시 동안만 필요한 정보들을 이곳에 저장하면 브라우저를 종료할 때 함께 삭제됩니다.

localStorage와 sessionStorage 둘 다 같은 방법과 구문을 사용하며 key란 값에 정보를 저장합니다. 개발자의 필요에 의해 둘 중 하나를 골라 사용하면 됩니다.

두 object 모두 'setItem', 'getItem', 'removeItem'이라는 세 가지 method를 사용합니다. localStorage의 하나의 key에 value를 저장하려면, 다음 코드를 사용하면 됩니다.

```
localStorage.setItem("key", "value");
```

한 key에 대한 값을 구하려면, 다음 코드에 나와 있는 getItem method를 이용하면 됩니다.

```
var yourKey = localStorage.getItem("key");
```

또한 localStorage에 값을 저장하거나 지우기 전에 해당 key 값이 존재하는지 꼭 체크해봐야 합니다. 다음 코드를 이용하면 됩니다.

```
if (localStorage.getItem("books"))
{
    // "books"라는 key 값이 로컬 저장소에 이미 존재하는 경우입니다.
    var bookTitle = localStorage.getItem("books");
    document.write("책 제목은 " + bookTitle + "입니다.");
}
else
{
    // "books"라는 key 값이 없을 경우 해당 값을 생성합니다.
    localStorage.setItem("books", "모바일 웹 개발의 정석");
}
```

앞의 코드는 "books"라는 key 값이 존재하는지 체크합니다. 이 값이 존재하는 경우, getItem 메서드를 이용하여 해당 key 값을 가져오고, 이를 브라우저에 출력합니다. 이 값이 존재하지 않는 경우, setItem을 이용하여 "books"라는 key 값에 "모바일 웹 개발의 정석"이라는 값을 부여합니다. 이 key 값을 지우고 싶다면 다음 코드를 사용하면 됩니다.

```
if (localStorage.getItem("books"))
{
    // 좋습니다. "books"라는 key 값이 로컬 저장소에 존재합니다. 이제 지워봅시다.
    localStorage.removeItem("books");
}
```

## 애플리케이션 캐시 사용하기

모바일 애플리케이션의 한 가지 단점은 매번 해당 애플리케이션을 로드할 때마다 필요한 파일을 전부 받아와야 한다는 것입니다. HTML5 애플리케이션 캐시를 사용하면 필요한 파일들을 유저의 장치 내부에 저장할 수 있기 때문에 매번 애플리케이션을 실행할 때마다 다운로드하지 않아도 됩니다. 모바일 장치에서 이 정도 수준의 캐싱을 사용하는 데에는 세 가지 장점이 있습니다.

- **오프라인 브라우징**: 애플리케이션이 캐시에서 리소스를 불러오기 때문에 서버에 접속하여 다운로드할 필요가 없습니다. 이로써 오프라인 브라우징이 가능해집니다.

- **성능과 속도 향상**: 인터넷 연결을 이용해 파일을 다운로드할 필요가 없기 때문에 애플리케이션 성능과 속도가 향상됩니다.

- **서버 대역폭 감소 효과**: 애플리케이션에 필요한 파일들이 이미 장치에 로드되어 있으므로, 해당 파일을 서버에서 업데이트하지 않는 한 서버가 파일을 새로 제공하지 않아도 됩니다.

애플리케이션상에서 애플리케이션 캐시를 사용하려면 'Cache Manifest'라는 파일을 생성해야 합니다. 이 파일에는 어떤 파일을 캐시할 것이며, 어떤 파일에 네트워크를 연결할 것인지를 작성해야 합니다. 이 파일을 포함하려면 다음 예제처럼 〈html〉 태그를 추가해야 합니다.

```
<html manifest="mycachefile.cache">
..
</html>
```

이 캐시 파일 경로에는 로컬 경로, 절대 경로 둘 다 사용해도 되며, 애플리케이션 캐시를 사용하려면 HTML의 모든 페이지에 해당 코드가 추가되어야 합니다. 캐시 파일의 확장자는 아무 확장자로 바꿔도 무방합니다. 다만, 'manifest'라는 속성 이름은 바꾸면 안 됩니다.

이와 아울러 mime-type에 text/cache-manifest 값을 반드시 추가해야 합니다. 이를 추가하면 서버가 해당 파일이 'manifest' 파일이라는 것을 확인할 수 있습니다. 다음 코드를 루트 디렉터리의 .htaccess 파일 안에 추가하면 됩니다.

```
Addtype text/cache-manifest .cache
```

캐시 manifest 파일은 세 가지 섹션으로 되어 있지만, 모두 선택 사항입니다. 기본적으로 manifest 캐시는 다음처럼 작성합니다.

```
CACHE MANIFEST
index.html
style.css
img/myLogo.png
js/main.js
```

모든 캐시 manifest 파일은 CACHE MANIFEST로 시작되어야 하며, 매 줄마다 캐시되어야 할 파일들을 나열해주면 됩니다. 위의 예제에 사용된 파일들은 이제 애플리케이션 캐시에 저장되어 추후에 서버에서 해당 파일을 다시 불러올 필요 없이 바로 사용될 것입니다. 애플리케이션 캐시의 저장 공간은 5MB로 제한된다는 것을 꼭 명심하기 바랍니다.

다음처럼 manifest 파일을 세 가지 섹션으로 확장하여 사용할 수 있습니다.

- **CACHE:** 이 부분은 manifest 파일에 'CACHE:'라는 섹션이 없더라도 기본 값으로 지정되어 사용되는 섹션입니다.

- **NETWORK:** 네트워크 연결이 필요하며, 캐시되면 안 되는 파일들을 정의합니다. 보통 서버 측에서 처리되어야 할 스크립트 파일이나 API 주소들이 이 섹션에 정의됩니다.

- **FALLBACK:** 특정 리소스 사용이 불가능할 때 사용됩니다. 네트워크 연결이 불가능할 때 이를 유저에게 알려줄 수 있는 페이지를 출력하는 데 사용됩니다.

다음 코드는 manifest 파일에 세 가지 섹션을 모두 사용한 예입니다.

```
CACHE MANIFEST
CACHE:
index.html
style.css
img/myLogo.png
js/main.js

NETWORK:
script.php
login.php
/script/*

FALLBACK:
main.php simple.html
*.html offline.html
```

위의 예제에서 CACHE 섹션은 그 전의 예제와 동일한 파일들이라는 것을 알 수 있습니다. NETWORK 섹션에는 네트워크 연결이 필요한 파일들이 나열되어 있습니다. 이 파일들은 캐시되지 않습니다. 마지막으로 FALLBACK 섹션에는 특정 파일을 불러올 수 없을 때에 이를 대체할 오프라인 파일들을 나열합니다. FALLBACK 섹션의 첫 번째 줄을 예로 들면, main.php 파일을 사용할 수 없거나 서버에서 받아올 수 없을 때 simple.html을 대신 표시하게 됩니다. 또한 *(와일드카드)를 사용하여 폴더 내부에 있는 모든 파일에 적용할 수도 있습니다.

## 캐시 업데이트하기

업데이트로 인해 캐시 파일을 수정하게 되는 경우, 유저들에게 새로운 버전이 나왔으므로 캐시를 업데이트하라고 알려주어야 합니다. 한 번 캐시된 데이터는 다음과 같은 조건을 만족하기 전까지는 지워지지 않습니다.

- 유저가 브라우저 캐시를 지웠을 경우
- manifest 파일이 수정되었거나 지워졌을 경우
- 캐시를 지우는 스크립트로 인해 지워졌을 경우

캐시된 파일이 업데이트되었는지 확인하려면 DOM이 완전히 로드된 후에 다음 스크립트를 사용하면 됩니다.

```javascript
window.addEventListener("load", function(e) {
    window.applicationCache.addEventListener("updateready", function(e) {
        if (window.applicationCache.status ==
window.applicationCache.UPDATEREADY) {
                window.applicationCache.swapCache();
                if (confirm("웹 사이트가 새 버전으로 업데이트되었습니다.  다시 로드하시겠습니
까?"))
                {
                    window.location.reload();
                }
            }
            else
            {
                //업데이트된 것이 없을 때에는 어떤 작업도 하지 않습니다.
        }
    });
});
```

처음 애플리케이션이 로드되면 'UPDATEREADY'에서 애플리케이션 상태를 'update ready'로 변경합니

다. 그리고 스크립트가 새로운 캐시를 다운로드하여 기존에 있던 캐시와 바꿉니다. 이 작업이 끝난 후, 유저에게 새 스크립트가 로드된 새 버전의 웹 사이트를 로드할 것인지의 여부를 물어봅니다.

또한 개발자가 캐시 manifest 파일을 조금이라도 수정(주석 포함)하는 경우, 브라우저는 모든 내용을 다시 캐시하게 된다는 것을 알아두어야 합니다.

# CSS3

CSS는 'Cascading Style Sheets'의 줄임말이며, 이 CSS는 HTML 요소를 페이지에 표시하기 위해 사용하는 속성과 특성을 정의합니다. CSS3는 복잡한 JavaScript, 이미지 파일, Flash를 사용하지 않고도 디자이너와 개발자들이 다양한 웹 페이지 요소를 만들 수 있게 도와줍니다.

CSS3는 아직까지 모든 브라우저에서 지원하지 않습니다. 표 2-4는 모든 브라우저에서 사용하는 대표적인 브라우저 프레임워크를 나타낸 것입니다.

웹 애플리케이션을 만들 때에는 이를 대상으로 할 장치에 대해 알고 있어야 합니다. IE7 Mobile을 브라우저로 사용하고 있는 Windows Mobile을 대상으로 한다면 이 브라우저가 지원하는 CSS3 기능들에 대하여 알아야 합니다. 운영 체제 종류 및 사용 가능한 CSS3 기능들을 분석해주는 툴에는 여러 가지가 있습니다. 이러한 툴들에 대해서는 이 장의 뒷부분에서 다룹니다.

**[표 2-4] 브라우저 프레임워크**

| 브라우저 프레임워크 | 브라우저의 예 | CSS3 지원 여부 |
| --- | --- | --- |
| Gecko | Mozilla Firefox(파이어폭스), Mozilla Firefox Mobile(Fennac) | 4.0 이상의 버전에서 CSS3의 모든 기능이 완벽하게 지원됩니다. 이 브라우저에서 사용할 CSS3 기능에는 -moz 접두사를 붙여야 합니다. |
| Webkit | Apple Safari(사파리), Apple Safari Mobile, Google Chrome(구글 크롬) | 브라우저 버전에 따라 CSS3를 부분적으로 지원합니다. 가장 최근에 출시된 브라우저에서는 모든 기능을 지원합니다. -webkit 접두사를 붙여 사용해야 합니다. |
| Mosaic | Internet Explorer(인터넷 익스플로러), IE Mobile | 대부분의 CSS3 기능은 Internet Explorer에서 작동하지 않습니다. IE9 이상의 버전에서는 대부분 CSS3 기능을 지원하지만, 이 책을 집필하는 시점에는 모바일 IE9가 아직 출시되지 않았습니다. |

## CSS3의 핵심 기능들

CSS3에는 웹 사이트를 빠르게 디자인하고 좀 더 돋보이게 할 만한 여러 기능들이 있습니다. 개발자들로 하여금 JavaScript 라이브러리와 이미지 파일을 제외한 순수 HTML 요소들만으로 웹 사이트를 디자인하게 만드는 것이 CSS3의 궁극적인 목적이라고 할 수 있습니다. 지금부터 웹 애플리케이션에 적용할 수 있는 CSS3의 몇몇 핵심 기능들에 대해 알아봅시다.

## box shadow 기능

CSS3의 box-shadow 속성은 상자 주변에 그림자 효과를 만들어줍니다(그림 2-1).

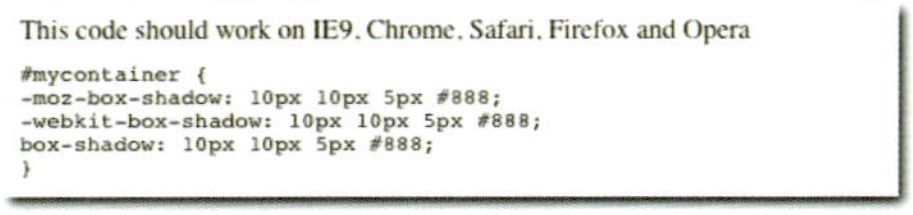

```
This code should work on IE9, Chrome, Safari, Firefox and Opera

#mycontainer {
-moz-box-shadow: 10px 10px 5px #888;
-webkit-box-shadow: 10px 10px 5px #888;
box-shadow: 10px 10px 5px #888;
}
```

[그림 2-1] CSS3 box-shadow를 이용한 그림자 효과

box shadow를 사용하려면, 다음 구문을 사용하면 됩니다.

```
box-shadow: none | <shadow> [ , <shadow> ]*
```

다음 코드처럼 적용할 수 있습니다.

```
box-shadow: 10px 10px
box-shadow: 10px 10px 5px #C1C1C1
box-shadow: inset 5px 5px 5px 5px #C1C1C1
box-shadow: 0px 0px 5px 5px #C1C1C1, 0px 0px 5px 5px #C1C1C1, 0px 0px
  5px 5px #C1C1C1;
```

약간 복잡해 보이지만 하나하나 분석해보면 매우 간단하다는 것을 알 수 있습니다. 제일 먼저 해야 할 일은 그림자의 형태를 정의하는 것입니다. 2~4개 사이의 길이 값을 지정하여 사용할 수 있습니다.

1. 첫 번째 값은 상자 그림자의 수평 오프셋을 정의합니다. 필요에 따라 음수 또는 양수를 사용할 수 있습니다. 양수일 경우에는 그림자가 오른쪽에 생기며, 음수일 경우에는 왼쪽에 생깁니다.

2. 두 번째 값은 상자 그림자의 수직 오프셋을 정의합니다. 값이 음수일 경우 그림자의 방향이 위를 향하고, 양수일 경우 아래를 향합니다.

3. 세 번째 값은 선택 사항이며, 그림자의 흐림 길이를 정의합니다. 이 값에 음수는 사용할 수 없으며, 값이 커질수록 그림자의 흐림 길이가 늘어납니다. 기본 값은 없으며, 이 값이 정의되지 않으면 그림자에 흐림 처리가 되지 않습니다.

4. 네 번째 값도 선택 사항이며, 그림자의 확산 길이를 정의합니다. 이 값은 음수나 양수 모두 사용할 수 있고, 값이 클수록 그림자는 사방으로 확산되며, 음수일 경우 명암에 영향을 끼칩니다.

위의 2~4개의 값에 대한 설정이 끝나면 그림자의 색을 지정할 수 있는데, 이는 선택 사항입니다. 그림자 색의 기본 값은 검은색(#000)입니다.

필요에 따라 길이 값을 이리저리 바꿔볼 수도 있습니다. 예를 들어 모바일 웹 애플리케이션에서 box shadow가 적용된 상단 바를 만들고 싶다면, 다음 코드를 이용하면 됩니다. 다음 코드에 대한 결과물은 그림 2-2에 나타나 있습니다.

```
#myheader {
    -moz-box-shadow: 2px 2px 2px 2px #888;
    -webkit-box-shadow: 2px 2px 2px 2px #888;
    box-shadow: 2px 2px 2px 2px #888;
}
```

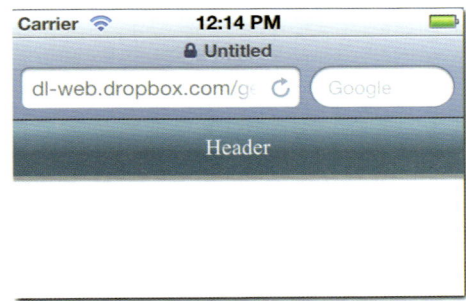

[그림 2-2] 위 코드에 대한 결과물입니다

이 코드는 2px의 그림자, 2px의 흐림 효과, 2px의 그림자 확산 효과를 적용합니다. 이 그림자로 인해 상자가 바닥에서 약간 떠 있는 것처럼 보입니다.

각기 다른 브라우저 확장에 대해 정의된 내용을 볼 수 있는 웹 사이트로는 http://css3please.com을 들 수 있습니다. 이 웹 사이트는 -webkit, -moz 등의 브라우저별 접두사를 사용하지 않고도 여러 종류의 브라우저에 적용할 수 있는 CSS3 규칙을 만드는 것을 도와줍니다.

## 둥근 모서리 기능(Rounded Corners)

CSS3가 나오기 전에 웹 사이트에서 사용했던, 모서리가 둥근 상자들은 모두 JavaScript와 배경 이미지를 활용하여 만들어진 것들이었습니다. CSS3를 활용하면 둥근 모서리를 매우 쉽게 만들 수 있습니다. 다음 구문을 이용하면 둥근 모서리로 된 상자를 만들 수 있습니다.

```
border-*-*-radius: [ <length> | <%> ] [ <length> | <%> ]?
```

예를 몇 개 보여드리겠습니다.

```
border-radius: 10px;
border-top-left-radius: 10px;
border-bottom-left-radius: 75%;
```

border-radius는 필요에 따라 퍼센트(%)나 픽셀(px)로 정의할 수 있습니다. 위의 예제처럼 위, 아래, 왼쪽, 오른쪽 등을 지정할 수 있습니다.

box-shadow 기능과 비슷하게 각각의 속성에 4개의 값까지 지정할 수 있습니다. border-top-left-radius 와 같이 특정 지점을 지정할 때 사용하는 네 가지 값은 각각 수평, 수직, 분기 타원, 곡률에 대한 값입니다. 일반 border-radius 속성을 사용하면 4개의 값은 각각 4개의 꼭짓점에 대한 수평 반지름으로 정의됩니다. 웹 애플리케이션상에서 그림 2-3에 있는 회색 둥근 상자 만들고자 할 때에는 둥글게 만들고 싶은 요소에 다음 속성을 적용하면 됩니다.

```
#rounded-box {
    width: 250px;
    margin: 50px auto;
    text-align: center;
    padding: 25px;
    background-color: #c1c1c1;
    border-radius: 10px;
}
```

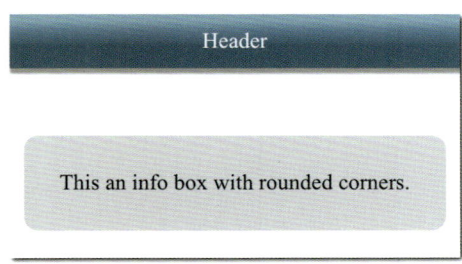

[그림 2-3] 둥근 모서리를 사용하면 웹 애플리케이션을 세련되게
보이도록 할 수 있습니다

이 둥근 모서리 기능을 다음처럼 간단하게 한 줄로 줄여 사용할 수도 있습니다. 다만 각각의 값이 어떤 속성을 정의하는지 잘 알고 있어야 합니다. 위, 오른쪽, 아래, 왼쪽 순으로 정의합니다.

```
border-radius: 10px 10px 10px 10px;
```

## Gradient 기능

Gradient에 대해 배우기 전에, 이 기능이 모바일 애플리케이션에 어떤 효과를 주는지 알아보겠습니다. 그림 2-3에서 볼 수 있듯이, Gradient는 어떤 요소에 광택 효과를 주는 색의 혼합입니다. CSS3가 나오기 전에는 이미지 파일로만 이 효과를 나타낼 수 있었습니다. 이미지 파일을 사용하면 블러오는 시간이 많이 걸린다는 단점이 있습니다. CSS3 Gradient 효과를 이용하면 이미지를 따로 불러오지 않아도 되기 때문에 웹 애플리케이션을 좀 더 빠르고 현대적으로 보이도록 만들 수 있습니다.

Gradients 구문은 사용하기가 약간 혼란스럽습니다. 다음 예제에서는 대부분의 모바일 애플리케이션에서 사용하는 선형 Gradients에 대해서만 다룹니다. 브라우저별로 Firefox, Safari와 Chrome에서 사용하는 구문이 약간씩 다릅니다.

- **Firefox:** -moz-linear-gradient(⟨point⟩ || ⟨angle⟩, color-stops)
- **Safari/Chrome:** -webkit-linear-gradient(⟨point⟩, color-stops)

이에 대한 예제로, 다음 코드를 사용하면 각기 다른 브라우저에서 동일한 배경 Gradients 효과를 설정할 수 있습니다.

- **background:** -moz-linear-gradient(top, #00abeb, #fff)
- **background:** -webkit-linear-gradient(top, #00abeb, #fff)

선형 Gradient 사용 시에 혼합할 색들을 지정할 수 있습니다. 컬러 팔레트를 생성하는 작업은 Gradients에서는 약간 어렵습니다. 따라서 다음과 같은 Gradients를 생성 툴을 이용하는 것이 좋습니다.

- **CSS3 Gradient Generator:** http://gradients.glrzad.com
- **ColorZills Ultimate CSS Gradient Generator:** http://www.colorzilla.com/gradient-editor
- **Microsoft CSS Gradient Background Maker:** http://ie.microsoft.com/testdrive/graphics/cssgradientbackgroundmaker

또한 Gradient를 정의할 때 모바일 장치에서 이를 지원하지 않는 브라우저를 사용하는 경우도 고려해야 합니다. 이 경우에는 다음 코드처럼 기본 배경색을 설정해주면 됩니다.

- **background:** -moz-linear-gradient(top, #00abeb, #fff);
- **background:** -webkit-linear-gradient(top, #00abeb, #fff);
- **background-color:** #c1c1c1;

Gradient를 지원하지 않는 브라우저를 사용할 경우 원래 배경색이 나타나지 않지만, 위 코드를 사용하면 해당 브라우저에서도 배경색이 밝은 회색으로 나타납니다. 이 방법을 오래된 버전의 브라우저를 사용하는 유저들에게 사용하면 됩니다.

## CSS3 선택기(CSS3 Selectors)

CSS를 이용하면 스타일을 정의하는 요소들과 그 요소들의 속성을 선택할 수 있습니다. CSS3 프레임워크를 이용하면 더욱 다양한 요소들을 선택할 수 있습니다. 이 새로 선택할 수 있게 된 요소들은 웹 페이지 구조 내에서 특정 요소나 클래스를 대상으로 적용할 수 있습니다. 예를 들어 표 안에 있는 홀수 행에만 해당 내용을 적용할 수 있습니다.

```
tr:nth-child(odd) td {
background-color: #c1c1c1;
}
```

이 코드를 사용하면 표 안에 있는 홀수 행 배경색을 모두 변경해줍니다. 이전 버전의 CSS에서 사용하던 구문보다 훨씬 더 간결하고 쉬워졌습니다. 코드를 더욱 간결하게 만들 수 있는 Selector들이 몇 가지 더 있습니다.

W3C 웹 사이트(http://www.w3.org/TR/selectors)를 이용하면 CSS3 Selector에 관련된 더 많은 정보를 얻을 수 있습니다.

## 전환(Transformations)

예전에는 브라우저에 애니메이션 효과(Transition)를 적용하려면 어려운 JavaScript를 사용해야 했습니다. 하지만 CSS3를 사용하면 HTML 요소에 Transform, Shade, Translate 효과를 쉽게 적용할 수 있습니다. Keyframes는 중요한 메서드 중 한 가지입니다.

Keyframes 메서드는 점차 변하는 애니메이션 효과를 만들 수 있게 해줍니다. 모바일 웹 애플리케이션에서는 페이지를 전환할 때 이를 적용해볼 수 있습니다. Keyframes를 사용하려면 먼저 이를 정의해주어야 합니다.

```
@-webkit-keyframes mymove /* Safari and Chrome */
{
from {top:0px;}
to {top:200px;}
}
@-moz-keyframes mymove /* Mozilla(Firefox) */
{
from {top:0px;}
to {top:200px;}
}
```

위의 코드에서는 애니메이션 효과(Transition)를 적용할 방향을 설정하고 있습니다. 페이지 맨 윗부분(0px)에서 시작하여 아래로 200px 움직입니다. 이제 브라우저에서 동작하도록 이를 실행하는 부분이 필요합니다. 이를 위해서는 HTML 요소에 이를 적용해야 합니다.

```
#mybox {
-webkit-animation:mymove 5s infinite; /* Safari and Chrome */
-moz-animation:mymove 5s infinite; /* Mozilla(Firefox) */
}
```

HTML 요소에 mymove를 할당하여 애니메이션 효과를 시작합니다. 해당 애니메이션 효과는 5초(5s) 동안 지속되며, 무한 반복(infinite)됩니다.

모바일 브라우저에서 이러한 효과들을 사용하는 경우도 고려해보아야 합니다. 컴퓨터 브라우저에서는 CPU와 RAM 자원이 이러한 효과들을 나타내는 데 충분하지만, 모바일 브라우저에서 이러한 효과를 여러 개 사용하면 성능이 저하될 수 있습니다. 애플리케이션 기능을 만들 때 꼭 필요한 경우에만 이 기능들을 사용해야 하며, 이를 남용하면 웹 애플리케이션이 느려지거나 충돌이 일어날 수 있습니다.

# JavaScript

JavaScript는 HTML5 이전부터 존재했지만 JavaScript를 사용하여 활용할 수 있는 요소들은 CSS3의 새로운 속성들 덕분에 크게 향상되었습니다. 수많은 JavaScript 라이브러리와 프레임워크들 덕분에 프로그램을 더 빠르고 쉽게 만들 수 있게 되었습니다. 대부분의 JavaScript 라이브러리에는 IE6에서도 사용할 수 있도록 해주는 코드가 추가되어 있기 때문에 모바일에 최적화되어 있지 않습니다. 그러므로 모바일에 사용 시에는 모바일에 최적화된 코드를 사용하는 라이브러리를 선택하는 것이 좋습니다. 라이브러리 파일의 크기가 커질수록 애플리케이션을 로드하는 데 더 많은 시간이 소요됩니다. 필요한 기능들만 있고 추가적인 잡다한 기능들이 없는 라이브러리를 사용하는 것이 가장 좋은 방법입니다.

## jQuery

jQuery는 웹에서 가장 유명한 JavaScript 프레임워크입니다. jQuery에는 CSS3-Rotate, CSS3-Animation 등과 같은 복잡한 CSS3 기능들을 구현하는 데 도움이 되는 간단한 메서드들이 포함되어 있습니다. 이 jQuery 라이브러리의 단점은 용량이 31KB라는 점입니다. 용량은 작아보일지 모르지만, 모바일 웹 개발에서는 사용하지 않는 IE6에 대한 코드들이 많이 포함되어 있습니다. 이로 인해 애플리케이션을 처음 로드하는 경우, 조금 느려질 수 있습니다.

## XUI

XUI는 Brian Leroux(PhoneGap 개발팀)가 만든 JavaScript 프레임워크입니다. 이 XUI 프로젝트의 목표는 jQuery와 비슷한 구문으로 작동되고, 쉽게 사용할 수 있는 프레임워크를 만들며, 모바일 장치에서의 사용을 위해 용량을 줄이는 것입니다. jQuery의 31KB나 되는 용량에 비하면 XUI는 4.2KB밖에 안 되지만 jQuery의 거의 모든 기능을 포함하고 있습니다. jQuery와 비슷한 구문과 간결한 기능, 저용량의 프레임워크를 찾고 있었다면 XUI가 적합할 것입니다.

## Zepto

Zepto는 XUI처럼 jQuery와 비슷한 구문을 사용하는 프레임워크입니다. 하지만 이 프레임워크는 WebKit 브라우저만을 대상으로 하고 있습니다. 어떤 플러그인을 사용하느냐에 따라 스크립트 파일의 크기가 5~10KB로 다양하지만 Zepto는 jQuery에서 사용되는 중요한 모바일 메서드를 모두 지원합니다. 단점은 WebKit 브라우저만 지원한다는 것입니다. 따라서 WebKit 브라우저가 아닌 Windows Phone 7, Mozilla Firefox Mobile 등의 타 브라우저에서는 이 프레임워크를 지원하지 않습니다.

### JQTouch

jQTouch는 웹 애플리케이션상에 유저 인터페이스 요소나 JavaScript 기능을 만들 수 있도록 해주는, jQuery, Zepto에서 사용하는 플러그인입니다. 이 플러그인은 Zepto처럼 WebKit 브라우저를 대상으로 제작되었습니다. 또한 jQTouch 프레임워크는 jQuery나 Zepto를 로드해야만 사용할 수 있기 때문에 이로 인해 용량이 너무 커질 수 있습니다. 하지만 애플리케이션을 좀 더 네이티브하게 느껴질 수 있게 해주는 Page Transition이나 전체 화면 모드 등의 다양한 CSS3 애니메이션을 지원합니다.

## UI 프레임워크/유틸리티

모바일 애플리케이션을 개발할 때 디자이너를 따로 두지 않고도 수많은 프레임워크들을 통해 UI를 만들 수 있습니다. 이러한 UI 프레임워크들은 크로스 브라우저(Cross Browser) 테크놀로지와 CSS3 속성을 사용하여 애플리케이션을 좀 더 네이티브하게 느껴질 수 있도록 해줍니다. 유저가 오래된 버전의 브라우저를 사용하는 것에 대비하여 해당 유저의 브라우저에서 어떤 JavaScript, CSS3 기능을 지원하는지를 알려주는 여러 유틸리티 라이브러리들이 있습니다.

### Sencha Touch

Sencha Touch는 HTML5 모바일 웹 애플리케이션 프레임워크에 가장 적합하다고 선전하고 있습니다. iOS, Android, BlackBerry 6+ 등과 non-WebKit 브라우저를 지원하는 기능이 자체 내장되어 있습니다. 대부분의 개발자들은 JavaScript의 프레임워크로 Sencha Touch의 KitchenSink를 사용하고 있습니다. 이는 UI와 JavaScript 둘 다 포함하고 있지만, 다른 프레임워크들과는 전혀 다른 구문을 사용합니다. 이로 인해 객체 지향 JavaScript 프로그래밍에 익숙하지 않은 개발자들은 이 프레임워크를 사용하기가 약간 혼란스러울 수 있습니다.

### jQuery Mobile

jQuery Mobile은 jQuery 플러그인으로, 개발자들이 CSS를 사용하지 않고도 훌륭한 웹 애플리케이션을 만들 수 있도록 해줍니다. 이 프레임워크는 jQuery의 장점을 살려 모바일에 적합하도록 만들어졌습니다. jQuery Mobile을 사용하면 화면 방향 전환을 좀 더 쉽게 감지하거나 Swipe Events를 지원하도록 해주며, jQuery History 플러그인을 사용하여 전체 탐색을 지원합니다. jQuery Mobile의 가장 큰 단점은 jQuery(31KB)와 추가로 24KB의 용량을 더 사용한다는 점입니다. 좋은 기능이기는 하지만 프레임워크의 용량이 크기 때문에 대역폭과 로딩 시간이 늘어나는 것을 감수해야 합니다.

## Modernizr

Modernizr는 모바일과 컴퓨터상에서 크로스 브라우저를 개발하는 수고를 덜어주고, 브라우저에서 특정 HTML5나 CSS3 기능들을 지원하는지를 확인하는 과정을 쉽게 만들어줍니다. 이 도구를 사용하면 간단한 if...then 구문만을 사용하여 특정 기능 사용할 수 있는지의 여부를 알아낼 수 있습니다. 그림 2-4와 같이 JavaScript 유틸리티가 초기화되고 나서 해당 브라우저가 지원하는 HTML5과 CSS3을 스캔한 후에 문서의 BODY 요소에 클래스로 이를 추가합니다. 한 번 적용된 후의 HTML5와 CSS3 기능 사용 가능 여부는 다음 코드를 사용하여 쉽게 알아낼 수 있습니다.

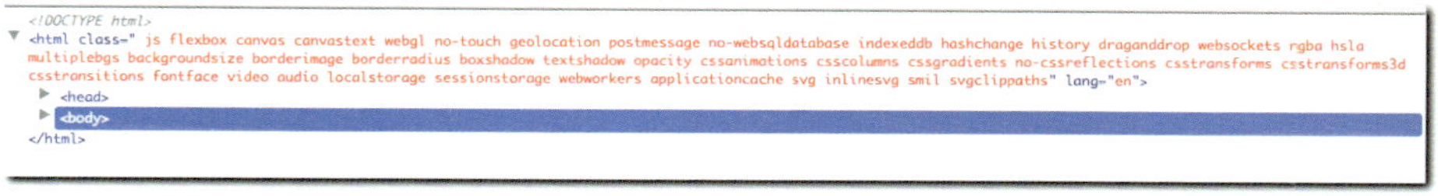

```
<!DOCTYPE html>
<html class=" js flexbox canvas canvastext webgl no-touch geolocation postmessage no-websqldatabase indexeddb hashchange history draganddrop websockets rgba hsla
multiplebgs backgroundsize borderimage borderradius boxshadow textshadow opacity cssanimations csscolumns cssgradients no-cssreflections csstransforms csstransforms3d
csstransitions fontface video audio localstorage sessionstorage webworkers applicationcache svg inlinesvg smil svgclippaths" lang="en">
  <head>
  <body>
</html>
```

**[그림 2-4] Modernizr를 사용하여 HTML5 호환성 체크하기**

```
if (Modernizr.localstorage) {
    // 브라우저에서 localstorage 기능이 호환되는 경우입니다.
        return true;
} else {
    // 브라우저에서 localstorage 기능을 지원하지 않는 경우입니다.
        return false;
}
```

## iScroll

iOS5 이전 버전에서는 Safari 브라우저에서 상단과 하단 바를 고정할 수 없었습니다. CSS 속성 중에 overflow: scroll이 비활성화되어 있었기 때문입니다. iOS5 버전부터는 이 CSS 속성이 활성화되었지만 iOS4 사용 유저들도 애플리케이션을 사용할 수 있게 하려면 'iScroll'이라는 JavaScript 라이브러리를 사용해야 합니다. 이 라이브러리가 활성화되면 웹 애플리케이션의 상단과 하단에 고정된 바가 생깁니다. iScroll은 jQuery로 만들어지지 않았으며, 어느 프레임워크에도 의존하지 않습니다. iScroll을 이용하면 고정된 바를 필요로 하는 애플리케이션에 쉽고 유용하게 사용할 수 있으며, 좀 더 네이티브한 느낌을 살릴 수도 있습니다.

만약 iScroll을 사용해야 하는데 웹 페이지 내용의 길이가 제각각이라면(웹 페이지의 내용이 동적으로 추가되는 경우) iScroll에 내장된 메서드를 사용하여 스크롤할 부분을 새로 고침해주면 됩니다. 웹 페이지 내용이 다음과 같다고 가정하고 그 예를 들어보겠습니다.

```html
<div id="scrollarea">
<div id="page1"></div>
<div id="page2"></div>
<div id="page3"></div>
</div>
```

page1 부분에 내용이 추가되면 iScroll을 새로 고침하여 페이지 전체가 스크롤할 수 있도록 만들어야 합니다. 다음처럼 사용하면 됩니다.

```javascript
function onCompletion () {
    //여기서 page1의 요소들을 추가하거나 수정합니다.
    setTimeout(function() {
        myScroll.refresh();
    }, 0);
}
```

여기까지 완료했다면 웹 페이지 내용 부분이 새로 고침될 것입니다. 위와 같은 방법으로 다른 부분에도 똑같이 적용하면 됩니다.

## Mustache/JavaScript 템플릿

Mustache는 JavaScript 템플릿 라이브러리로, JSON과 함께 동작합니다. 모바일 장치에서 데이터 요청을 처리할 때에는 반환 데이터의 크기를 최대한 작게 하는 것이 중요합니다. JSON(JavaScript Object Notation)은 데이터를 받아와서 어떤 배열로 나열할 수 있게 만들어주는 문자열입니다.
Facebook, Twitter, Foursquare와 같은 대부분의 SNS와 API에서 JSON 방식으로 데이터를 반환합니다.

Mustache를 사용하면 HTML에서 간단한 템플릿을 만들어 JSON에서 받아온 데이터를 컴파일할 수 있습니다. 예를 들어보겠습니다.

```
data = {
    first_name: "Greg",
    last_name: "Avola"
}
//위 데이터를 이용해 다음처럼 Mustache 템플릿을 생성할 수 있습니다.
<div id="mustache_tmp">
    <p class="first">{{first_name}}</p>
    <p class="last">{{last_name}}</p>
</div>
```

Mustache를 이용해 HTML을 컴파일할 경우에는 Mustache에서 2개의 중괄호{{ }} 안에 있는 내용들을 받아온 데이터 중에 해당 속성에 맞는 데이터로 교체합니다.

```
<script>
    var content = $("#mustache_tmp").html();
    //이전 예제에 있는 데이터를 나타냅니다.
    var newTemplate = Mustache.to_html(content,data);
    $("#mustache_tmp").html(newTemplate);
</script>
```

위의 예제는 jQuery를 이용하여 mustache_tmp로 정의된 DIV 요소 안에서 데이터를 가져옵니다. 그리고 Mustache를 이용하여 HTML을 JSON 데이터 구조로 변환합니다. 그 후에 다시 jQuery를 이용하여 DIV 요소에 데이터를 출력합니다.

위 예제에서는 Mustache가 실용적이라고 생각되지 않을 수 있지만, Mustache를 사용하면 JSON으로 데이터를 받아올 때 일일이 JavaScript를 작성하여 HTML에 표시해주는 수고를 덜 수 있습니다. 서버 측에서도 유저가 요청한 데이터를 HTML로 출력하지 않아도 되기 때문에 약간의 시간을 절약할 수 있습니다. Mustache는 단 몇 줄의 코드만으로도 데이터를 쉽게 처리할 수 있게 해주는 다른 기능들도 많습니다.

## 요약

이 장에서는 개발자들의 모바일 애플리케이션 개발에 도움이 되는 HTML5, CSS3, JavaScript 등에 대하여 알아보았습니다. 이 밖에도 다음에 관련된 내용을 알아보았습니다.

- Geolocation
- Cache Manifest
- CSS3 selectors
- Rounded corners
- Mobile/UI JS frameworks(jQuery, Zepto 등)

PART

II

# 웹 애플리케이션
# 내부 구조 수립

# 개발과 프로덕션

이 장에서는 개발과 프로덕션 환경의 차이점과 웹 애플리케이션을 관리, 개발, 배포할 수 있는 툴에 대하여 알아보겠습니다. 이와 아울러 개발 도중에 바로바로 테스트해볼 수 있는 로컬 개발 환경에 대해서도 알아보겠습니다. 또한 iOS, Android 에뮬레이터인 Firebug, code IDE와 같은 개발 및 테스트에 도움이 되는 툴에 대해서도 알아보겠습니다.

이와 아울러 이번 장에서는 웹 애플리케이션이 1~10,000명의 다양한 인원을 수용할 수 있도록 해주는 내부 인프라 구성 요소에 대해서도 알아보겠습니다.

이번 장의 목표는 다음과 같습니다.

- 개발 환경과 프로덕션 환경의 차이가 둘 다 필요한 기유에 대해 배웁니다.
- Windows와 Mac OS X용 툴을 이용해 개발 환경을 직접 만들어 봅니다.
- 에뮬레이터 IDE, 브라우저 툴 등 애플리케이션 개발을 빠르고 좀 더 효율적으로 만들어줄 수 있는 것들에 대하여 알아봅니다.
- 모바일 웹 애플리케이션의 생산 인프라 솔루션에 더해 알아봅니다.

# 개발 계획 수립

예전에는 개발자들을 위한 개발 환경을 만들기가 힘들었습니다. 왜냐하면 IT 시스템 관리자에게 현재 운영 중인 서버가 아닌 새로운 서버를 만들도록 해야 했기 때문입니다. 요즘에는 개발자들이 개발하고 있는 컴퓨터상에 테스트할 수 있는 환경을 만들 수 있기 때문에 이러한 수고를 하지 않아도 됩니다.

애플리케이션을 운용하는 사이트 외에 물리적으로 새로운 코딩 전용 환경이 있다고 생각하면 됩니다. 둘 다 같은 코드와 데이터베이스를 사용합니다. 이와 같이 코딩 전용 환경을 새로 구성하는 이유는 현재 운용 중인 애플리케이션에 영향을 끼치지 않으면서 코드를 개발하거나 테스트하기 위해서입니다. 표 3-1은 개발 환경 분리에 대한 장단점을 나타낸 것입니다.

**[표 3-1] 개발 환경 분리에 대한 장단점**

| 장점 | 단점 |
| --- | --- |
| 현재 운용 중인 기능 및 사이트에 영향을 끼치지 않고 안전하게 개발 가능 | 각각의 개발 환경 코드를 동기화시켜줄 수 있는 툴이 필요함 |
| 로컬 개발 환경 구성이 쉽고 비용도 적게 듦 | 컴퓨터상의 시뮬레이션은 실제 기기에서 실행되는 것과는 약간의 차이가 있음. |
| 바로 개발을 시작할 수 있도록 도와주는 무료 툴들이 많이 있음 | |

2개의 각기 다른 환경을 운용할 때에는 코드가 서로 최신인지 확인해야 합니다. 1개 이상의 개발 환경에서 코드 동기화가 실패하는 것보다 안 좋은 상황은 없습니다. 이때에는 흔히 '저장소(Repository)'라고 불리는 코드 관리 툴을 이용하면 됩니다. 가장 많이 사용하는 Repository에는 'SVN(Subversion)'과 'GIT'가 있습니다. 이 두 가지 툴은 코드를 관리하는 데 있어 제공하는 기능이 서로 다릅니다.

GIT와 SVN은 하는 일이 같아 보이지만, 이 둘 사이에는 근본적인 차이가 있습니다. GIT는 각각의 버전에 관한 관리가 분산되어 있지만 SVN은 중앙에서 이를 관리합니다. GIT, SVN 모두 중앙 저장소나 서버가 존재하지만 GIT는 개발자들마다 서로 다른 그들만의 코드를 가지고 작업할 수 있게 해줍니다. 반면에 SVN은 각 개발자들이 서로 다른 코드를 가지고 작업할 수 있게 해주는 것이 아니라 하나의 코드를 중앙에서 관리합니다.

코드를 분산해서 관리하면 인터넷에 연결되어 있지 않은 상황에서도 코드를 변경할 수 있기 때문에 유용합니다. 또한 이 분산 환경은 오픈 소스 프로젝트에도 유용합니다. 모든 사람이 동시에 작업할 수 있도록 해주며, 중간에 코드를 분실하지 않고 팀 전체에 pull request를 보낼 수도 있습니다.

## 로컬 호스팅 구현하기

요즘 컴퓨터들은 로컬에서 웹 사이트를 구현해 테스트하는 것이 가능하며, 이를 이용하는 것이 모바일 웹 애플리케이션 개발하는 데 있어서 가장 쉽고 저렴한 솔루션이 될 것입니다. 현재 PC와 Mac을 지원하는 무료 툴들이 많이 출시되어 있는데, 로컬 호스팅의 목적은 로컬 장치에 웹 서버를 설치하여 해당 로컬 장치에 있는 HTML 파일을 테스트해보는 것입니다.

이 장에서는 현재 가장 많이 쓰이고 있는 Linux, Apache, MySQL, PHP(LAMP)를 사용합니다. 이 책에서는 데이터베이스 사용법과 PHP 개발 언어에 대해서는 별도로 다루지 않지만 위의 툴에서 설치되는 Apache 웹 서버를 이용해 모바일 장치에서 웹 사이트를 로드해볼 것입니다.

## MAMP 설치하기(Mac OS X 전용)

Mac, Apache, MySQL, PHP로 이루어져 있는 MAMP는 Mac OS X 전용 애플리케이션이며, 개발 환경을 쉽고 빠르게 구성할 수 있습니다.

Mac에 MAMP를 설치하려면, 다음 단계들을 따라하면 됩니다.

1. 브라우저를 실행한 후 http://mamp.info로 이동하여 MAMP를 다운로드합니다. 여기서는 무료 버전을 다운로드하면 됩니다. 2.0.5 버전부터는 Pro 버전과 무료 버전이 함께 설치됩니다.

2. 애플리케이션을 설치한 후 Finder 프로그램을 이용하여 Applications 폴더 안의 MAMP 폴더로 이동합니다(그림 3-1).

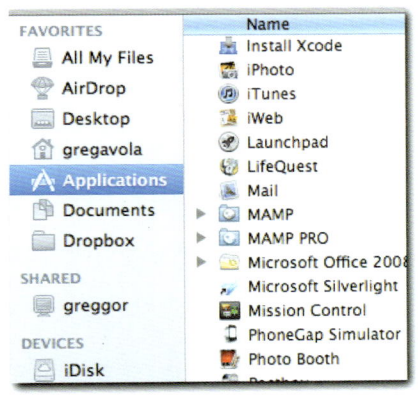

[그림 3-1] Applications 폴더 안의 MAMP 폴더로 이동합니다

3. 폴더 안의 MAMP 애플리케이션 아이콘을 클릭하여 실행합니다. MAMP UI에서 서비스 시작 및 종료를 제어할 수 있습니다(그림 3-2).

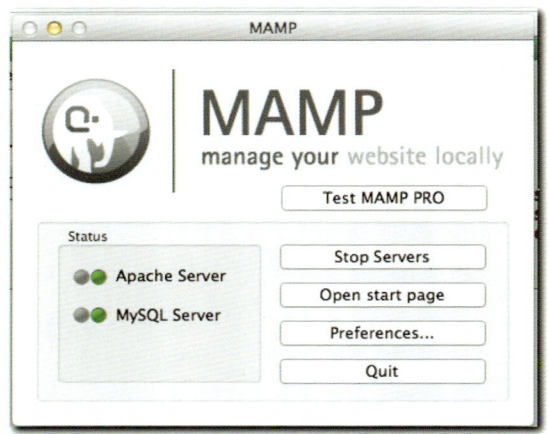

[그림 3-2] MAMP UI에서 애플리케이션 구동에 필요한 서비스를 선택할 수 있습니다

MAMP 내부의 시작 페이지에 들어가면 설치에 관련된 자세한 정보를 볼 수 있습니다. 이 정보는 모두 중요하지만 이 중에서 가장 중요한 정보는 주소 표시줄에 나와 있는 URL입니다(그림 3-3).

[그림 3-3] 주소 표시줄의 URL

'localhost'라는 단어는 해당 컴퓨터의 로컬 IP를 나타내고, 콜론 부호(:) 뒤에 있는 숫자들은 웹 서버가 리스닝하고 있는 포트를 나타냅니다. 위 그림에서는 웹 서버가 8888 포트를 리스닝하고 있습니다.

4. MAMP 폴더로 되돌아가 htdocs 폴더로 이동합니다. 이 폴더는 웹 서버의 가장 최상위 루트 디렉터리입니다. 그림 3-4처럼 index.html 파일을 생성하여 테스트해봅니다. 파일을 만들고 난 후에는 텍스트 에디터를 이용하여 다음 코드를 작성합니다. 텍스트 에디터에 대해서는 이 장의 뒷부분에서 다룹니다.

```
<html>
    <h2>Hello World!</h2>
</html>
```

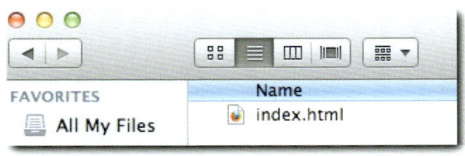

[그림 3-4] MAMP 웹 서버 index.html 파일 예제

**5.** 파일을 저장한 후 http://localhost:8888로 이동합니다. Hello World!가 보일 것입니다.

이 디렉터리에서 코드를 편집하고, 이를 모바일 폰에서 테스트하기 위해 IP 주소를 알아내면 됩니다. 핸드폰에서 이 사이트에 접근하려면 MAMP를 설치한 컴퓨터의 'IP 주소'를 입력한 후 '포트 8888'을 입력하면 됩니다. 이렇게 하면 모바일 장치에서 index.html 페이지를 볼 수 있습니다.

## XAMPP 설치하기(Windows 전용)

윈도우 사용자들에게는 'XAMPP'라는 MAMP와 비슷한 툴이 있습니다. 이 툴은 모든 운영 체제에서 동작하지만 윈도우 환경에 가장 적합합니다. XAMPP는 MAMP와 비슷하게 LAMP를 컴퓨터에 설치하여 로컬 서버를 운영할 수 있도록 해줍니다. 다음 단계를 따라하면 됩니다.

**1.** www.apachefriends.org/en/xampp.html 로 이동하여 XAMPP for Windows를 다운로드합니다(그림 3-5). 이 책의 집필 당시 가장 최신 버전은 1.7.7입니다.

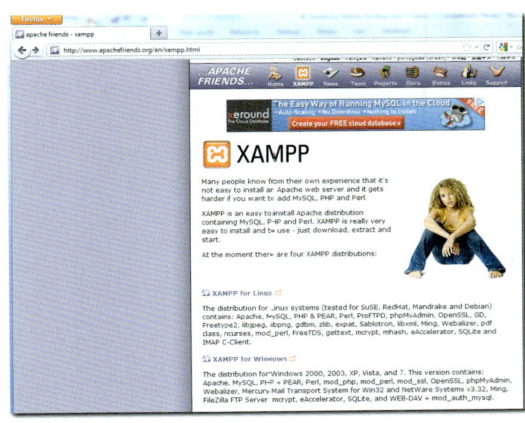

[그림 3-5] XMAPP 다운로드
© 2002–2012 Apache Friends, Imprint

2. 파일을 다운로드한 후에 XAMPP를 설치합니다. 그림 3-6에서처럼 일부 애플리케이션을 서비스 형식으로 실행할 것인지 물어볼 것입니다. 서비스 형식으로 실행한다는 것은 컴퓨터를 켤 때 자동으로 실행된다는 의미입니다. 이 책에서는 Apache만 서비스로 실행하겠습니다. 설치가 끝나면 오른쪽 아래에 XAMPP Admin Control Box를 볼 수 있을 것입니다. 이곳에서 각 서비스의 실행 여부와 상태를 볼 수 있습니다.

3. Apache 옆의 관리자(Admin) 버튼을 클릭해봅시다(그림 3-7).

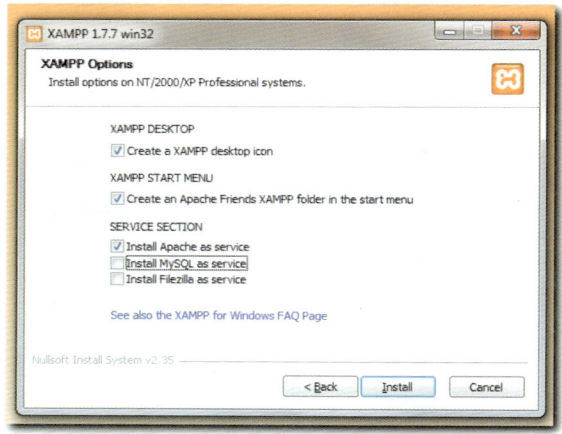

[그림 3-6] XAMPP 인스톨러에서 프로그램을 서비스 형식으로 실행할 것인지 물어봅니다

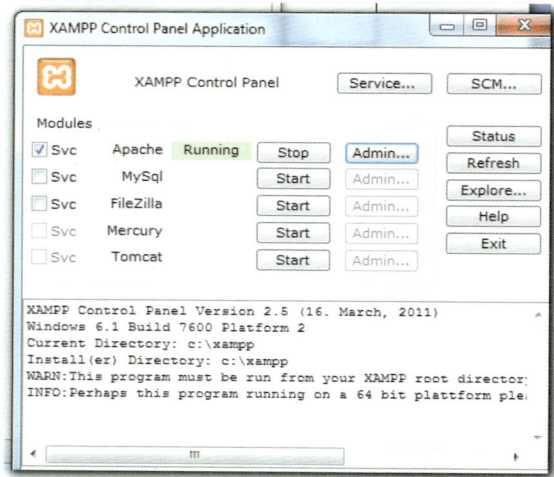

[그림 3-7] Apache 도움말 파일을 실행합니다

도움말이 실행되면서 URL을 알려줄 것입니다. 기본적으로 XAMPP는 '8080 포트'를 사용(Listen)합니다.

4. 웹 서버에 파일을 추가하려면 내 컴퓨터에 들어가 XAMPP를 설치한 디렉터리로 이동한 후 htdocs 폴더로 이동합니다(기본적으로 C:\XAMPP에 설치됩니다). 그리고 xampp 폴더로 이동한 후 'mysite'라는 폴더를 생성합니다(그림 3-8).

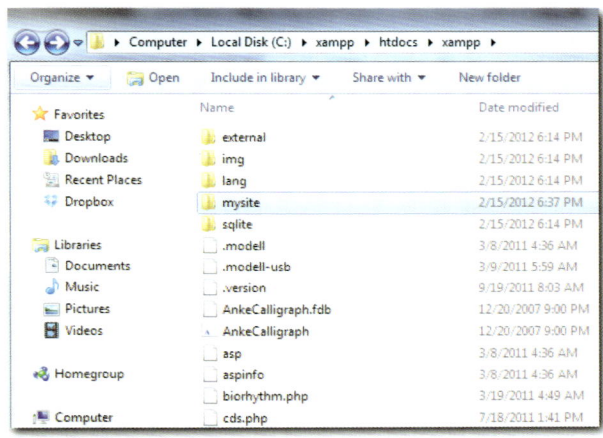

[그림 3-8] 웹 서버에 파일을 추가해봅시다

5. 'index.html'이라는 파일을 새로 만든 후 텍스트 에디터로 다음 코드를 작성합니다.

```html
<html>
    <h2>Hello World!</h2>
</html>
```

6. 브라우저로 되돌아가 http://localhost/xamppp/mysite로 이동합니다. 위에서 입력한 HTML 코드를 볼 수 있을 것입니다(그림 3-9).

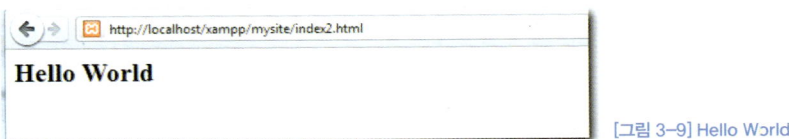

[그림 3-9] Hello World

## IDE를 사용하여 웹 애플리케이션 작성하기

HTML5/CSS3/JavaScript를 사용하면 모바일 웹 개발을 위해 멋진 코드를 작성할 필요가 없습니다. 컴퓨터에 있는 텍스트 에디터를 이용해 코드를 작성하면 됩니다. 워드패드, 메모장, Textedit(Mac) 등을 사용하여 코드를 충분히 작성할 수 있습니다.

하지만 IDE나 코드 에디터를 사용하면 좀 더 편하게 개발할 수 있습니다. 각 운영 체제별 IDE, 코드 에디터에 대해 알아보겠습니다.

### TextMate(Mac OS X)

TextMate는 Mac OS X의 가장 좋은 텍스트 에디터 중 하나입니다. Code Completion, Syntax Highlighting, Bundles 등과 같은 많은 기능이 포함되어 있습니다. Bundles는 애플리케이션을 개발할 때 주로 사용합니다. 이 프로그램을 이용하면 애플리케이션 개발에 많이 사용하는 IF/THEN 구문이나 표준 HTML 템플릿을 좀 더 빠르게 사용할 수 있습니다. TextMate에서 사용하는 HTML5/CSS3/JavaScript 전용 Bundles가 출시되어 있어 웹 애플리케이션 개발이 좀 더 편리해졌습니다.

TextMate의 중요한 기능으로는 기본 HTML 구문의 자동 완성 기능을 들 수 있습니다. TextMate 창의 아래쪽에 있는 설정에서 문서의 종류에 따라 구문을 설정할 수 있습니다. 어떤 내용을 작성하느냐에 따라 자동으로 언어를 감지하기도 합니다. HTML을 선택한 후에 style을 입력하면 TextMate 프로그램에서 자동으로 관련된 HTML 구문을 출력합니다(그림 3-10).

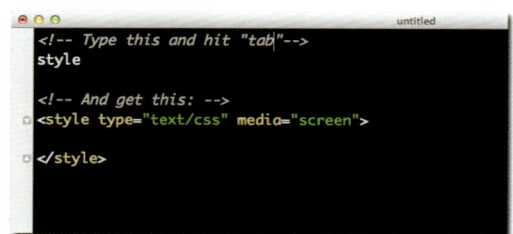

[그림 3-10] TextMate에서 생성된 HTML구문

### Coda(Mac OS X)

맥 유저들에게 Coda는 모든 텍스트 에디터의 대부로 여겨집니다. 문서 코딩은 물론 FTP 기능까지 내장하고 있습니다. Coda에는 앞에서 말한 모든 기능이 탑재되어 있습니다(그림 3-11).

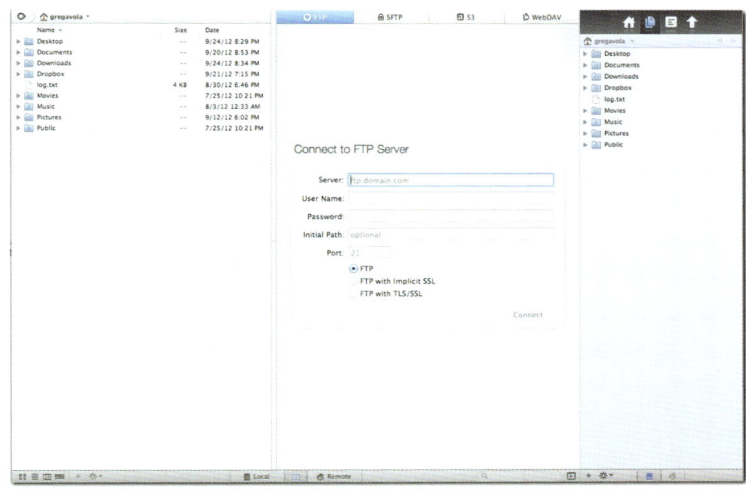

Coda에는 각 프로그래밍 언어에 대한 설명서, 레퍼런스를 담고 있는 'Books'라는 기능이 있습니다. 이 기능은 JavaScript나 HTML5 요소와 같은 코딩을 할 때 모르는 구문에 검색 엔진을 사용할 필요가 없도록 도와줍니다. 또한 Coda에는 코드 버전 시스템이 내장되어 있기 때문에 다른 프로그램 없이도 코드를 GIT나 SVN에 바로 게시할 수 있습니다.

### Sublime Text(Windows/Mac OS X/Linux)

Sublime Text는 코드를 개발할 때 도움이 되는 애플리케이션 중 하나입니다. 이 프로그램은 Windows, Mac, Linux 등과 같은 모든 운영 체제를 지원합니다. 이 애플리케이션에는 'Mini-Map'이라는 굉장한 기능이 있는데, 이 기능은 유저가 작성한 코드를 한눈에 볼 수 있게 해줍니다(그림 3-12).

Mini-Map 기능을 이용하면 코드를 빠르게 훑어보고 수정할 수 있습니다. 이 기능을 이용하면 복잡한 찾기 및 검색 기능을 사용하지 않아도 됩니다. 또한 작성한 코드를 프린트했을 경우 어떻게 보이는지 미리 보기 형식으로 볼 수도 있습니다. 대부분의 프로그래머는 보통 줄 번호를 이용해 작업하지만 때때로 작성한 파일이 3페이지나 된다는 사실을 아는 것이 문제점을 찾아 고치는 데 도움이 될 수도 있습니다.

[그림 3-12] 미니맵 기능을 지원하는 Sublime Text

Sublime Text의 또 다른 기능으로는 작업 시에 자동적으로 변경 내용을 저장하는 기능을 들 수 있습니다. 따라서 코드를 잃게 될 걱정은 하지 않아도 됩니다. 또한 맞춤법 검사기가 내장되어 있어 웹 애플리케이션에 오타가 생기는 것을 막아줍니다.

### NotePad++(Windows)

윈도우 유저라면 메모장에 대해 알고 있을 것입니다. 메모장을 이용하여 메모를 남기거나 코딩을 해본 적도 있을 것입니다. NotePad++는 메모장을 강력한 코드 에디터로 업그레이드한 버전입니다.

NotePad++는 다른 텍스트 에디터와 비슷하게 구문 하이라이팅, Code Snippets 등과 같은 유용한 기능을 가지고 있습니다. NotePad++는 이전 버전인 메모장과 비슷하게 레이아웃이 깔끔합니다. 다양한 기능에 간결한 UI를 원하는 개발자라면 NotePad++를 추천합니다.

## 코드 테스팅

모바일에서의 테스트는 컴퓨터상의 테스트와 달리 꽤 복잡합니다. 브라우저를 사용하면 소스 코드를 보면서 Firebug를 이용해 편집하고 바로 테스트해볼 수 있지만, 모바일 개발 시에는 이에 적합한 툴을 가지고 테스트해야 일이 좀 더 수월합니다. HTML5 웹 개발에 많은 도움을 줄 간단한 툴과 프로그램에 대해 알아봅시다.

테스트를 할 때 '시뮬레이터'와 '에뮬레이터'라는 단어를 자주 접하게 될 것입니다. 이 두 가지는 기술적으로는 같은 역할을 하지만, 서로 약간의 차이가 있습니다. 시뮬레이터는 가능한 한 모든 방법을 동원하여 실제와 흡사하게 주요한 특성만을 체험할 수 있도록 환경을 제공해주는 것이고, 에뮬레이터는 실제 시스템처럼 작동합니다. iOS 시뮬레이터에서는 컴퓨터의 CPU, RAM을 활용하기 때문에 모바일 장치에서 작동할 때와 동일한 결과를 얻을 수 없습니다. Android 에뮬레이터는 CPU와 RAM을 따로 설정해 놓기 때문에 실제 모바일 장치와 동일한 결과를 얻을 수 있습니다. 이와 같은 이유 때문에 보통 에뮬레이터가 시뮬레이터보다 작동이 느립니다.

### iOS 시뮬레이터

Apple 사가 iOS 개발에 가장 적합한 시뮬레이터를 만들었습니다. iOS의 IDE인 XCode를 이용하면 컴퓨터상에 iOS 장치를 로드해주는 시뮬레이터를 사용할 수 있습니다. 개발자들은 iOS 시뮬레이터를 이용하여 iPad나 iPhone에 탑재되는 모든 버전을 iOS상에서 테스트해볼 수 있습니다. 이를 활용하면 레티나 디스플레이 유무 여부에 따른 애플리케이션을 테스팅하는 데 많은 도움이 됩니다.

이 시뮬레이터의 단점은 Mac OS에서만 작동하고 Windows나 Linux에서는 작동하지 않는다는 것입니다. Windows나 Linux 사용자들은 Apple 사의 Safari 브라우저로 브라우저 유저 에이전트(User-Agent)를 변경하여 Safari Mobile처럼 작동하도록 하면 됩니다. 이를 활용하면 실제 모바일 장치에서 보는 것과 거의 비슷하게 볼 수 있습니다. Flash를 이용한 에뮬레이터도 있지만 Windows에서 Safari 브라우저를 사용하는 것보다 일관된 성능을 보여주지는 않습니다. MacBook을 사지 않고도 좀 더 정확한 테스트를 원한다면 iPod touch나 iPhone을 사용하면 됩니다.

iOS 시뮬레이터는 iPhone이나 iPad 환경을 구현하는 것 외에도 CPU와 메모리 사용량에 대한 경고 내역을 표시하거나 이러한 사용량이 웹 애플리케이션에 어떤 영향을 끼치는지에 대해서도 시뮬레이팅해볼 수 있습니다. 개발자들은 보통 컴퓨터상에서 개발할 때 CPU와 메모리 사용량에 대해서는 거의 고려하지 않습니다. 하지만 모바일 개발을 할 때에는 위 두 가지를 가장 염두에 두어야 합니다. 복잡한 JavaScript 기능이나 CSS3 Transitions 또는 둘 다 사용하면 Mobile Safari 사용 시에 충돌이 발생할 가능성이 있습니다. 이 경우에는 iOS 시뮬레이터 메모리 사용량 경고를 통해 테스트해볼 수 있습니다. 이를 통해 가장 최악의 상황을 대비하여 미리 준비할 수 있습니다.

[그림 3-13] 시뮬레이터를 이용하면 컴퓨터상에서 iOS 장치를 이용할 수 있습니다

iOS 시뮬레이터의 다른 중요한 기능 중 하나는 Safari 브라우저의 Debug Console을 사용할 수 있다는 것입니다. 설정→Safari→고급→Debug Console에서 설정할 수 있습니다. 이를 이용해 그림 3-14처럼 해당 페이지의 HTML5/CSS3/JavaScript의 오류 내용을 확인할 수 있습니다. 때때로 이러한 경고 내용들이 웹 애플리케이션에 아무런 영향을 끼치지 않을 수도 있습니다. 하지만 이 툴을 이용하면 애플리케이션이 로딩되지 않게 하는 JavaScript 오류들을 찾아낼 수 있습니다.

웹 기반 시뮬레이터를 사용하고 싶다면 Testiphone.com이나 iPhone4Simulator.com 등의 사이트를 이용하면 됩니다. 하지만 이 시뮬레이터들은 XCode를 이용한 시뮬레이터보다 품질이 떨어지는 편입니다. 이러한 시뮬레이터 웹 사이트들은 대부분 Flash나 HTML5를 이용해서 시뮬레이팅하며, 개발한 애플리케이션이 어떻게 보일 것인지에 대한 예를 보여주기는 하지만, 기능이나 성능에 대한 부분은 보장할 수 없습니다.

[그림 3-14] Safari Debug Console이 웹 페이지에서 발생하는 에러를 보여줍니다

## Android 에뮬레이터

iOS 시뮬레이터와 Android 에뮬레이터는 많은 차이가 있습니다. 그림 3-15처럼 Android 에뮬레이터는 모든 운영 체제에 설치할 수 있지만, 올바르게 작동하게 하려면 트윅을 해야 합니다. Android 에뮬레이터를 사용하기 위해서는 개발하고 싶은 버전의 소프트웨어 개발 키트(SDK)를 다운로드해야 합니다(iOS 시뮬레이터에는 이전 버전의 SDK가 포함되어 있지만, Android 에뮬레이터에는 포함되어 있지 않습니다). 어떤 버전의 Android를 주 목표로 하느냐에 따라 달라지겠지만, 대부분의 사람들이 많이 사용하고 있는 버전은 모두 테스트해보아야 할 것입니다(그림 3-15). 대부분의 표준 웹 애플리케이션들이 HTML5의 기능이 향상된 2.1 버전 이상을 지원합니다.

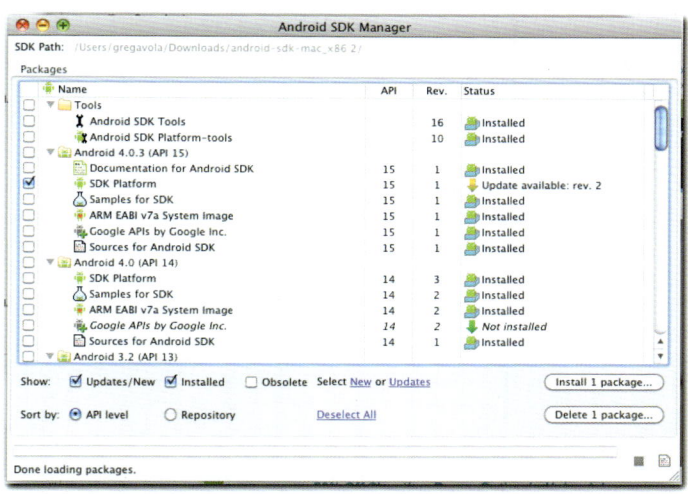

[그림 3-15] Android SDK Manager

에뮬레이터를 사용하기 위해서는 Android SDK Control Panel에 있는 Android 가상 장치(AVD)를 생성해야 합니다. AVD는 개발자가 커스터마이징할 수 있는 가상 장치입니다. AVD를 생성할 때에는 제일 먼저 운영 체제 버전을 지정하고, 그 다음에 화면 크기와 메모리 용량을 지정해야 합니다. 한 번 생성한 후에는 나중에 다시 Control Panel에서 불러와 사용할 수 있습니다. Android OS 2.1 버전과 그 상위 버전의 주요 차이점은 화면 크기에 있습니다. 브라우저가 탑재하고 있는 기능들은 바뀌는 경우가 거의 없습니다. 하지만 HTML5 기능들 중에 Geolocation 같은 기능은 핸드폰마다 다르게 동작할 수 있기 때문에 현재 출시되어 있는 모든 핸드폰에서 테스트해보는 것이 좋습니다.

AVD를 처음 생성하는 방법은 약간 까다롭기 때문에 단계별로 따라해봅시다.

1. Android 웹 사이트에서 다운로드한 SDK의 압축을 풉니다. 최신 버전의 SDK는 http://developer.android.com/sdk/index.html에서 다운로드할 수 있습니다.

2. Tools 폴더로 이동한 후 Android를 클릭합니다. Android SDK와 AVD Manager가 실행될 것입니다.

3. 새 AVD를 생성하기 위해서는 오른쪽 위에 위치한 New 버튼을 클릭합니다. 생성할 AVD의 이름을 입력한 후 Android 버전을 지정해줍니다. 필요하면 AVD를 여러 개 만들어도 됩니다. 추가로 해당 AVD에 SD 카드, 스킨이나 다른 하드웨어적 요소를 설정할 수도 있습니다.

4. Create SVC를 클릭합니다. 이전 창에 새로운 AVD가 생성된 것이 보일 것입니다.

5. AVD를 실행하려면 실행하고 싶은 AVD를 클릭한 후 Start를 누릅니다. 이제 이 에뮬레이터를 이용해 원하는 것들을 시도해볼 수 있습니다.

## Safari/Chrome/Firefox

웹 애플리케이션을 개발할 때에는 표준 브라우저에서 작동하도록 만드는 것이 가장 우선시되어야 합니다. Safari와 Chrome은 WebKit 프레임워크에 기반을 두고 있고, Firefox는 Mozilla 프레임워크에 기반을 두고 있습니다. 여러분이 개발한 애플리케이션이 위의 브라우저들에서 정상적으로 작동한다면 모바일 장치상에서도 잘 작동할 것입니다.

위의 브라우저들은 유저 에이전트(User-Agent) 설정을 변경하도록 해주는 툴 등과 같은 수많은 개발자용 툴을 제공하고 있습니다. 바로 다음 섹션에서 다루겠지만, 이러한 브라우저들은 개발자용 툴을 통해 실시간으로 CSS를 변경할 수 있게 해주는 기능도 제공합니다. 이러한 기능을 통해 CSS를 Debug하거나 웹 페이지가 어떻게 보여질 것인지를 테스트해볼 수 있습니다.

## Firebug

웹 개발에 사용되는 강력한 툴 중에는 'Firefox'와 Google Chrome에 플러그인 형식으로 사용하는 'Firebug'가 있습니다. 이 툴은 HTML과 CSS 요소를 신속하게 변경할 수 있도록 도와주고, 원격 URL을 호출하는 AJAX나 XHR 등의 프로세스도 디버깅할 수 있도록 해줍니다(그림 3-16).

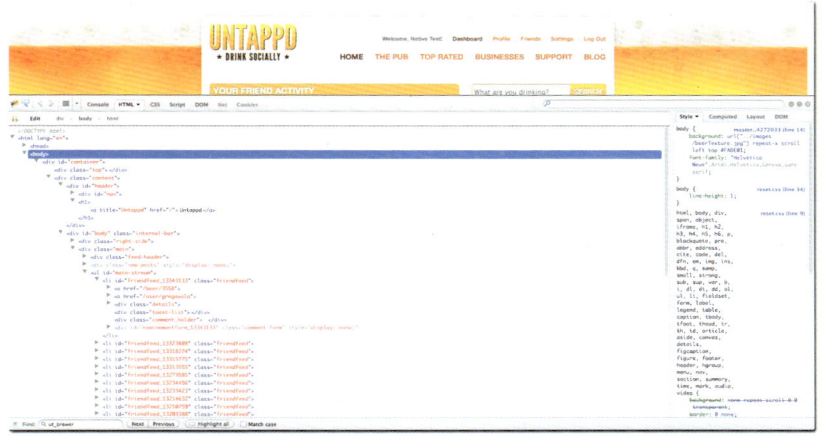

[그림 3-16] Firebug를 이용한 HTML 요소 검사

JavaScript를 사용할 때 세미콜론(; )을 작성하지 않으면 애플리케이션 전체가 로드되지 않을 수 있습니다. Firebug는 JavaScript에서 어떤 오류가 발생했는지와 몇 번째 줄에서 실수를 했는지를 알려줍니다. 다른 개발자용 툴에도 이 기능이 있겠지만, Firebug가 JavaScript 오류를 가장 정확하기 잡아냅니다. 모바일 장치에서는 Debug 모드를 실행하여 어떤 오류가 발생했는지 볼 수 있기는 하지만, 컴퓨터 브라우저에서 보는 것보다 쉽지는 않습니다(그림 3-17).

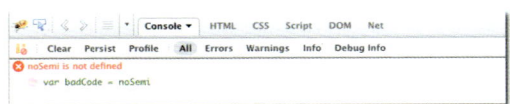

[그림 3-17] 오류를 클릭하면 어느 곳이 문제인지 알려줍니다

대부분의 웹 애플리케이션이 AJAX를 이용해 데이터를 얻어오기 때문에 Firebug를 이용한 디버깅은 꼭 필요한 절차가 되었습니다. 보통 개발자들은 Twitter나 Flickr API를 이용해 JSON 데이터를 받아올 때 실수를 많이 합니다. Firebug를 이용하면 받아온 데이터의 속성을 검사하여 어떤 코드를 사용해야 하는지 알 수 있습니다.

그림 3-18은 Foursquare API를 이용한 것입니다. 유저가 최근에 체크인한 위치 주변의 정보를 보여주고 어떻게 처리되는지 보여줍니다. 또한 이 툴을 이용하면 API나 원격 데이터 소스에서 받아온 정보의 값과 속성을 볼 수도 있습니다.

[그림 3-18] Foursquare에서 받아온 정보 분석

Chrome과 Firefox에도 Firebug와 비슷한 기능이 내장되어 있습니다. 이 툴들도 Firebug와 비슷한 결과를 도출하지만 다른 방식으로 출력합니다. 둘 중 어떤 것이 더 편리한지 직접 사용해볼 것을 권장합니다.

### Mobile Console Tools

위에서 알아본 툴들은 컴퓨터상에서 사용할 수 있지만, 모바일상에서는 이야기가 달라집니다. 모바일 콘솔상에서는 쓰기 권한이 없고, 모바일 장치에서는 Firebug를 설치할 수 없기 때문에 다른 툴들을 이용해 웹페이지에서 어떤 문제가 발생하는지 알아보아야 합니다.

iOS에서 'Winere'라는 툴을 이용하면, iPhone상에서 실시간으로 HTML과 XHR 요소들을 확인할 수 있습니다. 이 툴은 PhoneGap 프로젝트와 함께 사용하기 위해 개발되었지만, 모바일 웹 애플리케이션 개발에도 사용할 수 있습니다.

Android에서는 Eclipse IDE 안에 있는 콘솔에서 일반적인 문제에 대해 디버깅할 수 있습니다. console.log 함수를 이용해 변수를 출력할 수 있고, 이에 대한 결과는 콘솔을 통해 볼 수 있습니다. 콘솔에서는 HTML을 볼 수 없지만, Chrome의 개발자용 툴로 User-Agent를 변경하여 모바일 장치에서 보는 것처럼 만들 수 있습니다.

# 프로덕션 환경 설정하기

지금까지 개발 환경에 대한 설정과 필요한 툴들에 대한 준비가 끝났습니다. 이제 완성된 제품이나 공개용 웹 애플리케이션에 어떤 종류의 인프라를 사용할 것인지 생각해봅시다.

웹 애플리케이션에서 어떠한 활동이 이루어지는지에 따라 애플리케이션을 운영할 서버의 성능이 결정됩니다. 이번에는 한 명의 유저에서부터 백만 명의 유저까지 수용할 수 있는 다양한 호스팅, 인프라와 대역폭에 대해서 알아봅니다.

## 호스팅

웹 애플리케이션을 위한 호스팅에는 몇 가지 종류가 있습니다. 다음 목록에서는 각각의 옵션에 대한 가격, 기능, 수용성에 대해 알아봅니다.

- **Shared Hosting:** 서비스 판매 회사에는 GoDaddy, BlueHost, Media Temple 등이 있으며, 가격이 저렴합니다. 'Shared hosting 솔루션'이란, 같은 서버 내에 있는 다른 사람들과 서버 자원을 공유하여 사용하는 것을 의미합니다. 같은 서버를 사용하고 있는 어떤 사람이 과도한 트래픽을 사용하면 여러분의 웹 애플리케이션이 느려질 수도 있습니다. 이 호스팅은 애플리케이션이 트래픽을 적게 사용하거나 애플리케이션 내에서 유저들의 활동이 그다지 많지 않은 분에게 적합한 솔루션입니다.

  이 호스팅을 사용하면 여러분이 직접 서버를 관리하거나 업데이트하지 않아도 판매 회사 측에서 이를 대신해줍니다. 또한 SSH를 이용하여 서버에 접속하지 않고도 Control Panel UI를 이용해 호스팅 설정을 변경할 수 있습니다.

- **Virtual Private Server(VPS):** 서비스 판매 회사에는 Media Temple과 Rackspace Medium 등이 있습니다. VPS 솔루션 가격은 구매하는 서버의 사이즈에 따라 다릅니다. VPS와 Shared hosting의 차이점은 VPS에는 여러분만의 CPU, 하드 용량, 메모리 사용을 보장받을 수 있다는 것입니다. 한 서버를 여러 명이 사용하기는 하지만, 개인의 공간이 보장됩니다.

  이 호스팅 옵션을 사용하면 여러분이 서버를 직접 관리하고, 새로운 버전의 프로그램 설치 및 업그레이드에 책임을 져야 합니다. 판매 회사에서 이를 관리해주는 것을 옵션으로 선택할 수 있는 곳도 있지만 보통 비용이 많이 듭니다.

- **Cloud:** 서비스 판매 회사에는 Rackspace와 Hosting 등이 있습니다. 이 호스팅 옵션은 정액제가 아니라 사용량에 따라 과금하기 때문에 가격대가 다양합니다. Cloud 서비스는 사용량에 따라 돈을 내

기 때문에 신생 기업들이 주로 많이 선택합니다. 위의 서비스들과는 달리 Cloud hosting은 서버를 사용할 때만 과금합니다. 또한 필요에 따라 서버 메모리 확장이나 하드디스크 확장도 융통성 있게 할 수 있도록 도와줍니다.

Cloud hosting을 사용하면 서버에 어떤 운영 체제를 설치할 것인지를 비롯한 서버에 대한 모든 사항을 관리할 수 있습니다. VPS와는 달리 미리 설치된 소프트웨어가 없기 때문에 여러분이 모두 직접 관리해야 합니다.

애플리케이션의 요건에 따라 어떤 솔루션을 사용할 것인지 정해야 합니다. Status 업데이트와 같은 유저 활동이 많은 서비스의 경우에는 Cloud 솔루션이 적합할 것입니다. 그 이유는 유저들의 활동량에 따라 서버 자원을 조정할 수 있기 때문입니다. 또한 할당된 자원을 모두 사용하지 못할 경우, 사용한 만큼만 돈을 지불하면 되기 때문에 경제적으로도 많은 도움이 됩니다.

## 인프라 설정

Cloud 솔루션을 이용하기 힘든 단점 중 하나는 서버를 직접 관리해야 한다는 것입니다. 앞에서 언급했듯이, 대부분의 인프라는 직접 관리해야 합니다. '직접 관리하는 서버'란, 웹 서버, 데이터베이스 등을 직접 설치해야 하는 서버를 말합니다. 몇몇 회사들은 회사에서 관리해주는 것을 옵션으로 선택할 수 있지만, 비용이 많이 듭니다.

표 3-2는 여러분이 애플리케이션에 따라 선택할 수 있는, 가장 많이 사용하는 인프라를 나타낸 것입니다.

**[표 3-2] 인프라 설정 방식**

| 인프라 설정 | 복잡성 | 소개 |
| --- | --- | --- |
| Single Server (서버 한 대) | 간단함 | Single server는 모든 애플리케이션을 한곳에서 관리합니다. 애플리케이션에서 데이터베이스가 필요한 경우, 애플리케이션 코드를 이용해 불러올 수 있습니다. 서버 자원은 웹 서버, 데이터베이스, 애플리케이션 코드에서 서로 나누어 사용됩니다. |
| N-tier | 복잡함 | 이 인프라는 애플리케이션의 각 부분을 각기 다른 서버에서 관리합니다. 예를 들면 애플리케이션 코드, 데이터베이스, 웹 서버를 각기 다른 서버에서 운영하는 것입니다. 이를 활용하면 서버 자원을 모두 각각의 부분에 집중시킬 수 있으며, 사용량에 따라 서버 자원을 확장할 수도 있습니다. |

간단한 웹 애플리케이션이라면 single server 솔루션으로 시작하면 됩니다. 애플리케이션이 커질수록, 필요에 따라 N-tier 시스템으로 이전해야 합니다. N-tier 시스템을 사용하면 서버 자원을 융통성 있게 활용할 수 있지만, 적은 인원으로는 유지보수 및 관리하기가 어렵습니다. 적합한 시스템을 고르지 않는다면 해결책보다 문제점을 찾는 데 더 많은 시간을 쏟아야 할지도 모릅니다.

## 대역폭 관리하기

모든 웹 애플리케이션에는 애플리케이션을 실행할 때마다 서버에서 받아오는 파일들이 정해져 있습니다. 이때 서버에서 유저에게 파일을 전송하면 대역폭을 사용하게 됩니다. 이러한 대역폭 사용료는 사용량에 따라 누적됩니다.

이미지나 CSS 파일과 같은 정적 콘텐츠를 제공할 때 Contents Delivery Network(CDN) 서비스를 사용하면 대역폭과 로딩 시간을 둘 다 줄일 수 있습니다.

이러한 CDN 서비스는 웹 서버상에 파일을 캐시해 놓기 때문에 유저들이 해당 파일을 더욱 빨리 로드할 수 있습니다. Amazon Simple Storage Service(Amazon S3) 솔루션은 이미지와 CSS 파일 등을 저장하여 유저들에게 제공하는 서비스를 제공합니다. Foursquare와 Untappd와 같은 큰 소셜 네트워크 웹 사이트들은 Amazon S3 서비스를 이용해 프로필 아바타, 회사 로고, CSS와 기타 이미지 파일들을 제공합니다. 이 서비스를 이용하면 파일 저장 및 대역폭 사용 시에 좀 더 적은 비용을 들여 제공할 수 있습니다.

물론 고정 이미지, JavaScript, CSS 등을 Manifest Cache를 이용하여 제공해도 됩니다. 이를 이용하면 서버 대역폭을 사용하지 않더라도 성능을 끌어올릴 수 있습니다. 특정 이미지나 CSS를 고정적으로 이용하며 주기적으로 업데이트할 필요가 없을 때 이 기능을 사용하면 좋습니다. 다만, Manifest Cache를 사용하려면 모바일 장치에 저장한다는 유저의 동의가 필요하고, 저장 공간의 크기에 제한이 있다는 점만 명심하면 됩니다.

## 요약

이 장에서는 모바일 웹 애플리케이션 구축을 진행하기 위한 개발 및 프로덕션 환경에 대해 설정하는 법을 배웠습니다. 이 밖에도 다음에 관련된 내용을 알아보았습니다.

- 디버깅 툴
- 로컬 컴퓨터에 웹 서버 구축하기
- 모바일 애플리케이션을 위한 호스팅 및 대역폭 솔루션
- 코드 작성을 돕는 소프트웨어(IDE, 텍스트 에디터 등)

CHAPTER

# 프로토타입(Prototype) 만들기

이 책의 뒷부분은 최신 HTML5, CSS3, JavaScript 기능들을 이용하여 웹 애플리케이션을 구축하는 것에 대해 안내해줍니다. 이 책을 통해 만드는 애플리케이션은 'Cork'라는 와인 애플리케이션입니다. Corks는 와인을 관리해주거나 이를 데이터베이스화해주고, 소셜 네트워크상에 이를 공유하거나 Geolocation을 이용하여 주변에 있는 포도주 양조장(Wineries)을 검색할 수 있도록 도와줍니다. 이러한 모든 기능들은 2장에서 다룬 HTML5 기술을 이용하여 구현한 것입니다.

이 장에서는 모형, 설계 및 페이지 탐색 요소에 대한 Wireframe에 대해 다룹니다. 또한 HTML 요소의 구조를 정의해주고, 편리한 JavaScript 기능을 제공하는 HTML5 Mobile Boilerplate에 대해 소개합니다. 마지막으로 HTML5 hash change event를 이용해 브라우저상에서 유저의 뒤로 가기 버튼을 제어할 수 있는 방법에 대해서도 알아봅니다. 이 장의 데모 프로그램에는 jQuery Mobile용 CSS3, jQuery, iOS 시뮬레이터가 사용됩니다.

이 장을 마친 후에는 다음과 같은 일을 할 수 있습니다.

- 만들어야 할 페이지와 필요한 HTML5 요소 파악하기
- 각 페이지에 대한 유저 인터페이스 설계 및 모형 만들기
- HTML5 hash change event를 이용한 탐색에 대한 이해

# 페이지 구조와 설계에 HTML5 이용하기

웹 애플리케이션을 개발할 때 가장 어려운 것들 중 한 가지는 여러 페이지에서 사용할 좋은 템플릿과 구조를 만드는 것입니다. HTML5 Boilerplate를 사용하여 페이지를 생성하면 시간도 절약되고 능률적입니다.

템플릿을 생성하거나 Boilerplate를 사용하면 웹 페이지를 좀 더 빠르게 만들 수 있습니다. 대부분의 개발자들은 이 단계를 생략하고 나중에 다시 되돌아와서 새로운 기능들이나 프로젝트를 추가합니다. 맨 처음 단계에서 잘 만들어 놓으면 시간과 노력을 절약할 수 있습니다.

## HTML5 Mobile Boilerplate 사용하기

미리 만들어져 있는 HTML5 템플릿을 사용하면 좀 더 쉽게 개발할 수 있으며, HTML 구조를 간결하게 만들 수 있습니다.

'Paul Irish'라는 jQuery 프로젝트에 참여한 개발자가 컴퓨터 브라우저용 HTML5 Boilerplate를 개발하였는데, 최근에 모바일 장치를 위한 HTML5 Boilerplate를 출시하였습니다. 이 Boilerplate를 사용하려면 다음 단계를 따라하면 됩니다.

1. http://html5boilerplate.com/mobile에 접속하여 Download Boilerplate를 클릭합니다.

2. zip 파일을 열어 그림 4-1에 나와 있는 파일만을 골라 컴퓨터 내의 임의의 폴더 안에 압축을 풉니다.

3. index.html 파일을 텍스트 에디터로 엽니다.

4. 79번째와 83번째 줄 사이에 있는 JavaScript 코드들은 Google Analytics 코드입니다. 이 예제에서는 필요 없으므로 삭제합니다. 나중에 다시 사용하고 싶은 경우에는 UA-XXXX-X 부분을 여러분의 사이트 번호로 바꿔주면 됩니다. 사이트 번호는 Google을 통해 발급받아야 합니다.

HTML 구조는 이미 만들어졌으며, 하나의 HTML 파일상에서만 코딩하면 됩니다. 방금 페이지를 표시하기 위한 새 HTML 섹션들을 생성한 것입니다.

뒤로 가기 버튼을 사용하려면 이 장의 뒷부분에서 배울 onHashChange 메서드를 사용하여 각각의 〈div〉를 변경해주면 됩니다. 그림 4-2에서처럼 모든 섹션에 대한 내용은 〈div id="container"〉 스크립트 부분 안에 포함되어 있습니다.

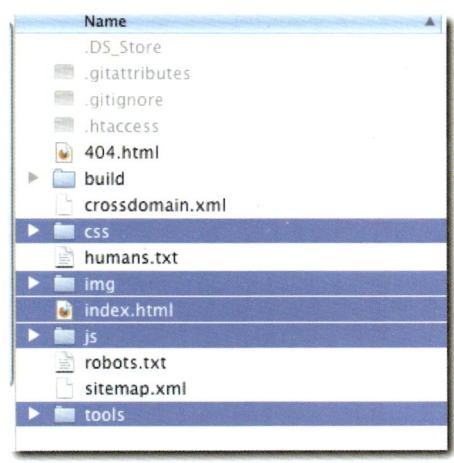

[그림 4-1] 압축 해제해야 하는 파일들입니다

```
<div id="container">
    <header>
        Top Header
    </header>
    <div id="main" role="main">
        Content
    </div>

    <footer>
        Footer
    </footer>
</div> <!--! end of #container -->
```

[그림 4-2] 레이아웃에 사용할 index.html 파일입니다

## 애플리케이션 설계(디자인)

네이티브 앱을 설계할 것인지, 웹 애플리케이션을 설계할 것인지는 유저들이 사용하는 모바일 장치에 따라 결정됩니다. 여기서 만들어 볼 샘플 애플리케이션은 모바일 전용이기 때문에 하나의 코드를 사용하여 모든 플랫폼에 적용해야 합니다. 이 애플리케이션에서는 상단에 고정된 탐색 바를 사용하며, 그 아래에 콘텐츠를 표시합니다. 콘텐츠를 스크롤하면 탐색 바는 화면에 고정되어 있고, 나머지 부분만 스크롤됩니다(그림 4-3).

상단에 탐색 바를 고정시킴으로써 유저들이 다른 페이지로 이동하기 위해 페이지의 첫부분으로 다시 스크롤 해야 하는 수고를 덜게 되었습니다. 추가로 이 고정 탐색 바는 Android의 메뉴나 뒤로 가기 버튼에는 영향을 끼치지 않습니다. 이 디자인 패턴이 Twitter, Facebook, Untappd 등의 최신 웹 애플리케이션 등에서 사용하는 표준 디자인 패턴입니다.

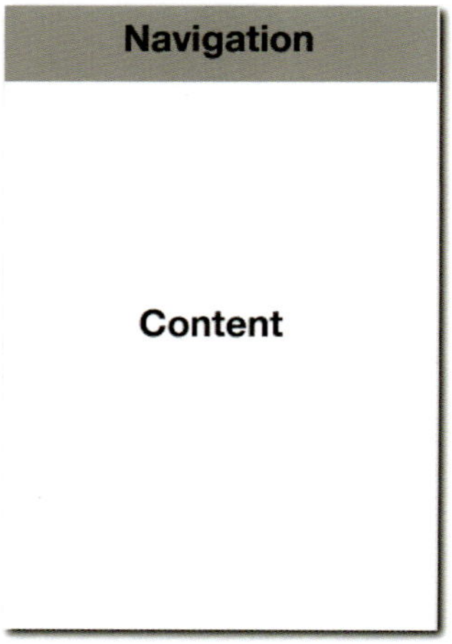

[그림 4-3] 내비게이션 요소는 항상 화면 윗부분에 고정되어 있습니다

## 페이지 모형 만들기

페이지를 설계하는 데 있어서 가장 중요한 부분은 페이지 디자인과 이 페이지에 어떤 기능을 추가할 것인지에 대한 모형을 만들어 보는 일입니다. 이 과정을 거치면 필요한 기능과 필요하지 않은 기능을 이해할 수 있게 됩니다. 애플리케이션을 개발할 때 머릿속에 여러 아이디어가 떠오르겠지만, 이에 대한 모형을 만들어 보면 여러분이 생각하는 테마와 맞지 않는 경우도 있습니다. 페이지에 대한 모형을 만들어 보면 애플리케이션을 좀 더 빠르게 제작할 수 있으며, 애플리케이션에 적합하지 않은 것들을 골라낼 수도 있습니다.

기본적인 구조는 만들어져 있기 때문에 애플리케이션에서 사용할 페이지를 만들 계획을 세우는 일만 남았습니다. 이 장의 첫부분에 언급한 Corks 애플리케이션은 다음 목적을 위해 제작되었습니다.

- 유저들이 보유한 와인의 기록 및 저장(SQL-Lite와 로컬 저장소 이용)
- 주변 와인 가게 위치(Geolocation 이용)
- 소셜 API 사용(AJAX, JSON 이용)
- 웹 애플리케이션 세팅 저장(로컬 저장소 이용)
- 와인 검색 및 추가 기능

각 페이지에는 HTML5의 다양한 기능이 포함될 것입니다. HTML5 SQL-Lite를 이용해 브라우저에 유저 데이터를 보관하며, 이 데이터는 유저가 브라우저에서 데이터를 직접 삭제할 때까지 유지됩니다.

## Settings(설정)/About(이 애플리케이션에 대하여) 페이지

설정 페이지에서는 유저가 데이터베이스 내용을 삭제하고 다시 시작할 수 있는 기능을 만듭니다. 이 기능은 유저들에게 해당 내용을 지운다는 확인을 받은 후에 유저가 생성해 놓은 와인 테이터를 삭제합니다.

이 페이지는 애플리케이션에 대한 정보, 기능 및 개발자 연락처에 대한 정보를 포함하고 있습니다. 또한 도움말 섹션을 추가하여 유저들에게 애플리케이션 사용법에 대해 알려줄 수 있습니다. HTML5 input type을 사용하여 웹 애플리케이션상에서 유저가 전화를 걸거나 이메일을 보낼 수 있도록 만들 수도 있습니다.

[그림 4-4] About 페이지 설정하기

이 예제에서는 애플리케이션상에서 유저명을 바꿀 수 있는 간단한 툴을 추가해볼 것입니다. 이를 통해 누가 애플리케이션을 사용하고 있는지 알려줄 수 있고, 개인적인 애플리케이션이라는 느낌이 들게 할 수도 있습니다.

이 애플리케이션 사용의 주 목적이 가상의 와인 저장소에 와인을 추가하는 것이기 때문에 유저가 이 애플리케이션을 사용하도록 하려면 와인 추가, Timeline 보기, 와인 보기 등의 기능을 만들어야 할 것입니다.

## 와인 저장하기

먼저 유저가 와인 저장소에 와인을 추가해야 합니다. 탐색 바의 두 번째 탭에서 간단한 방법으로 와인을 추가할 수 있도록 도와줍니다. 이 페이지는 유저가 와인을 검색할 수 있는 검색 기능도 제공합니다. 일치하는 와인이 있을 경우, 유저가 와인을 선택한 후 팝업 상자를 이용해 수량을 입력합니다. 해당 와인에 대한 코멘트를 입력할 수 있는 옵션도 제공합니다.

그림 4-5 ~ 4-7은 유저가 와인을 데이터베이스에 입력할 수 있도록 도와주는 Manage Wines 페이지의 모형입니다. 유저가 와인 저장소에 와인을 입력하면 활동 내역에 이를 바로 표시하도록 되어 있습니다.

와인을 찾을 수 없는 경우에는 검색 기능을 가진 Add Wine 버튼을 이용할 수 있습니다(그림 4-8). 이 기능을 사용하면 유저가 입력 폼을 이용해 와인을 직접 생성할 수 있습니다. 와인의 이름, 제조사, 알코올 도수, 와인 색 등을 유저가 직접 입력하여 와인 저장소에 와인을 생성할 수 있습니다.

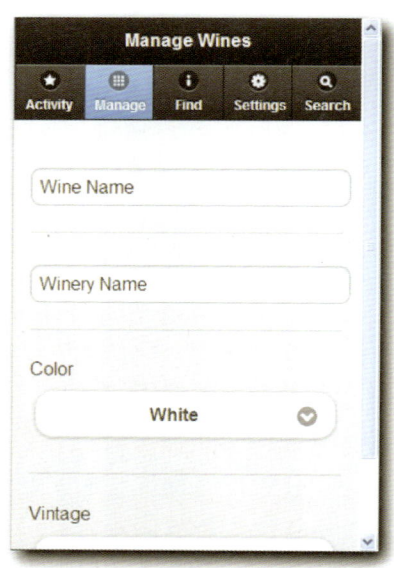

[그림 4-5] Manage Wines 메뉴

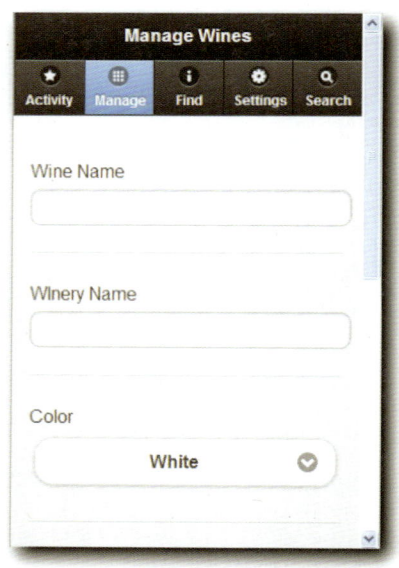

[그림 4-6] 약간 다른 Manage Wines 메뉴

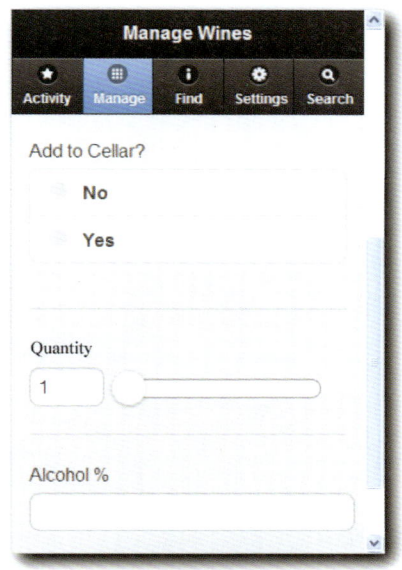

[그림 4-7] 와인 저장소에 와인 추가하기

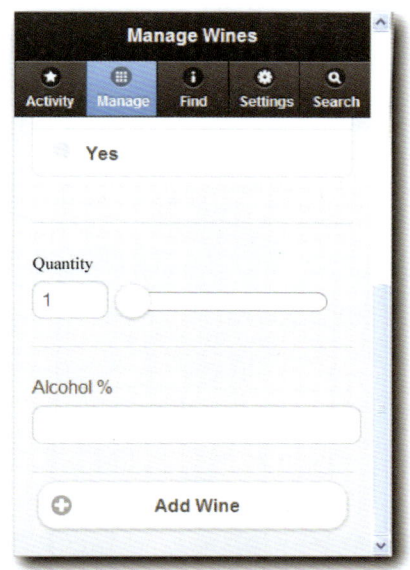

[그림 4-8] 와인 검색하기

## 와인 저장소 Timeline 사용하기

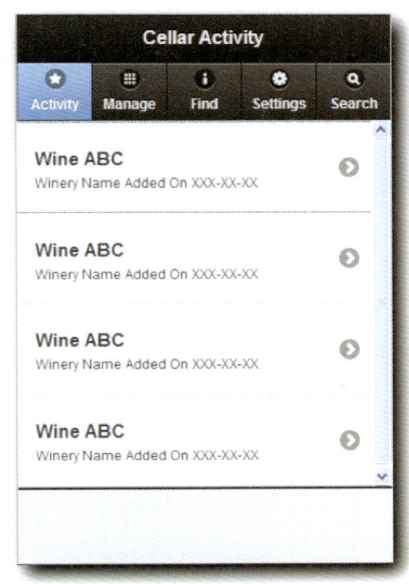

[그림 4-9] Activity 탭의 예제

탐색 바의 제일 첫 번째 탭은 와인 저장소 Timeline입니다. 이곳에서 와인 저장소에 추가한 모든 와인 목록을 추가한 순서대로 볼 수 있습니다. 목록에 있는 각 와인을 클릭하여 이에 대한 정보를 볼 수도 있습니다. 목록의 맨 위에 위치한 버튼을 이용하여 와인명 오름차순, 내림차순, 추가한 날짜 등으로 정렬할 수 있습니다(그림 4-9).

이 프로젝트는 SQL-Lite로, 로컬 데이터베이스에 쿼리문을 전송하여 결과 값을 받아옵니다. 이 쿼리문은 페이지 맨 위쪽 정렬 버튼에서 어떤 버튼을 클릭하느냐에 따라 달라지며, 이에 따라 데이터베이스로부터 받아와 출력하는 결과 값도 달라집니다.

## 와인 검색하기

탐색 바의 가장 오른쪽에 있는 버튼을 클릭하면 와인 데이터베이스에 필요한 정보를 검색할 수 있습니다. 검색 아이콘을 클릭하면 탐색 바 아래에 검색 바가 나타납니다. 이 검색 바는 항상 검색 결과 위에 나타납니다(그림 4-10). 와인을 검색하면 검색 결과 페이지로 이동하며, 검색한 내용과 일치하는 와인들을 나열해줍니다. 이 중 하나를 클릭하면 와인 저장소에 추가하거나 해당 와인에 대한 부가 정보를 볼 수 있습니다(그림 4-11).

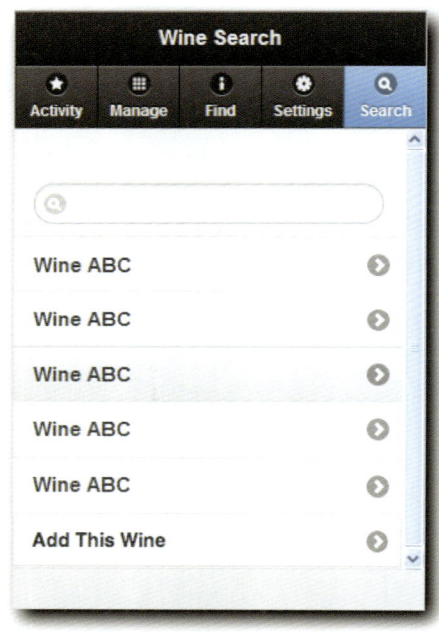

[그림 4-10] 와인 검색 페이지의 예제

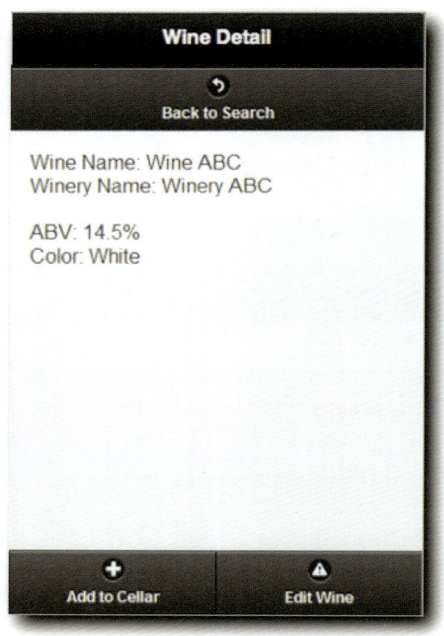

[그림 4-11] 와인 검색 부가 정보 페이지의 예제

## 개별 와인 페이지

와인 저장소 Timeline에서 어떤 와인을 선택하면 해당 와인에 대한 부가 정보를 보여줍니다. 그 부가 정보 페이지에서는 와인명, 알코올 도수, 와인색, 제조사 등을 표시합니다. 유저가 와인 저장소에 와인을 추가하는 경우, 부가 정보 페이지에 추가한 날짜와 추가 설명도 표시합니다. 와인 저장소 Timeline 페이지에서도 와인 저장소에 와인을 추가하는 기능을 제공합니다(그림 4-12).

추가로 와인 정보 페이지마다 Twitter로 연결되는 링크를 만들어 유저들이 해당 와인에 대한 트윗을 볼 수 있게 해줍니다. 이 링크를 선택하면 새 창을 띄우고 API를 이용해 Twitter에서 해당 와인에 대한 검색 결과를 받아옵니다. 유저가 오른쪽 위에 위치한 뒤로 가기 버튼을 클릭하면 바로 이전 페이지로 되돌아갑니다.

[그림 4-12] 와인 부가 정보 페이지의 예제

## 와인 위치 검색

와인 위치 검색의 목적은 유저의 주변에 위치한 와인 가게들을 검색하는 것입니다. 이 기능은 Google Maps API를 이용하여 정보를 받아와 지도상에 표시해줍니다. 이 페이지는 검색한 가게의 위치를 Google Maps 지도상에 GPS 위치 정보 표시를 이용하여 나타냅니다(그림 4-13).

유저가 이 검색 기능을 사용하면 애플리케이션이 유저의 위치 정보를 받아온 후 Google에 쿼리문을 전송하여 반경 10마일 안에 있는 와인 가게 목록을 받아옵니다. 받아온 결과 값의 구문을 분석한 후 지도상에 출력합니다. 유저의 위치를 정중앙에 표시하며, 와인 가게들을 나머지 지도상에 거리 정보와 함께 표시합니다(그림 4-14).

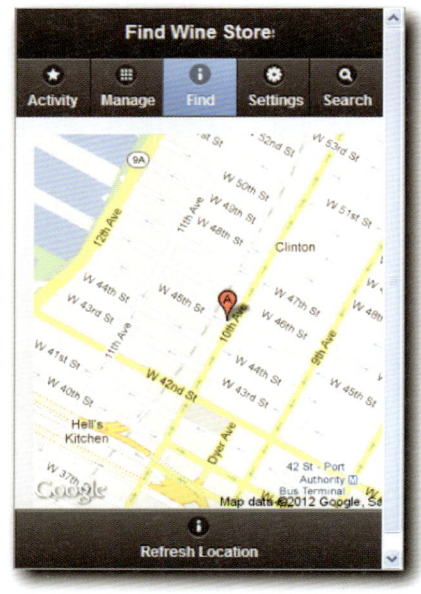

[그림 4-13] 와인 가게 정보 페이지의 예제

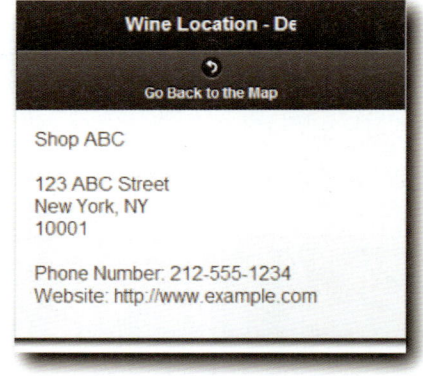

[그림 4-14] 와인 가게 정보 상세 페이지의 예제

유저가 와인 위치 검색 페이지를 벗어나 나중에 다시 방문하더라도 데이터는 계속 유지됩니다. 유저가 GPS 아이콘을 터치하여 유저의 바뀐 위치에 대한 검색 결과를 새로 받아올 수 있습니다.

## Hash Navigation의 정의

웹 사이트 내부에서 어떤 방식으로 탐색할 것인지를 정의하는 것은 매우 중요합니다. AJAX를 이용하여 데이터베이스에서 정보를 가져오기 때문에 한 페이지 안에서 모든 정보를 처리합니다. 한 페이지에서 모든 것을 처리하기 때문에 유저에게 출력되는 내용이 매번 다르더라도 그 페이지들은 실제로 존재하지 않습니다. 이 경우 페이지의 기록을 따로 유지하는 방법을 사용해야 하며, 이를 이용하면 유저가 페이지를 탐색할 때 문서 전체를 새로 불러오지 않아도 됩니다.

AJAX와 HTML5 구조를 이용할 경우 유저에게 보이는 각 페이지들은 실제 HTML 파일로 존재하지 않는 페이지들입니다. 각 페이지는 페이지 내부의 〈div〉 태그 안에 포함되어 있습니다. 각 페이지가 별도의 〈div〉에서 출력되기 때문에 hashChange라는 HTML5 메서드를 사용하여 유저의 페이지 탐색 기록을 남깁니다. 여기서 'Hash'는 다음 URL의 끝부분에 표시되어 있는 것을 말합니다.

```
http://example.com/#wine-page
http://example.com/#activity
```

유저가 Hash change를 실행하는 링크를 클릭하면 스크립트에서 hash change event를 감지하고 이에 맞는 코드를 출력합니다. 다음은 페이지 변화를 감지하는 코드의 예입니다.

```
<script type='text/JavaScript'>
//onhashchange event가 발생할 때마다 locationHashChanged 함수가 호출됩니다.
window.onhashchange = locationHashChanged;
function locationHashChanged() {
        //이 함수는 hash 정보가 포함되어 있는 location 변수를 전달합니다.
var hash = location.hash;
//hash 정보에 따라 특정 코드를 출력할 수 있습니다.
if (hash == "#wine-page")
{
//페이지 내의 모든 DIV 내용을 숨깁니다.
$(".page").hide();
$("#wine-page").show();
}
}
</script>
```

위 스크립트는 URL의 hash change를 감지하여 'locationHashChanged'라는 사용자 정의 함수를 호출합니다. 이 함수에서 JavaScript를 사용하여 hash 값에 따라 로드할 내용을 표시합니다. 이 스크립트가 동작하도록 하려면 href 속성을 해당 링크에 반영해야 합니다. 다음 코드에 나와 있습니다.

```
<li>
  <a href="#wine-page">
    ...
  </a>
</li>
```

유저가 위 태그를 클릭할 때마다 스크립트가 이 변화를 감지하고 현재 페이지를 숨긴 후에 #wine-page를 보여줍니다. 이 #wine-page에서는 미리 지정해둔 와인에 대한 정보를 표시합니다.

onHashChange 메서드를 이용하면 딱히 특별한 코드를 작성하지 않더라도 웹 애플리케이션의 뒤로 가기 버튼의 기능을 효과적으로 사용할 수 있습니다. 뒤로 가기 버튼을 클릭하면 전과 같은 스크립트가 다시 동작하여 hash 값에 맞는 〈div〉를 보여줍니다. 모든 HTML 구조에 이와 같은 형식을 적용하면 위에서 작성했던 onHashChange 함수를 이용하여 나머지 페이지들도 똑같은 방식으로 사용할 수 있습니다.

```
<div id="page1" class="page">
  ...
</div>
<div id="page2" class="page">
  ...
</div>
<div id="page3" class="page">
  ...
</div>
```

Hash change events는 모바일 웹 사이트와 컴퓨터 웹 사이트 두 군데 모두 많이 사용됩니다. Twitter에서도 이 이벤트를 사용하여 AJAX를 통해 콘텐츠를 제공합니다.

그림 4-15에서는 hash 표시(#) 옆에 유저 아이디가 표시되어 있습니다. 이 예제에서는 gregavola라는 아이디를 사용했으며, 이 아이디에 대한 콘텐츠가 나타납니다. 다른 페이지로 이동하면 해당 브라우저는 hash 값에 따라 콘텐츠를 불러옵니다. 유저가 뒤로 가기 버튼을 누를 경우, 이 장의 앞부분에서 다룬 과정이 반대로 수행됩니다.

onHashChange 기능은 지원하지 않는 브라우저도 있다는 것을 명심해야 합니다. jQuery Mobile은 deg-radation을 지원하기 때문에 onHashChange를 지원하지 않는 다른 장치들에서도 잘 작동할 것입니다. 다음 코드를 이용하여 감지하면 됩니다.

```
if ("onhashchange" in window) {
  //...
}
```

[그림 4-15] Twitter.com에서 URL 부분에 hash가 들어가 있는 것을 볼 수 있습니다

## PushState Navigation

onHashChange events에 이어서 HTML5는 페이지를 새로 로드하지 않고도 URL을 변경할 수 있게 해주는 History API를 지원합니다. 이 기능은 onHashChange events와 같은 방식으로 작동하지만, 이 기능을 사용하면 실제 URL 주소가 바뀝니다.

이 기능은 pushState라는 메서드이며, URL을 주소 창에 밀어(push)주지만 웹 사이트 전체를 새로 고침하지 않고도 페이지를 로드해줍니다. 이는 jQuery Mobile의 기본적인 탐색 시스템입니다. 이 메서드는 URL을 다음과 같이 변경합니다.

http://example.com/#page1을 http://example.com/page1.html로 바꿔줍니다.

이 기능을 사용하면 검색 엔진이 page1.html의 내용을 읽을 수 있습니다(#page1은 읽지 못함). 이 책에서 다루는 샘플 애플리케이션에서는 각 페이지가 유저들에게 커스터마이징되어 있기 때문에 pushState를 사용하여 탐색할 필요가 없습니다.

추가로 브라우저마다 이 기능을 사용하는 사용법이 모두 다르기 때문에 모바일 애플리케이션에 적용하기는 어려울 것입니다. 하지만 History.js(https://github.com/balupton/History.js)와 같은 Third-party 솔루션을 이용하면 모든 브라우저에서 동일하게 사용할 수 있습니다. 이 History.js는 'Github'라는 모든 브라우저에서 동일한 기능을 사용하게 만들어주는 프로젝트의 일환으로 만들어졌습니다.

## 요약

이 장에서는 애플리케이션의 모형을 만드는 방법과 이 책에서 만들 애플리케이션에 대해 미리 알아보았습니다. 프로토타입을 미리 생각해 놓으면 애플리케이션에서 사용할 기능과 나아갈 방향을 정의하는 데 많은 도움이 됩니다. 이에 대한 정의가 끝나면 애플리케이션을 구축하는 것이 좀 더 수월해지고 시간도 절약할 수 있습니다. 이 밖에도 다음에 관련된 내용을 알아보았습니다.

- HTML5 Boilerplate 구조
- 하나의 HTML 안에 여러 페이지 만들기
- onHashChange events를 이용한 페이지 탐색
- pushState 페이지 탐색

CHAPTER

5

# 모바일 웹 구조

모바일 웹 개발을 할 때에는 지금까지의 모든 사고방식을 바꿔야 합니다. 일반적인 웹 페이지는 마우스 클릭과 키보드 입력을 이용해 프로그램을 사용하지만, 모바일 상에서는 클릭 메서드가 터치 이벤트로 바뀌고, onmouseover 이벤트는 존재하지 않기 때문에 CSS:hover 메서드가 모바일에서는 동작하지 않습니다. 이와 같이 컴퓨터상에서 제대로 동작하던 것들이 모바일상에서는 동작하지 않을 수 있습니다. 따라서 유저가 웹 애플리케이션과 어떤 상호 작용을 하는지는 매우 중요합니다. 이 장에서는 header, footer, 상단의 탐색 바 등 Corks의 프레임워크 구축을 시작해볼 것입니다. 추가로 이 장에서는 onTouch 이벤트에 대해 알아볼 것이며, 이 이벤트가 모바일 브라우저상에서 onClick 이벤트와는 어떻게 다른지에 대해서도 알아볼 것입니다.

마지막으로 화면 방향 전환(유저가 키보드를 꺼내거나 장치를 옆으로 눕히는 경우)에 따라 콘텐츠를 조정하는 법에 대해 다룹니다.

이 장을 마친 후에는 다음과 같은 일을 할 수 있습니다:

■ Corks의 기본 프레임워크 구축(페이지 탐색 요소들과 header, footer 포함)
■ 모바일 애플리케이션의 초기 탐색 설정
■ onClick과 onTouch 이벤트의 차이점에 대한 이해
■ Corks 애플리케이션 내에서 방향 전환을 감지하는 메서드 구축

# 구축해야 할 요소들

탄탄한 프레임워크와 템플릿을 만들어 놓으면 훨씬 쉽게 개발할 수 있습니다. 코드 복제(기초가 되는 코드를 여러 페이지에서 동일하게 사용)를 하면 시간이 절약되고 콘텐츠 구축에도 좀 더 시간을 투자할 수 있습니다. 이 장에서는 탐색 바, 애플리케이션의 header, footer를 만들어 보겠습니다. 위의 것들을 탄탄하게 잘 만들어 놓으면 새로운 페이지를 만들어 코드를 작성할 때 참고할 수 있습니다.

## 뷰포트(Viewport)를 사용하여 콘텐츠를 가운데 정렬하기

웹 애플리케이션에서는 뷰포트를 사용하여 콘텐츠를 화면 가운데에 정렬할 수 있습니다. 뷰포트는 모바일 전용으로 만들어지지 않은 웹 사이트에서 유저가 확대/축소하는 것과 같은 기능을 합니다.

Corks 애플리케이션이 화면 정중앙에 위치하고 가로 길이에 정확히 맞도록 만들고 싶다면 index.html 파일을 열어 head 섹션을 수정해야 합니다. 〈html〉 아래에 다음 코드들을 추가하면 됩니다.

```
<meta name="viewport"
    content="width=device-width; initial-scale=1.0; maximum-scale=1.0;
minimum-scale=1.0; user-scalable=false;"/>
```

이 옵션은 애플리케이션의 가로 길이를 핸드폰의 가로 길이에 맞춥니다. 즉, 화면 크기가 크더라도 화면의 가로 길이에 맞게 애플리케이션이 자동으로 조절됩니다.

마지막으로 user-scalable 옵션을 false로 설정했기 때문에 유저가 콘텐츠를 확대/축소할 수 없게 됩니다. 보통 이렇게 false로 설정하는 이유는 화면에 보이는 콘텐츠가 전부이고, 따로 숨겨놓은 콘텐츠가 없어서 유저들이 확대/축소할 일이 없기 때문입니다.

## Full App Mode 사용하기(iOS 전용)

iOS에는 모든 웹 사이트에 사용할 수 있는 'Full App Mode'라는 설정이 있습니다. 이를 활용하면 Safari 내부의 주소 표시줄과 하단 탐색 바가 제거된 UIWebView에서 애플리케이션을 구동할 수 있습니다. 그림 5-1은 Full App Mode를 적용하지 않은 상태의 Untappd 웹 사이트입니다. 그림 5-1과 그림 5-2를 비교해 보면 그림 5-1에는 하단 탐색 바가 있지만, 그림 5-2에는 최상단 검정 바만 존재하고 전체 화면으로 작동한다는 것을 알 수 있습니다.

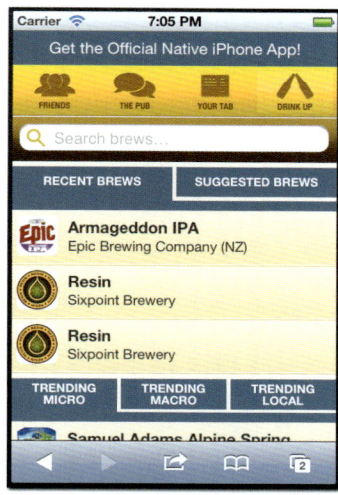

[그림 5-1] 탐색 요소들이 화면 공간의 일부를 차지합니다

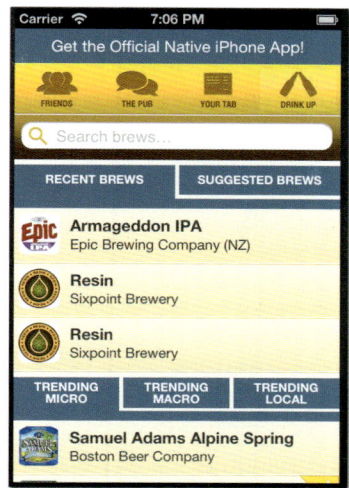

[그림 5-2] Full App Mode를 사용하면 작은 화면에서도 더 많은 콘텐츠를 볼 수 있습니다

Full App Mode를 사용하는 것이 제일인 것 같지만, 항상 그렇지는 않습니다. 표 5-1은 Full App Mode의 장단점을 나열한 것입니다.

[표 5-1] Full App Mode의 장단점

| 장점 | 단점 |
| --- | --- |
| 애플리케이션을 좀 더 네이티브하게 느껴지도록 할 수 있음 | 백그라운드에서 실행할 수 없으며, 매 실행 시마다 웹 애플리케이션을 새로 로드해야 함 |
| 애플리케이션 실행 시 시작 화면을 설정할 수 있음 | 유저들이 웹 애플리케이션 내에 있는 링크 중에 네이티브 브라우저를 사용해 열어야 하는 링크일 경우, 웹 애플리케이션이 곧바로 종료됩니다(백그라운드에서 실행할 수 없기 때문에) |

애플리케이션이 종료되면 애플리케이션의 상태를 유지할 수 없지만, 나중에 HTML5 Cache Manifest 기능을 이용하여 유저의 요청에 빨리 응답할 수 있습니다. 애플리케이션에 하위 페이지가 많을 경우, 페이지 상태를 유지하는 것이 힘들 수 있습니다. 예를 들면 유저가 회원 가입을 하기 위해 3개의 페이지를 거쳐 왔는데, 서비스 약관을 읽으려고 링크를 클릭하면 새 창이 나타나면서 3개의 페이지에 입력했던 정보들이 모두 사라지는 경우가 발생할 수 있습니다. 해당 문제에 대한 계획 및 설계를 통해 이 문제점을 해결할 수는 있지만, Full App Mode를 사용하면 예상하지 못한 문제가 생길 수 있다는 것을 알아야 합니다.

Full App Mode를 활성화하려면, 다음 코드들을 index.html 안의 〈head〉 섹션에 추가해야 합니다. 가장 먼저 Corks 개발에 사용 중인 HTML5 Mobile Boilderplate 템플릿 내부의 〈head〉 〈/head〉 사이에 있는 태그들을 전부 삭제한 후 다음 코드를 입력합니다.

```
<meta name="apple-mobile-web-app-capable" content="yes">
  <meta name="apple-mobile-web-app-status-bar-style" content="black">
```

코드 첫 번째 줄은 content를 yes 값으로 설정해 웹 페이지가 Full App Mode에 추가될 수 있도록 만듭니다. 코드 두 번째 줄은 상태 바(시계, 남은 배터리양, 신호 세기 등이 표시되는 맨 위의 바)의 색을 지정합니다. 이 상태 바는 보통 검은색으로 지정하지만, content 값을 기본 값이라는 의미인 "default"로 지정하면 회색으로 바꿀 수 있습니다. 또한 이 content 값을 black-translucent로 설정하면 검은색 반투명 바로 만들 수 있습니다. 이를 사용하면 상태 바 아래에도 콘텐츠가 반투명하게 보입니다. 그림 5-3부터 그림 5-5까지를 보면 이해할 수 있습니다.

[그림 5-3] black 값을 사용했을 때의 iOS 상태 바

[그림 5-5] black-translucent 값을 사용했을 때의 iOS 상태 바

[그림 5-4] default 값을 사용했을 때의 iOS 상태 바

위에서 추가한 코드를 사용하면 Full App Mode를 사용할 수 있지만, 홈 화면에 아이콘 추가와 시작 화면 설정을 해주어야 합니다. iOS에서 UIWebView를 실행하는 방식으로 애플리케이션이 동작하기 때문에 이 프로그램이 로드될 동안 표시할 화면을 설정해야 합니다. 또한 유저들이 애플리케이션을 홈 화면에 추가했을 때 이를 표시할 아이콘도 필요합니다.

아이콘을 추가하려면 다음 코드를 〈head〉 섹션 안의 Full App Mode 윗부분이나 아랫부분에 추가하면 됩니다.

```
<link rel="apple-touch-icon-precomposed" sizes="114x114" href="이미지 경로">
<link rel="apple-touch-icon-precomposed" sizes="72x72" href="이미지 경로">
<link rel="apple-touch-icon-precomposed" href="이미지 경로">
```

각 〈link〉 태그는 apple-touch-icon-precomposed 요소를 통해 운영 체제에 어떤 아이콘을 사용해야 할 것인지 알려줍니다. 유저가 사용하는 운영 체제에 따라 각기 다른 줄이 사용됩니다. 고해상도 화면을 사용하는 유저를 위한 아이콘도 따로 설정해주어야 합니다. iPhone4 및 그 상위 버전에서는 114×114 이미지를 사용합니다. iPad1이나 그 하위 버전에서는 72×72 이미지를 사용합니다.

마지막 줄은 레티나 디스플레이를 사용하지 않는 iPhone이나 iPad2, Android 2.1 이상의 버전의 장치에서 사용합니다. 사이즈를 명시해주지 않으면 하나의 link 요소로 광범위하게 적용할 수 있습니다. 위의 코드들을 문서에 추가했다면 유저가 홈 화면에 애플리케이션을 추가할 경우 해당 아이콘이 나타납니다. 위의 코드에서 rel 값에 apple이라고 나와 있더라도 Android 2.1을 포함하고 있는 상위 버전에서는 이를 인식합니다. Android에서 유저가 홈 화면에 애플리케이션을 북마크할 경우 Android 운영 체제에서 위의 이미지를 아이콘으로 사용합니다.

apple-touch-icon-precomposed와 apple-touch-icon의 차이를 이해하는 것도 중요합니다. iOS 장치에서 precomposed 옵션을 사용하면 홈 화면에 아이콘이 추가되었을 때 아이콘에 광택 효과가 나타나지 않습니다(그림 5-6). 광택 효과를 사용하려면 precomposed 부분을 삭제하면 됩니다.

[그림 5-6] 광택 및 무광택 아이콘의 예

유저들이 Full App Mode를 제대로 사용하기 위해서는 홈 화면에 애플리케이션을 추가해야 합니다. 유저들이 다음처럼 따라하도록 하면 됩니다.

1. 홈 화면에 추가할 웹 애플리케이션으로 이동한 후에 화면 아래쪽에 있는 공유하기 버튼을 클릭합니다 (그림 5-7). 아이콘은 iOS 버전에 따라 다를 수 있습니다.

**2.** 그림 5-8처럼 '홈 화면에 추가(Add to Home Screen)'를 선택합니다.

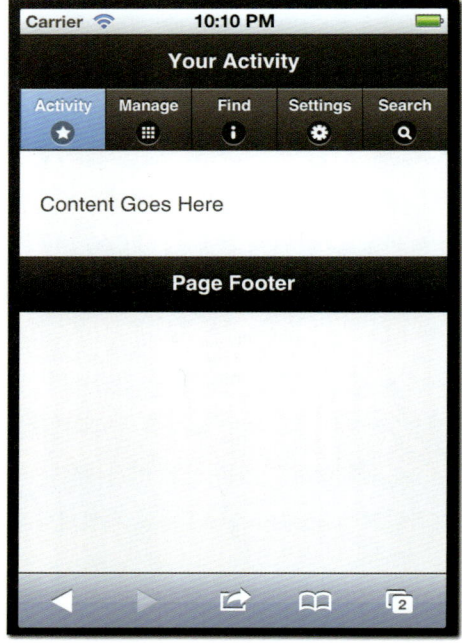

[그림 5-8] '홈 화면에 추가'를 선택하기 전 iOS 화면입니다

[그림 5-7] Mobile Safari 브라우저 아래쪽에 옵션 버튼이 있습니다

**3.** 애플리케이션 이름을 지정한 후 홈 화면에 추가되었는지 확인합니다.

[그림 5-9] 홈 화면에 추가하기 바로 전 화면입니다

이제 홈 화면에 조금 전에 설정한 이름을 가진 아이콘이 생성되었을 것입니다. 이 아이콘을 터치하면
웹 애플리케이션이 Full App Mode로 작동합니다(그림 5-10).

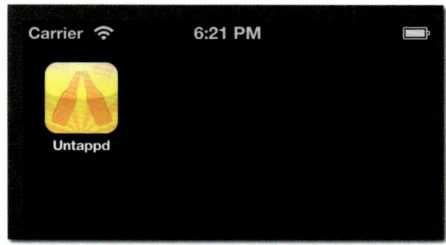

[그림 5-10] 홈 화면에 새로 추가된 웹 애플리케이션 아이콘

위와 같은 작업을 간단하게 만들어주는 툴은 'Matteo Spinelli'라는 이탈리아 개발자가 개발하였습니다. 이는 'add2home.js'라는 스크립트이며, 모바일 웹 애플리케이션 아래쪽에 작은 팝업 레이어를 띄워 유저들에게 홈 화면에 추가해달라는 문구를 나타냅니다.

[그림 5-11] add2home.js를 사용하여 유저들에게 Full App Mode를 사용하도록 권장합니다

add2home.js를 추가하려면 다음 단계를 따라하면 됩니다.

1. http://cubiq.org/add-to-home-screen 웹 사이트에서 add2home 패키지를 다운로드합니다.

2. 다음 코드를 HTML 문서의 head 섹션에 추가합니다.

```
<link rel="stylesheet" href="add2home.css 경로">
<script type="application/JavaScript" src="add2home.js 경로"></script>
```

이렇게 간단합니다. 이 코드는 유저가 웹 애플리케이션에 처음 접속하였을 때 팝업 레이어를 띄웁니다.

마지막으로 유저가 애플리케이션이 로딩 중이라는 것을 알 수 있도록 시작 화면을 추가해봅시다. 시작 화면은 보통 네이티브 앱에서 많이 사용하는데, 그 화면과 동일한 기능을 합니다. 이를 설정하는 과정은 쉽지만 이미지 크기에 제한이 있습니다. 고해상도의 장치에서는 960×640 크기의 이미지를 사용하고, 작은 해상도에서는 이에 비례하여 작아집니다. iOS 기기의 좋은 점 중의 하나는 화면 크기가 460×320이나 960×640으로 정해져 있다는 것입니다. Android는 화면 해상도의 종류가 다양합니다. 시작 화면을 추가하려면 Full App Mode를 활성화한 후 다음 코드를 〈head〉 섹션에 추가하면 됩니다.

```
<link rel="apple-touch-startup-image" href="사용할 이미지 경로" />
```

시작 화면(Splash Screen)을 설정하면 유저가 애플리케이션이 로딩 중이라는 것을 알 수 있도록 해주지만, 애플리케이션 로딩 속도가 느려질 수 있다는 점을 명심해야 합니다. 애플리케이션이 캐시를 이용해 로드가 끝난 상태라 하더라도 시작 화면은 똑같이 나타납니다. 어떤 개발자들은 이 시작 화면을 사용하지 않고 커스텀 로딩 패널을 사용하기도 합니다.

〈head〉 섹션 변경 사항을 마무리지으려면 HTML 페이지 전체 CSS 요소를 제어하는 스타일 시트 파일을 추가해야 합니다. jQuery Mobile을 이용하여 스타일 시트와 JavaScript를 처리할 것입니다. jQuery Mobile은 CDN 서비스에 호스팅하고 있는 CSS 파일을 직접 제공하기 때문에 link 속성에 jQuery 사의 링크를 직접 사용해도 됩니다. jQuery Mobile용 CSS 파일을 추가하려면 다음 코드를 apple-touch-start-up-image 다음 줄에 넣으면 됩니다.

```
<link rel="stylesheet"
href="http://code.jQuery.com/mobile/1.0.1/jQuery.mobile-1.0.1.min.css" />
```

Mobile Safari 브라우저에서는 웹 페이지가 로딩 중일 때 주소 표시줄이 나타납니다. 화면을 효율적으로 활용하기 위해 페이지가 로드되면 자동으로 창을 위로 스크롤하여 주소 표시줄을 숨겨주는 JavaScript를 추가합니다. 다음 코드를 index.html 내의 〈/body〉 태그 바로 위에 입력하면 됩니다.

```
window.addEventListener('load', function() {
   setTimeout(function() {
      window.scrollTo(0,1);
   }, 0);
});
```

이 스크립트는 페이지가 완전히 로드되면 창을 (0,1) (Y축의 첫 번째 픽셀)로 이동합니다. 이로 인해 주소 표시줄이 숨겨집니다.

지금까지 작성했던 〈head〉 태그를 모두 입력했다면, 다음 코드처럼 작성되었을 것입니다.

```
<head>
<title>Corks - Cellar your Wine</title>
<meta name="description" content="Corks a simple application that keeps
track of your wines in your cellar.">

<meta name="viewport" content="width=device-width; initial-scale=1.0;
maximum-scale=1.0; minimum-scale=1.0; user-scalable=false;"/>

<meta name="apple-mobile-web-app-capable" content="yes" />
<meta name="apple-mobile-web-app-status-bar-style" content="black" />

<link rel="apple-touch-icon-precomposed" sizes="114x114" href="아이콘 경로">
<!-- 1세대 iPad용 아이콘 -->

<link rel="apple-touch-icon-precomposed" sizes="72x72" href="아이콘 경로">

<!-- 레티나 디스플레이가 아닌 iPhone, iPod Touch, Android 2.1+ 기기 -->
<link rel="apple-touch-icon-precomposed" href="아이콘 경로">
<link rel="apple-touch-startup-image" href="시작 화면 이미지 경로" />
```

```
<!-- CSS 파일 -->
<link rel="stylesheet" href="http://code.jquery.com/mobile/1.0.1/jquery.
mobile-1.0.1.min.css" />
</head>
```

> 〈head〉 섹션 내부의 〈title〉과 〈meta name="description"〉 요소들은 HTML 문서를 작성
> 할 때 항상 사용해야 하는 표준 요소들입니다. 〈title〉 요소는 유저가 홈 화면에 웹 애플리케
> 이션을 추가하려고 할 때 나타납니다. 〈meta〉 태그의 description 부분은 검색 엔진이 웹
> 사이트를 크롤링할 때 가져가는 정보이며, 검색 엔진의 검색 결과에 해당 내용이 나타납니
> 다. 이 태그는 옵션 사항이지만 검색 엔진 검색 결과에 웹 사이트가 나타나기를 원한다면 이
> 를 사용해야 합니다.

대부분의 컴퓨터용 웹 애플리케이션 개발 시에는 JavaScript를 〈head〉 섹션에 집어넣습니다. 하지만 연구
결과에 따르면 웹 페이지는 JavaScript가 전부 로드되기 전까지 완전히 로드되지 않는다고 합니다. 인터넷
이 느릴 경우, 페이지 내용을 먼저 로드하고 JavaScript를 로드하게 만들면 로드하는 데 걸리는 시간을 줄일
수 있습니다. 웹 애플리케이션에서 사용할 JavaScript 파일은 이 장의 뒷부분에서 알아볼 것입니다. 지금
시점에서는 〈/head〉를 이용하여 〈head〉 태그를 닫아도 됩니다. HTML 문서를 로드할 때에는 JavaScript
를 페이지 맨 아래쪽에 두는 것이 훨씬 효과적이라는 점을 명심해야 합니다. 〈body〉 태그가 끝나는 지점
바로 윗부분에 모든 JavaScript 파일을 넣는 것을 권장합니다.

## Header와 탐색 요소 추가하기

웹 페이지에 CSS를 추가하였으므로 이제 애플리케이션 콘텐츠 작성을 시작하면 됩니다. 먼저 jQuery
Mobile CSS 페이지의 구조에 대해 알아야 합니다. 각 페이지마다 다음 형식에 맞춰 작성해야 합니다.

```
<div id="activity" data-role="page">
<div data-role="header">
<h1>Page Title</h1>
</div><!-- /header(머리말 부분 끝) -->
```

```
<div data-role="content">
<p>이곳에 페이지 내용을 작성합니다.</p>
</div><!-- /content (콘텐츠 부분 끝) -->

<div data-role="footer">
<h4>Page Footer</h4>
</div><!-- /footer (꼬리말 부분 끝) -->
</div>
```

jQuery Mobile은 JavaScript 요소가 사용되는 방법을 정의하는 데 도움을 주는 새로운 HTML5 속성을 사용합니다. 예를 들어 data-role은 해당 요소 내부에 어떤 종류의 데이터를 포함할 것인지에 대해 정의하고 있습니다. 위의 코드를 사용하여 페이지를 작성했다면 그림 5-12와 같은 화면을 볼 수 있습니다.

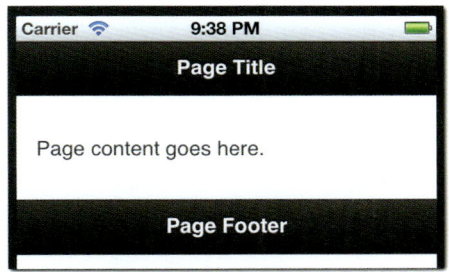

[그림 5-12] Corks 홈페이지

header 데이터 안의 페이지 타이틀에 Corks를 추가합니다. 탭 바 인터페이스 형식으로 만들 것이므로 다음 코드를 추가하여 페이지에 탐색 바를 만들 수 있습니다.

```
<h1>Your Activity</h1>
<div data-role="navbar" data-iconpos="bottom">
<ul>
    <li><a data-icon="star" class="ui-btn-active"
```

```
    href="#activity">Activity</a></li>
      <li><a data-icon="grid" href="#manage">Manage</a></li>
      <li><a data-icon="info" href="#find">Find</a></li>
      <li><a data-icon="gear" href="#settings">Settings</a></li>
      <li><a data-icon="search" href="#search">Search</a></li>
    </ul>
  </div>
```

맨 위에 있는 〈h1〉 태그는 각 페이지에 보이는 제목입니다. 그 아래의 코드들은 탭 바를 구성하는 코드들입니다. data-role="navbar"는 jQuery Mobile이 해당 〈div〉 태그 안의 요소들을 CSS 스타일 중에 navbar로 정의된 스타일에 맞게 적용합니다. 각 페이지의 윗부분에 아이콘을 사용할 계획이었으므로 data-iconpos 요소를 top으로 설정합니다. 아이콘이 버튼의 아래쪽에 위치하게 하려면 이 값을 bottom으로 설정하면 됩니다. 탭 바에 아이콘을 추가하고 싶지 않다면 해당 속성을 모두 삭제하면 됩니다. 이 아이콘들은 탭 바 부분의 각 버튼에 시각적인 효과를 더해줍니다.

다음으로, 〈ul〉 태그 안의 〈li〉 태그를 이용하여 각 탭을 생성합니다. 탭을 추가하거나 삭제하려면 li 요소를 추가 또는 삭제하면 됩니다. data-icon 속성을 이용해 각 탭에 어떤 아이콘을 표시할 것인지 할당합니다. data-icon 값들은 CSS class의 이름들이며, 다른 아이콘들을 구해 커스터마이징할 수도 있습니다.

애플리케이션이 실행되면 Activity 페이지로 열리기 때문에 li의 ui-btn-active 클래스를 이용하여 해당 탭을 활성화합니다. 다른 페이지의 탐색 바를 만들면서 이를 이용하여 해당 탭을 활성화할 수도 있습니다.

지금까지 작업한 것을 저장하면 iPhone에 그림 5-13과 같은 화면이 나타납니다.

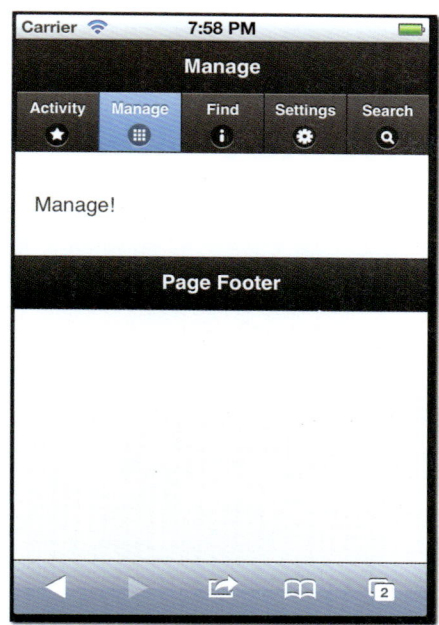

[그림 5-13] Manage 탭이 활성화된 Manage 페이지

## Hash Change 이벤트 추가하기

브라우저에서 유저가 링크를 클릭하면 보통 URL 주소가 바뀝니다. 예를 들면 http://example.com/index.html에서 http://example.com/index2.html과 같이 바뀝니다. 하지만 AJAX를 이용한 거의 대부분의 모바일 애플리케이션에서는 하나의 물리적인 페이지만 사용합니다. 그러므로 한 물리적 페이지 안의 가상 페이지들 간의 탐색을 추적할 방법이 필요합니다.

그 방법 중에는 hash change 이벤트[hash(#)가 바뀌었을 때 감지하는 방법]를 이용하는 방법이 있습니다. 링크를 클릭할 때마다 물리적인 페이지 이동을 하는 대신 hash 값이 바뀝니다. 각 링크의 href 속성 값에 이동할 페이지의 hash ID 값이 할당되어 있고, 각 data-role 요소가 각각의 페이지를 정의하는 ID 값도 가지고 있습니다. 예를 들어 Activity 페이지는 애플리케이션이 구동되었을 때 처음 보이는 페이지이기 때문에 첫 번째 〈div〉 요소에 activity ID 값을 할당해야 합니다. 위와 같이 jQuery Mobile을 사용하는 과정을 통해 onHashChange 이벤트를 처리할 수 있습니다.

이를 테스트해보려면 Manage 탭의 페이지 구조를 만들어야 합니다. 메인 페이지의 〈div〉 태그를 〈/div〉를 이용하여 닫은 후에 〈div id="activity"〉 섹션 바로 아래에 다음과 같은 코드를 작성합니다.

```
<div id="manage" data-role="page">
<div data-role="header">
<h1>Manage</h1>
<div data-role="navbar" data-iconpos="bottom">
<ul>
<li><a data-icon="star" href="#activity">Activity</a></li>
<li><a data-icon="grid" class="ui-btn-active" href="#manage">Manage
</a></li>
<li><a data-icon="info" href="#find">Find</a></li>
<li><a data-icon="gear" href="#settings">Settings</a></li>
<li><a data-icon="search" href="#search">Search</a></li>
</ul>
</div><!-- /navbar -->
</div><!-- /header -->
<div data-role="content">
<p>Manage!</p>
</div><!-- /content -->
<div data-role="footer">
<h4>Page Footer</h4>
</div><!-- /footer -->
</div>
```

이 코드는 header 부분은 똑같이 유지하면서 활성화된 탭(ui-btn-active class사용)만 Manage로 변경합니다. 이 페이지를 저장한 후 iOS 시뮬레이터에서 실행해보면 Activity 탭이 가장 처음에 로드된다는 것을 알 수 있습니다. 페이지 위쪽의 Manage 탭을 누르면 Manage 탭 콘텐츠로 빠르게 전환되는 것을 볼 수 있습니다. 또한 뒤로 가기 버튼을 사용하여 Activity 탭으로 되돌아갈 수도 있습니다.

jQuery Mobile은 다양한 기능과 메서드를 지원하기 때문에 많은 노력을 하지 않고도 애플리케이션을 수월하게 만들 수 있습니다. 웹 문서가 처음 로드되면 스크립트가 해당 페이지의 data-role 요소를 찾습니다. 그림 5-14는 페이지 내의 첫 번째 data-role만 표시하고 있으며, 나머지는 숨겨져 있습니다. Firebug나 WebKit Inspector와 같은 DOM 검사 툴을 이용하여 웹 페이지를 보면 jQuery Mobile이 기본 값으로 CSS 속성을 display: none으로 설정하고 ui-page-active 클래스를 첫 번째 탭인 activity에 적용하는 것을 볼 수 있습니다.

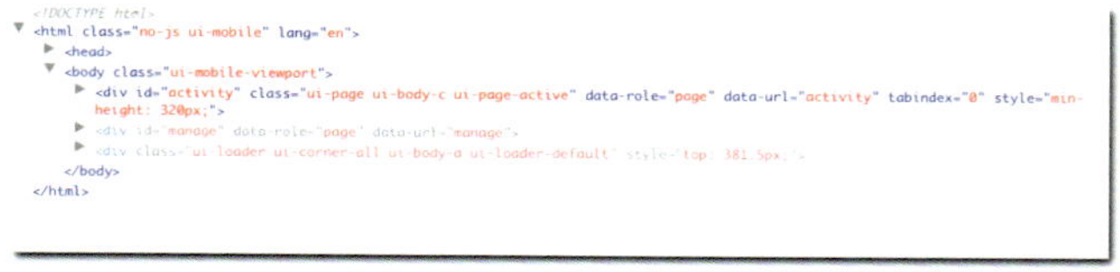

```
<!DOCTYPE html>
▼ <html class="no-js ui-mobile" lang="en">
  ► <head>
  ▼ <body class="ui-mobile-viewport">
      <div id="activity" class="ui-page ui-body-c ui-page-active" data-role="page" data-url="activity" tabindex="0" style="min-
      height: 320px;">
    ► <div id="manage" data-role="page" data-url="manage">
    ► <div class="ui-loader ui-corner-all ui-body-a ui-loader-default" style="top: 181.5px;">
    </body>
  </html>
```

[그림 5-14] HTML 내부의 ui-page-active를 표시하고 있는 웹 검사기(Web Inspector)

## 전환(Transitions)

CSS3는 페이지 간 이동을 할 때에 놀랄 만한 페이지 전환 애니메이션(효과)을 적용할 수 있도록 해줍니다. 이를 통해 유저가 웹 애플리케이션을 네이티브 앱처럼 느끼게 할 수 있고, 유저 경험도 증대할 수 있습니다. jQuery Mobile을 사용하면 각 링크에 data-transition을 설정함으로써 CSS Transition의 어려운 기능들을 쉽게 사용할 수 있도록 해줍니다. 예를 들어 Corks 애플리케이션에서 Manage 페이지로 이동할 때 화면이 오른쪽으로 슬라이드되는 효과를 적용하고 싶다면, 다음 코드를 추가하면 됩니다.

```
<li><a data-icon="grid" data-transition="slide" href="#manage">Manage
</a></li>
```

jQuery Mobile은 다양한 종류의 페이지 전환 애니메이션을 지원하며, 그중 가장 흔히 사용하는 것은 다음과 같습니다.

- **fade**: hashChange 이벤트에 사용되는 기본 페이지 전환 효과입니다.
- **pop**: 화면 정중앙에서 화면이 튀어나오는 효과입니다.
- **flip**: iPhone에서 흔히 사용하는 전환 효과이며, 현재 페이지를 180도 반대 방향으로 돌리는 효과입니다.
- **turn**: 책장을 넘기는 효과입니다.
- **flow**: 페이지가 뒤로 넘어가는 효과입니다.
- **slide**: 네이티브 앱에서 흔히 사용하는 표준 슬라이드 전환 효과입니다.
- **slideUp and slideDown**: 새 페이지가 상단 또는 하단에서 나타나게 하는 효과입니다.

jQuery Mobile이 페이지 전환 효과를 사용하기 쉽게 만들어주기는 하지만, 이를 바르게 사용하기 위해서는 이러한 효과들이 어떤 식으로 작동하는지에 대해 이해하고 있어야 합니다. 전환 효과(Transitions)는

CSS3에 기반한 메서드이며, HTML 요소를 화면상에서 움직이는 듯한 애니메이션 효과를 나타내줍니다. 기본적으로 애니메이션은 플립 북과 같은 원리로 작동합니다. 여러 프레임을 연속으로 빠르게 보여주면 그림이 움직이는 효과를 나타내는 것과 같습니다. 현재 웹 페이지 코드는 다음과 같습니다.

```
<div id="activity" class="page" data-role="page">
....
</div>
<div id="manage" class="page page-right" data-role="page">
....
</div>
```

page, page-right와 같은 슬라이드 효과의 방향을 설정하는 클래스들을 추가합니다.
이 클래스들은 JavaScript를 통해 jQuery Mobile에서 처리될 것입니다. 이제 page 클래스에 CSS 값들을 할당합니다.

```
.page {
  position: absolute;
  width: 100%;
  height: 100%;
  -webkit-transform: translate3d(0,0,0);
}
```

브라우저에서 페이지 내용이 잘리는 것을 방지하기 위해 페이지의 가로와 세로 길이 요소 값을 각각 100%로 설정합니다. 마지막으로 -webkit-transform 요소가 중요합니다. 이 요소는 각 페이지마다 GPU 가속을 활성화합니다. 이 메서드를 사용하지 않으면 WebKit 브라우저에서 CSS3 전환 효과를 사용할 때 그래픽 카드를 이용한 GPU 가속을 사용하지 않게 됩니다. 브라우저가 깜빡이거나 요소들이 한꺼번에 일시적으로 로드되는 현상이 발생한다면 이 요소를 사용하지 않았기 때문입니다.

CSS의 -webkit-transform 메서드는 문서 내에서 복잡한 전환 효과나 무거운 CSS 기능을 처리하는 데 중요한 역할을 합니다. 이 메서드를 추가하지 않을 경우, 페이지 전환이 느리거나 페이지의 일부분이 한꺼번에 로드되는 현상이 발생합니다. 만약 특정 페이지의 성능에 대해 고민하고 있다면 위의 메서드를 추가해 보기를 권장합니다. Android 2.3.x 버전에서 입력 요소에 3D 효과를 주면 문제가 발생하므로 사용에 참고하기 바랍니다. 애니메이션 효과를 남용할 경우 브라우저 충돌이 발생하거나 메모리 문제가 발생할 수 있습니다.

전 페이지의 첫부분에 CSS를 추가하였으므로 이제 JavaScript를 이용하여 전환 효과(Transition)를 적용하는 방법을 알아봅시다. 다음 코드를 페이지 제일 아랫부분의 〈script〉 태그 안에 추가하면 됩니다.

```
function slieLoc(from,to)
{
    var myClasses = document.getElementByID(from).className;
    if(myClasses.indexOf("page-left") > 0)
    {
        document.getElementByID(from).className = "page trans page-right";
    }
    else
    {
        document.getElementByID(from).className = "page trans page-left";
    }
    document.getElementByID(to).ClassName = "page trans page-center";
}
```

링크가 터치될 때마다 스크립트가 to와 from의 값을 추적합니다. 이 경우 from은 Activity 페이지가 되고, to는 Manage 페이지가 됩니다. 다음 단계는 activity 요소 안의 class 이름을 구해옵니다. 이 class 이름 안에 'page-left'라는 단어가 포함되어 있다면 오른쪽에서 왼쪽으로 화면을 전환합니다. 해당 class 이름에 page-right가 포함되어 있다면 왼쪽에서 오른쪽으로 화면을 전환합니다. 마지막으로 화면 전환이 끝난 후에 Manage 페이지를 정중앙으로 불러옵니다.

위 코드에서 trans class가 화면 전환 효과를 HTML 요소에 적용합니다. 해당 스크립트를 완벽하게 구현하여 화면 전환 효과가 일어나도록 하려면, 다음 코드를 CSS에 추가합니다.

```
.trans {
    -moz-transition-duration: .5s;
    -webkit-transition-duration: .5s;
    -o-transition-duration: .5s;
}
```

이제 페이지에 화면 전환 효과를 넣을 때마다 slideLoc 함수를 호출하면 됩니다. 이를 통해 애플리케이션 코드가 간결해지고 기능도 향상됩니다. 최신 브라우저에서는 다른 내용의 콘텐츠를 보여줄 때 페이지를 다시 불러올 이유가 없습니다. 페이지 전환 효과를 사용하면 페이지가 백그라운드에서 로딩 중이라는 사실을 숨길 수 있습니다.

## 애플리케이션 페이지 스크롤

유저가 모바일 브라우저와 상호 작용할 수 있도록 도와주는 새로운 이벤트가 개발되었습니다. 가장 주목할 만한 것은 '터치 이벤트'입니다. 터치는 대부분의 터치 기반 핸드폰의 주 기능입니다. 유저들은 마우스가 아닌 손가락을 이용하여 페이지를 탐색합니다. 이로 인해 모바일 애플리케이션 프로그램 방식에 큰 변화가 생겼습니다.

### onTouch 이벤트

모바일 웹 개발자로서 웹 애플리케이션 내의 작업을 처리할 때 onClick 이벤트보다는 onTouch 이벤트를 사용합니다. onClick을 사용하면 onTouch를 사용했을 때보다 300ms에서 500ms의 딜레이가 발생합니다. 이는 유저가 드래그 또는 스크롤할 경우를 대비한 시간입니다. 이때 유저가 아무런 추가 행동을 하지 않는다면 onClick 이벤트가 발생하는 것입니다.

컴퓨터 브라우저에서의 딜레이는 거의 느낄 수 없을 정도지만, 모바일 애플리케이션상에서의 딜레이는 확연히 느껴집니다. 보통 onClick보다 onTouch 이벤트를 더 많이 사용하는 것은 폼 데이터를 전송할 때입니다. onClick 이벤트의 딜레이 때문에 유저가 폼 데이터를 두 번 전송할 수도 있는데, 이 경우 데이터베이스나 API 기능에 문제가 생길 수 있습니다. 웹 애플리케이션 내의 이벤트들을 onClick에서 onTouch로 바꾸면 딜레이가 사라지고, UI가 좀 더 빠르게 느껴질 것입니다.

하지만 onTouch 이벤트를 사용할 경우, 유저가 화면 위에서 손가락을 움직이는 시간을 고려해야 합니다. 유저가 화면을 터치하는 경우 링크를 클릭하는 것이 아니라 스크롤하는 경우일 수도 있기 때문입니다. 이와 같은 이유로 인해 onTouchStart와 onTouchEnd 이벤트를 함께 사용합니다.

이 기능은 이미 jQuery Mobile 내에 구현되어 있습니다. 하지만 여러분만의 기능을 만들고 싶다면 이벤트 리스너가 어떤 식으로 동작하는지를 알아야 합니다. Google에서 가져온 다음 글을 확인해봅시다(http://code.google.com/mobile/articles/fast_buttons.html).

해당 글은 touch 이벤트의 다중 리스너를 설정하는 방법과 이를 이용해 유저가 터치하는지 스크롤하는지, 다른 행동을 하는지 구분하는 방법을 소개하고 있습니다. Viewport를 올바르게 설정했다면, 모바일 브라우저 상에서 클릭시에 발생하는 딜레이가 없어졌을 것입니다.

또한 클릭만 감지하는 .tap 메서드를 지원하는 Zepto 라이브러리를 이용할 수도 있습니다. 유저가 링크를 두 번 클릭하여 중복된 요청을 보낼 수 있으므로 onclick 메서드보다 tap 메서드를 사용하는 것이 더 좋습니다.

> *유저가 터치하는지를 구별하는 함수를 직접 만들고 싶다면 onTouchStart와 onTouchEnd 요소 사이의 시간을 측정하면 됩니다. 어떤 개발자들은 onTouchEnd 요소만 사용하는 경우가 있는데, 유저가 스크롤링하는 경우에는 이 요소가 동작하지 않습니다. 유저가 스크롤하는지, 터치하는지를 구분할 때는 두 시간 사이를 측정하는 것이 가장 좋은 방법입니다.*

이를 측정하기 위해서는 jQuery Mobile이나 Zepto를 사용하는 것을 권장합니다. 다음은 onClick 메서드를 대체할 수 있는 예제 코드를 작성한 것입니다.

```
<a href="#" class="fireGo">Go</a>
<script>
$(document).ready(function(){
$(".fireGo").live("tap", function() {
// 이곳에 터치 시 실행할 내용을 작성하면 됩니다.
});
});
```

이 코드는 onClick 메서드의 딜레이 때문에 생길 수 있는 터치 오작동을 보완합니다.

## iOS 스크롤링

iPhone iOS 5 이전 버전에서는 고정된 header와 footer를 설정하는 것이 비활성화되어 있었습니다. 새 OS를 출시하면서 특별한 CSS 접두사를 사용할 경우, 웹 애플리케이션에서 이 기능을 사용할 수 있게 되었습니다. 이 속성은 '-webkit-overflow-scrolling'이라는 속성이며, 이 속성에 여러 종류의 값을 설정할 수 있습니다.

- **-webkit-overflow-scrolling: auto** 스크롤이 가능해지지만, 바운스백(bounce back) 효과가 나타나지 않습니다.

- **-webkit-overflow-scrolling: touch** 스크롤이 가능해지며, 페이지 끝부분에 도달했을 때 바운스백 효과가 나타납니다.

네이티브한 느낌을 살리려면 touch 옵션을 사용할 것을 권장합니다. 또한 translate3D 속성을 적용하여 스크롤링이 끊어지지 않고 부드럽게 연결되도록 할 수 있습니다. 이 속성은 CSS3 기능이기 때문에 CSS3를 통해 GPU 가속을 활성화한 경우에 더 부드럽게 작동합니다. Google Chrome에는 GPU 가속을 사용 중인 기능 및 요소를 따로 표시해주는 기능이 있습니다. 이는 디버깅할 때 매우 유용합니다. 이 기능을 사용하려면 다음 단계들을 따라하면 됩니다.

1. Google Chrome을 실행한 후 주소 창에 'about:flags'를 입력합니다.

2. "모든 페이지에서 GPU 합성(GPU Accelerated Compositing)" 메뉴를 찾은 후에 "사용 설정됨" 옵션으로 바꿉니다.

3. "가속화된 2D 캔버스 사용 중지(GPU Accelerated Canvas 2D)" 메뉴를 찾은 후에 "사용" 버튼을 누릅니다.

4. 브라우저를 재시작합니다.

위의 스크롤 기능의 단점은 iOS4 버전 이하의 운영 체제를 구동 중인 하위 버전의 iPhone 기기에서는 특정 메서드를 지원하지 않는다는 것입니다. 운영 체제의 버전이 다양해짐에 따라 JavaScript를 사용하여 지원하지 않는 버전을 구분해내는 것이 점점 어려워지고 있습니다. 하지만 iOS5보다 하위 버전을 사용 중이라면 Third-party 솔루션을 이용해 특정 CSS 기능 없이도 네이티브한 스크롤링과 비슷하게 만들 수 있습니다.

iScroll(http://cubiq.org/iscroll-4)이 이러한 Third-party 솔루션 중 하나이며, 설치하기가 쉽습니다. 이 솔루션의 장점은 JavaScript에 의존하지 않기 때문에 어느 곳에서든지 개발 프로젝트에 쉽게 적용할 수 있다는 것입니다. 이를 사용하려면 스크롤링되는 부분(메인 콘텐츠)이 아닌 곳에 'wrapper'라는 ⟨div⟩ 요소를 추가해야 합니다.

```
<div id="wrapper">
    <div id="scroller">
        ...
    </div>
</div>
```

이제 ⟨head⟩ 섹션으로 되돌아가서 iscroll.js 파일을 로드하는 코드를 추가합니다.

```
<script src="iscroll.js"/></script>
<script>
function loaded() {
    myScroll = new iScroll('wrapper');
}
document.addEventListener('DOMContentLoaded', loaded, false);
</script>
```

위의 스크립트는 iScroll JavaScript class를 로드하고 전역변수를 설정합니다. 이 과정이 끝나면 DOM이 완전히 로드되는 것을 감지하는 이벤트 리스너를 설정합니다. DOM이 완전히 로드되고 나면 iScroll 클래스를 생성하여 wrapper 요소에 적용합니다. 여기서부터는 iScroll에서 자동으로 콘텐츠 길이를 파악하여 스크롤 부분을 알맞게 맞춰줍니다. 이 솔루션이 완벽하지는 않지만, 애플리케이션으로 하여금 다양한 운영체제를 지원하게 하는 것을 가능하게 합니다.

## 화면 방향에 따른 애플리케이션 조정

최신 핸드폰과 태블릿은 기기를 어느 방향으로나 들고 있어도 됩니다. 또한 요즘 애플리케이션들은 모바일 기기가 놓인 방향에 따라 사이즈와 가로 길이를 자동으로 조정합니다. 기기 방향이 바뀌었을 때 iOS 운영 체제에서는 브라우저 자체를 돌려주지만, 이때 웹 페이지를 조정하는 것은 개발자의 몫입니다. 이 방향 제어에는 JavaScript를 사용하거나 'Media Queries'라는 CSS 기능을 사용하면 됩니다.

### Media Queries 사용하기

Media Queries나 CSS 요소들은 장치의 방향에 따라 달라지는 해상도의 변화에 맞춰 적용시킬 수 있습니다. Media Queries는 보통 하나의 코드를 사용하여 컴퓨터 브라우저와 모바일 장치 둘 다 지원합니다. 이 기능은 CSS를 렌더링할 때 화면 해상도에 대한 정보를 읽는 방식으로 작동합니다. Media Queries는 장치의 화면 크기에 따라 특정 요소와 크기를 정의하는 조건문으로 시작합니다. 또한 이 기능은 〈CSS〉 태그로 사용할 수 있고, 문서 맨 처음 로드되는 CSS 파일에 추가할 수도 있습니다. 다음은 Media Queries를 이용하여 가로 길이와 방향을 화면에 맞춰주는 샘플 코드입니다.

```
@media screen and (max-device-width: 480px) and (orientation:landscape) {
    .page { width: 350px; }
}
.page { width: 500px; }
```

앞의 코드에서처럼 모든 media queries 기능은 @가 앞에 붙습니다. 장치의 가로 최대 길이와 방향 등의 요소들을 정의할 수 있습니다. 이 예제에서는 장치의 가로 길이가 480px이고, 가로 모드로 방향이 돌려졌을 경우 페이지의 body 요소의 가로 길이를 350픽셀로 하는 것으로 설정하였습니다. 이 CSS 코드는 위 두 가지 조건이 맞는 경우에만 작동하며, 그 밖의 경우에는 가로 길이를 500픽셀로 설정합니다.

위 예제는 Media Queries를 이용하여 할 수 있는 일들 중 기본적인 것에 속합니다. 이 Media Queries를 사용하는 목적은 하나의 기초 코드로 컴퓨터 모바일 브라우저 등과 같은 곳에 적용하는 것입니다. 실제로 많은 웹 사이트에서 이 Media Queries를 사용합니다. 웹 사이트가 Media Queries를 사용하는지는 주소 표시줄을 확인하면 됩니다. 모바일 장치로 웹 사이트에 접속했을 때 URL 주소가 'm.domain-name.com'이나 'domain-name.com/mobile'과 같은 방식으로 변경되고, 컴퓨터로 접속했을 때 주소가 변경되지 않는다면 해당 웹 사이트는 Media Queries를 사용하고 있는 것입니다.

### JavaScript를 이용하여 방향 전환 구현하기

JavaScript를 이용하여 방향 전환을 감지하는 데에는 여러 가지 방법이 있습니다. jQuery Mobile 라이브러리에는 이 방향 전환을 감지하는 기능이 내장되어 있습니다. 그림 5-15와 5-16에서 볼 수 있듯이, 가로 모드로 방향을 전환하면 화면 길이에 맞게 안의 콘텐츠를 확장해줍니다.

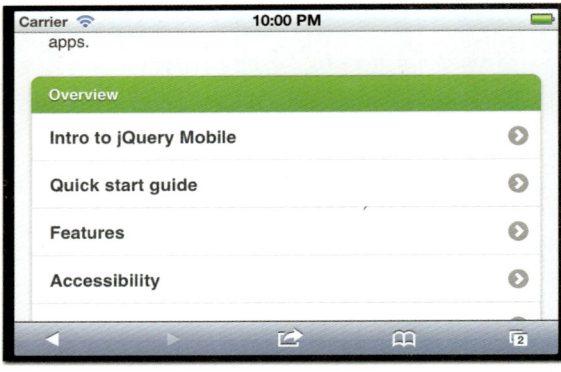

[그림 5-16] 가로 모드로 본 jQuery Mobile 홈페이지

[그림 5-15] 일반 모드로 본 jQuery Mobile 홈페이지

웹 사이트에서 방향 전환을 감지하지 않는다면, 웹 페이지는 다른 방식으로 보일 것입니다. 그림 5-17은 방향 전환을 고려하지 않은 웹 사이트의 예를 보여줍니다. 그림 5-18에서는 해당 웹 사이트를 가로 모드로 전환했을 때 웹 사이트가 화면에 맞게 조절되지 않아 오른쪽에 빈 공간이 생긴 것을 보여줍니다.

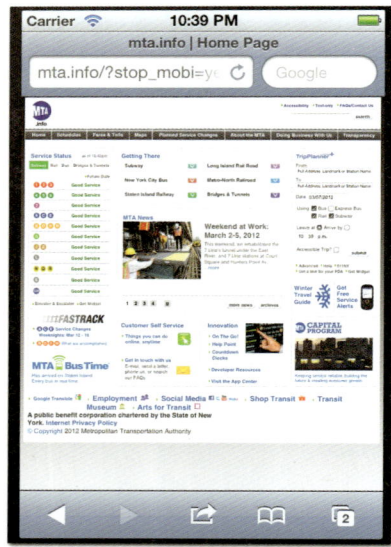

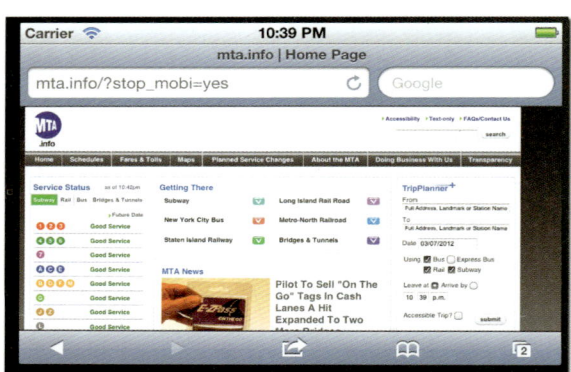

[그림 5-18] 모바일 가로 모드에 최적화되어 있지 않은 웹 사이트

[그림 5-17] 모바일에 최적화되어 있지 않은 웹 사이트

1장에서 다루었던 다음 스크립트를 사용하면 화면 방향이 전환되었는지를 감지할 수 있습니다. index. html 문서의 제일 아랫부분 〈script〉 태그가 있는 부분에 추가하면 됩니다. 하지만 Corks에서는 jQuery Mobile이 알아서 처리해줍니다.

```
<script type="text/JavaScript" language="JavaScript">
    var supportsOrientationChange = "onorientationchange" in window,
        orientationEvent = supportsOrientationChange ? "orientationchange":
"resize";
    window.addEventListener(orientationEvent, function() {
        alert('화면 해상도 변화를 감지했습니다!');
    }, false);
</script>
```

화면 방향 변화를 감지한 후에 body 부분의 class를 해당 화면의 가로 길이에 맞게 다른 class로 바꿔주어야 합니다. 다음 예제 코드를 보여드리겠습니다.

```
<body class="wide">
...
</body>
```

CSS를 작성할 때 다음처럼 각 class 종류에 따라 구문을 추가해야 합니다.

```
body.wide {
    width: 600px;
}
body {
    width: 320px;
}
```

## 요약

이 장에서는 샘플 애플리케이션 Corks를 만드는 데 사용되는 HTML 구조와 JavaScript 요소들에 대해 알아보았습니다. 이 밖에도 다음에 관련된 내용을 알아보았습니다.

- onTouch와 onClick 이벤트
- Media Queries
- 화면 방향 전환 감지
- 하드웨어 가속
- CSS3 Transitions

CHAPTER

# 6

# 모바일 웹
# 데이터베이스 생성

HTML5 데이터베이스를 사용하면 웹 사이트 개발자들이 유저들의 빠른 접근을 위해 브라우저 캐시에 많은 콘텐츠를 저장할 수 있습니다. Web SQL, IndexDB, LocalStorage 등의 데이터베이스 툴을 이용하면 브라우저를 종료한 후에도 콘텐츠가 저장되기 때문에 나중에 이를 재사용할 수 있습니다. 이를 활용하면 MySQL과 같은 다른 데이터베이스를 사용하지 않고도 정보를 저장해둘 수 있습니다.

이 밖에도 'Web SQL'이라 불리는 HTML5 데이터베이스에 대해 알아보겠습니다. 데이터베이스 구조를 설정한 후 데이터베이스에 쿼리문을 전송하고 값을 받아오며 이를 처리하는 방법에 대해 알아볼 것입니다. 또한 이를 사용하여 페이지 쪽수를 설정하는 법과 Manage 탭을 통해 와인 정보를 데이터베이스에 입력하는 방법을 배울 것입니다.

이 장을 마친 후에는 다음과 같은 일을 할 수 있습니다.

■ Web SQL 사용 방법과 구현 방법에 대한 이해
■ Corks 애플리케이션에서 사용할 Web SQL 구문
■ Web SQL을 사용하여 Corks의 초기 데이터베이스 테이블 구축하기

## 구축해야 할 요소들

앞부분에서 jQuery Mobile 프레임워크를 사용하여 페이지 구조를 구축하였으므로 이제 애플리케이션의 각 페이지의 기능을 강력하게 해줄 콘텐츠를 구축해야 합니다. 앞 장에서 배웠던 기본을 지키기만 한다면 페이지를 추가하는 것은 어렵지 않습니다. 애플리케이션 첫 페이지는 첫 번째 〈div data-role="page"〉 요소가 될 것이며, 여기서는 Activity 피드를 이 첫 페이지에 사용할 것입니다. 이제 다음 목록에 있는 것들을 구축하고 설명할 것입니다.

- HTML5 데이터베이스 스타일과 전략
- Web SQL을 위한 HTML5 데이터베이스
- 트랜젝션(Transaction)을 사용하여 데이터베이스를 생성

### HTML5 데이터베이스

HTML5를 이용하면 브라우저 내에서 캐시, 쿼리문 등의 내용을 영구적으로 또는 임시로 저장할 수 있습니다. 이 저장소는 브라우저가 종료되거나 핸드폰이 종료되어도 저장된 내용이 유지됩니다. 표 6-1에서는 세 가지 종류의 데이터베이스를 비교하였으며, 필요에 따라 하나를 골라 사용하면 됩니다.

[표 6-1] 데이터베이스 종류

| 데이터베이스 | 형식 | 활용 예 |
| --- | --- | --- |
| LocalStorage | Key-pair Database | X=Y 같은 간단한 값들을 저장하기에 좋습니다. 예를 들면 is_logged_in = yes와 같은 형식입니다. |
| Web SQL | Relational | 각기 다른 종류의 데이터를 저장하는 여러 테이블을 이용하는 애플리케이션에 적합합니다. Web SQL은 사용하기 전에 전체 구조를 정의하는 스키마(Schema)를 구성해야 합니다. |
| IndexDB | Object-oriented | IndexDB는 새로운 데이터베이스 언어로, 객체 지향적입니다. 현재는 Firefox만 이를 지원합니다. |

이 프로젝트에서는 다른 웹 애플리케이션에서 흔히 사용되는 LocalStoarge와 Web SQL을 둘 다 사용할 것입니다. LocalStorage에는 테이블 형식으로 저장할 필요가 없는 간단한 세팅이나 설정들을 저장합니다. 이 저장소는 최대 5MB라는 것을 기억해야 합니다. Web SQL을 사용하면 좀 더 많은 공간 할당을 요청할 수 있지만, 이는 모든 브라우저에서 동일하게 적용하지 않습니다. 필요한 만큼의 공간만 할당받아 사용해야 성능을 최대로 끌어올릴 수 있습니다.

*Web SQL 데이터베이스는 Chrome, Opera, IE8, Safari 및 모든 WebKit 모바일 브라우저에서 동작합니다. 현재는 Firefox와 Firefox Mobile은 지원하지 않습니다.*

어떤 개발자들은 왜 MongoDB나 MySQL과 같은 강력한 데이터베이스 서버를 두고 로컬 데이터베이스를 사용하는지 의아해할 것입니다. 이러한 서버 측 데이터베이스는 강력하고 커스터마이징이 가능하지만 Web SQL을 사용하는 것이 좀 더 효율적인 경우도 있습니다. Web SQL 사용의 세 가지 주요 이점은 다음과 같습니다.

- **Serverless:** Web SQL을 사용하면 값비싼 호스팅 서버를 사용하지 않아도 되고, 서버를 관리하는 법을 따로 배우지 않아도 됩니다.

- **Zero configuration:** Web SQL 설치는 쉽습니다. Web SQL을 사용하기 위해 따로 설정해야 할 것이 아무것도 없습니다. 처음 개발하는 개발자는 물론 숙련된 개발자도 쉽게 사용할 수 있습니다. JavaScript를 활용한 API가 다른 데이터베이스의 API보다 활용하기가 훨씬 쉽습니다.

- **Self-contained:** Web SQL를 실행할 때에는 다른 프레임워크가 사용되지 않습니다. 최신 브라우저상에서 다른 프로그램에 대한 의존 없이 구동됩니다.

Web SQL이 간단하기는 하지만 어떤 데이터베이스를 사용할 것인지 고르기 전에 개발할 웹 애플리케이션에 대해 잘 생각해보아야 합니다. 데이터가 다른 여러 기기에서도 공개적으로 접근해야 하는 애플리케이션이라면 로컬 기기상에 데이터를 저장하는 SQLite는 이에 적합하지 않을 것입니다. 가장 좋은 방법은 Web SQL과 데이터베이스 서버를 함께 사용하여 캐시 기능을 지원하면서 데이터베이스 서버의 부하를 줄이는 것입니다.

## Web SQL 데이터베이스 생성

Web SQL은 보통 데이터베이스 구조를 배우는 데 있어 표준으로 사용되고 있습니다. 이는 간단한 SQL 언어를 지원하며, 데이터베이스에 쿼리문도 전송할 수 있습니다. SQLite의 데이터베이스는 관계형 데이터베이스입니다. 즉, 데이터를 입력하기 전에 데이터베이스 스키마를 형성해야 합니다. 스키마를 만들기 전에는 데이터베이스를 초기화해야 합니다. 다음 한 줄의 코드로 데이터베이스를 시작할 수 있습니다.

```
var tx = window.openDatabase( DatabaseName, DatabaseVersion, DisplayName,
    EstimatedSize, callback )
```

표 6-2는 위 코드를 설명한 것으로, 각 변수를 정의해줍니다.

**[표 6-2] Web SQL HTML5 데이터베이스 생성 변수**

| 변수 | 필수 | 설명 |
|---|---|---|
| DatabaseName | 필수 | 애플리케이션에서 사용할 표준 데이터베이스 이름입니다. 이 변수는 쿼리문을 작성할 때 필요하기 때문에 중요합니다. |
| DatabaseVersion | 필수 | 현재 사용하고 있는 데이터베이스의 버전을 '1.0'과 같이 문자열 형식으로 사용합니다. HTML5 데이터베이스에서는 한 로컬 기기에서 여러 버전의 데이터베이스를 사용할 수 있습니다. 이 책에서는 1.0을 사용할 것입니다. |
| DisplayName | 필수 아님 | 문자열 형식의 데이터베이스 설명입니다. 필수로 입력해야 하는 필드는 아니지만 여러 로컬 데이터베이스들 중에 어떤 것이 어떤 정보를 저장하는지 기억하기 위해서는 사용할 것을 권장합니다. |
| EstimatedSize | 필수 | 데이터베이스를 초기화하는 데 가장 중요한 정보입니다. 데이터베이스 크기는 50*1024*1024 같은 byte 형식으로 입력해야 합니다. 유저에게 메시지를 표시하지 않고 생성할 수 있는 최대 데이터베이스의 크기는 5MB입니다. |
| CallBack | 필수 아님 | 데이터베이스 생성이 끝났을 때 호출되는 함수입니다. 보통 테이블을 생성하는 구문인 CREATE TABLE을 이 함수에 넣습니다. |

openDatabase 명령어는 해당 데이터베이스가 존재하는 경우 이를 열고, 존재하지 않는 경우 새로 생성합니다. 그러므로 기존 데이터베이스를 덮어 쓸 걱정은 하지 않아도 됩니다.

db 변수들을 스크립트 바깥부분에서 글로벌하게 정의해서 애플리케이션 내의 다른 부분에서도 이를 사용할 수 있게 만들 수 있습니다. 하지만 이렇게 하지 않으면 해당 db 변수들은 그 함수 안에서만 사용할 수 있습니다.

> 이 스크립트는 데이터베이스가 존재하지 않는 경우에만 이를 생성한다는 점이 중요합니다. 데이터베이스가 존재한다면 이 데이터베이스를 열어 트랜잭션을 받아들일 준비를 해야 합니다.

SQL 명령어를 실행하기 위해서는 db.transaction 메서드를 사용해야 합니다. 이 transaction 명령어를 사용하면 데이터베이스가 잠기는데, 이는 이 transaction 명령어가 완료될 때까지 다른 쿼리문을 전송할 수 없다는 뜻입니다. 이 메서드는 CREATE TABLE, INSERT, UPDATE 등과 같은 작업을 할 때에만 사용해야 합니다.

```
db.transaction(function(tx) {
....
});
```

읽기 전용 트랜잭션을 생성하려면 다음 코드를 사용합니다.

```
db.readTransaction(function(tx) {
....
});
```

readTransaction 메서드는 데이터베이스를 잠그지 않기 때문에 여러 트랜잭션을 동시에 실행할 수 있습니다.

위의 코드는 새로운 데이터베이스를 생성할 때 정의한 db 변수를 호출합니다. 그 다음에 transaction 메서드를 호출할 수 있습니다. tx 변수는 executeSql과 같은 트랜잭션을 완료하는 데 필요한 메서드를 담고 있습니다. 다음 코드를 참조하기 바랍니다.

```
db.transaction(function(tx) {
    .executeSql(QUERY, parameters, successResponse, errorResponse);
});
```

위 코드에서는 트랜잭션에 executeSQL 명령이 호출되었습니다. 이 메서드에는 네 가지의 변수를 사용할 수 있습니다.

- **QUERY:** 일반 쿼리문입니다(-SELECT * from wines, INSERT into wines 등).

- **parameters:** 데이터 필터링을 적용하려면 이곳에 사용하면 됩니다. 예를 들어 쿼리문이 SELECT * from wines where wine_abv〉?라면 parameter는 [6]이 됩니다. 이에 관해서는 이 책의 Activity 페이지에서 사용할 select에 대해 다루면서 설명합니다.

- **successResponse:** 이 함수는 SQL문이 성공적으로 실행되었을 때 호출됩니다. 이 함수에는 두 가지 변수를 사용할 수 있는데, 그중 첫 번째 변수는 트랜잭션 이름이며 두 번째 변수는 쿼리에 대한 결과물입니다. 이는 insert, update, delete, create table문에는 적용되지 않습니다.

■ **errorResponse**: 이 함수는 SQL문이 실패하였을 때 호출됩니다. 이 함수도 두 가지 변수를 사용할 수 있고, 첫 번째 변수는 트랜잭션 이름이며 두 번째 변수는 에러 내용입니다.

테이블에 쿼리문을 보내 결과 값을 받아오려면, 다음 함수를 사용합니다.

```
var status_id = 5;
db.transaction(function(tx) {
    tx.executeSql(
    'SELECT * from MyTable WHERE StatusID = ?',
     [status_id],
    function (tx, resultSet) { displayResults(resultSet); },
    function (tx, errorMessage) { displayError(errorMessage); }
    );
});
```

이 코드는 MyTable 내의 statusID가 5 값인 모든 필드를 선택합니다. 해당 명령이 성공적으로 수행되면 displayResults 함수를 호출하여 결과 값을 넘겨줍니다. 트랜잭션은 실시간으로 처리되며, success callback을 묶어 여러 개를 처리하거나 개별적으로 코드해야 합니다. success callback으로 묶어 처리할 경우, 그중 하나의 쿼리문이 실패하면 같이 묶어서 처리했던 모든 쿼리들이 쿼리문을 전송하기 이전의 데이터로 롤백됩니다. 애플리케이션에서 데이터를 INSERT하고 SELECT로 다시 받아와서 처리해야 한다면 이를 묶어서 처리하지 말고 개별적으로 처리할 것을 권장합니다. 왜냐하면 SELECT 쿼리가 실패하면 INSERT한 데이터도 원래대로 되돌아가기 때문입니다.

대부분의 코드가 클라이언트 측에서 생성되기 때문에 Safari 브라우저에서는 이 생성되는 데이터들을 그래픽 형식으로 보여주는 훌륭한 툴을 지원합니다. 이 툴의 사용법은 다음 단계들을 따라하면 됩니다.

1. PC나 Mac의 Safari 브라우저에서 http://html5demos.com/database로 이동합니다. 트윗이 로드되면 그림 6-1의 초록색 하이라이트된 부분처럼 20 new tweets loaded를 볼 수 있습니다.

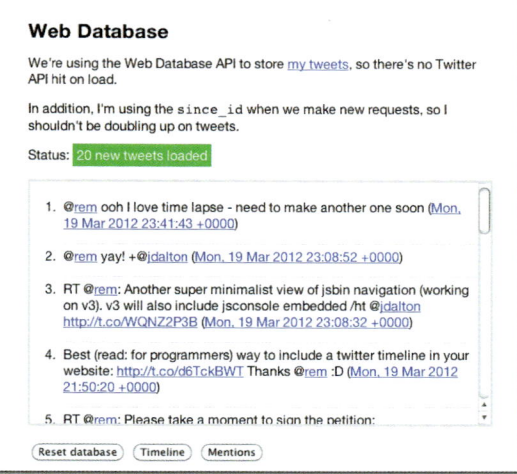

[그림 6-1] HTML5 demos 웹 사이트의 트윗 로드 예제

2. 해당 웹 사이트에 개발자(Developer) 탭이 보이지 않는다면, Safari 기본 설정(Preference)으로 들어 갑니다. 고급(Advanced) 탭의 메뉴에서 '개발 메뉴 표시하기(Show Develop Menu in Menu Bar)' 를 선택합니다.

3. Develop 메뉴의 '에러 콘솔 보이기(Show Error Console)'를 클릭합니다. Mac상에서는 그림 6-2와 같은 화면이 나타날 것입니다.

4. 리소스(Resources)를 클릭하여 데이터베이스(Databases) 페이지를 엽니다. 이곳의 http://html5 demos.com/database 페이지에서 수집된 트윗 데이터에 대한 메타데이터를 볼 수 있습니다.

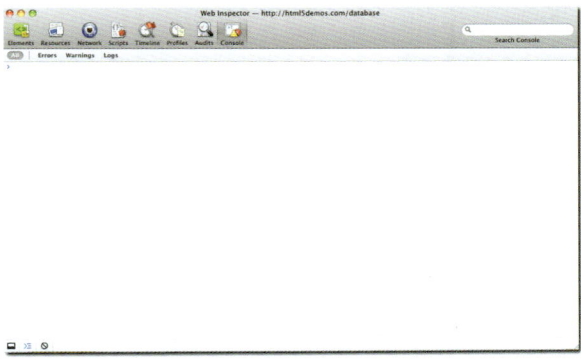

[그림 6-2] Safari Web Inspector 안의 Error Console

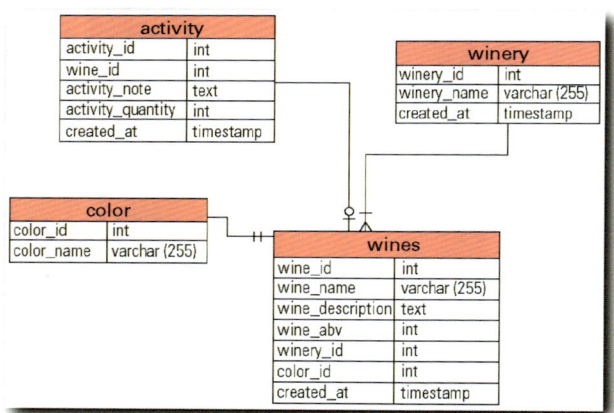

[그림 6-3] 데이터베이스 내용을 보여주는 Web Database Inspector

이 툴은 좋은 기능을 제공하지만, 읽기 전용 툴이기 때문에 데이터베이스를 수정하거나 삭제할 수는 없습니다.

## 테이블 설정하기

이제까지 데이터베이스를 어떻게 만드는지에 대해 배웠으므로 이제 Corks에서 사용할 데이터베이스를 만들 차례입니다. 애플리케이션은 간단하지만 데이터베이스 맵(테이블의 상호 작용)을 구상하는 과정은 매우 중요합니다(그림 6-4).

[그림 6-4] HTML5Demo.com의 tweets HTML5 데이터베이스 스키마

그림 6-4에 사용된 스키마에는 4개의 기본 테이블을 사용하고 있습니다(Wines, Winery, Color, Activities). 이 테이블들은 애플리케이션의 데이터베이스를 구성하며, 쿼리를 통해 관련 데이터를 저장할 수 있도록 합니다. 위 4개의 테이블에 관해 좀 더 알아보고, 이것이 Corks 애플리케이션에서 어떻게 사용되는지 알아봅니다.

## Wines 테이블 생성하기

이 테이블은 Corks 애플리케이션에서 사용할 모든 와인들을 저장합니다. 각 와인들은 표 6-3에 나와 있는 데이터들을 포함하고 있어야 합니다.

**[표 6-3]** Wine 테이블 구조

| 필드명 | 데이터 종류 | 설명 |
| --- | --- | --- |
| wine_id | INTEGER (11) – Auto_Increment | 데이터베이스에 입력하는 각 와인에 부여되는 표준 ID입니다. 각 데이터를 입력할 때마다 자동으로 증가하는 값이기 때문에 따로 ID를 부여해줄 걱정은 하지 않아도 됩니다. 데이터베이스에서 알아서 처리해줍니다. |
| wine_name | VARCHAR (255) | 와인명입니다. 기본으로 255글자 또는 그 이하의 값을 설정할 수 있습니다. 255글자보다 더 길어야 한다면 데이터 종류를 TEXT로 바꾸면 됩니다. 여기서는 데이터 공간을 절약하기 위해 255글자까지만 허용합니다. |
| wine_description | TEXT | 유저들은 각 와인에 대한 부가 정보를 입력할 수 있습니다. 와인에 대한 제품 정보 등이 포함됩니다. 자유로운 형식으로 텍스트 입력이 가능하며, 다른 제한 사항은 없습니다. |
| wine_abv | INTEGER (11) | 이 필드는 각 와인에 대한 알코올 도수를 나타냅니다. 또한 각 와인을 입력할 때 필수로 입력해야 하는 필드입니다. 나중에 와인 저장소 내에서 정렬할 때 사용 가능한 필드입니다. |
| winery_id | INTEGER (11) | 각 와인에 부여되는 와인 제조사에 대한 ID입니다. 각 열에 숫자 값으로 저장되어야 하며, Winery 테이블과 연동할 때 이 값이 사용됩니다. |
| color_id | INTEGER (11) | Color 테이블과 연동할 때 사용되는 숫자로 된 ID 값입니다. 이 필드를 입력할 때 White, Red 같은 색을 직접 입력하지 않고 ID를 사용하는 이유는 ID를 사용하면 좀 더 자세한 색깔 정보를 표시할 수 있기 때문입니다. 이는 color 테이블과 연동되어 자동으로 나타납니다. |
| created_at | Timestamp | 와인이 테이블에 입력된 날짜와 시간에 대한 정보입니다. 테이블에 입력할 때 자동으로 생성되는 값입니다. |

테이블과 데이터 종류에 대한 계획을 세웠으므로, 이제 SQLite를 이용해 테이블을 생성합니다.

```
db.transaction(function (tx) {
    tx.executeSql('CREATE TABLE IF NOT EXIST wines(
        wine_id INTEGER PRIMARY KEY,
        wine_name VARCHAR(255),
        wine_description TEXT,
        wine_abv INTEGER,
        winery_id INTEGER,
        color_id INTEGER,
        created_date TIMESTAMP
        );
    ');
});
```

## Winery 테이블 생성하기

Winery 테이블을 만드는 목적은 각 와인 제조 회사에 관한 모든 정보를 저장하는 데 있습니다. 한 와인 제조 회사가 다양한 제품을 출시한 경우도 있고, 한 가지 제품만 출시한 경우도 있습니다. 여러 와인 제조 회사가 합작하여 한 제품을 출시하는 경우도 있지만, 여기서는 제외하겠습니다. 데이터베이스의 일대일, 다(多)대일 스키마에 대해 이해하는 것이 중요하며, 이를 통해 정보의 흐름을 파악할 수 있습니다.

표 6-4는 Winery 테이블 구조를 나타낸 것입니다.

**[표 6-4] Winery 테이블 구조**

| 필드명 | 데이터 종류 | 설명 |
| --- | --- | --- |
| winery_id | INTEGER (11) – Auto-increment | 데이터베이스에 입력하는 각 와인 제조 회사에 부여되는 ID입니다. 이 ID는 Wines 테이블과 연동되어 해당 와인의 제조 회사가 어디인지 구별하는 데 사용됩니다. |
| winery_name | VARCHAR (255) | 이 필드는 와인 제조 회사명을 문자열 형식으로 저장합니다. Wine 테이블의 wine_name 필드와 비슷합니다. 최대 입력 가능한 글자 수는 255글자입니다. |
| created_at | Timestamp | 와인 제조 회사 정보가 테이블에 입력된 날짜와 시간에 대한 정보입니다. 테이블에 입력할 때 자동으로 생성되는 값입니다. |

다음 코드를 이용해서 Winery 테이블을 생성하면 됩니다.

```
db.transaction(function (tx) {
    tx.executeSql('CREATE TABLE IF NOT EXIST winery(
        winery_id INTEGER PRIMARY KEY,
        winery_name VARCHAR(255),
        created_at TIMESTAMP
        );
    ');
});
```

## Activity 테이블 생성하기

Activity 테이블에는 유저가 와인 저장소에 어떤 와인들을 저장하고 있는지에 대한 모든 정보를 포함합니다. 이 테이블은 Wines 테이블의 Wine ID에 대해서는 종속적이지만, 다른 콘텐츠들은 종속적이지 않습니다. 애플리케이션의 Activity 피드에서 이 테이블에 쿼리문을 전송하여 값을 받아갈 것입니다. 표 6-5는 Activity 테이블 구조를 나타낸 것입니다.

[표 6-5] Activity 테이블 구조

[표 6-5] Activity 테이블 구조

| 필드명 | 데이터 종류 | 설명 |
| --- | --- | --- |
| activity_id | INTEGER (11) — Auto_increment | 각 Activity가 생성될 때 부여되는 고유 ID입니다. |
| wine_id | INTEGER (11) | 이 필드는 Wines 테이블과 연동되어 와인에 대한 정보(와인 색, 와인 설명 등)를 가져옵니다. |
| activity_note | TEXT | 각 와인을 와인 저장소에 저장할 때 이곳에 메모를 남길 수 있습니다. |
| activity_quantity | INTEGER (11) | 해당 와인을 몇 병 가지고 있는지에 대한 정보입니다. 이 필드를 추가하면 유저가 하나의 와인을 여러 차례 입력하지 않아도 됩니다. |
| created_at | Timestamp | 와인 저장소에 와인 정보가 입력된 날짜와 시간에 대한 정보입니다. 테이블에 입력할 때 자동으로 생성되는 값입니다. |

필드명과 데이터 종류에 관한 정의가 끝났으면, 다음 코드를 사용해 테이블을 생성합니다.

```
db.transaction(function (tx) {
    tx.executeSql('CREATE TABLE IF NOT EXIST activity(
        activity_id INTEGER PRIMARY KEY,
        wine_id INTEGER,
        activity_note VARCHAR(255),
        activity_quantity INTEGER,
        created_at TIMESTAMP
        );
    ');
});
```

## Color 테이블 생성

각 와인에 할당한 Color ID에 대한 색 이름을 저장하고 있는 테이블입니다. 각 와인에는 하나의 색 정보만 할당할 수 있습니다. 그러므로 이 테이블과 Wines 테이블은 일대일 관계입니다. 표 6-6은 Color 테이블 구조를 나타낸 것입니다.

[표 6-6] Color 테이블 구조

| 필드명 | 데이터 종류 | 설명 |
| --- | --- | --- |
| color_id | INTEGER (11) — Auto_increment | 각 색깔에 부여되는 숫자로 된 ID입니다. 이 필드는 Wines 테이블과 연동되어 있습니다. |
| color_name | VARCHAR(255) | 각 color ID에 사용될 색 이름입니다. |

다음은 Color 테이블을 생성하는 코드입니다. 이제 Color 테이블에 White, Red 등과 같은 몇몇 기본 값들을 입력해봅시다.

```
db.transaction(function (tx) {
    tx.executeSql('CREATE TABLE IF NOT EXIST color(
        color_id INTEGER PRIMARY KEY,
        color_name VARCHAR(255)
        );
    ');
    tx.executeSql('INSERT INTO color (color_name) VALUES("Red")');
    tx.executeSql('INSERT INTO color (color_name) VALUES("White")');
    tx.executeSql('INSERT INTO color (color_name) VALUES("Other")');
});
```

이 스크립트를 사용할 때 데이터베이스에 있는 데이터를 덮어쓰지 않는 것이 중요합니다. 값이 중복되는 것을 방지하기 위해 'White', 'Red'라는 값이 이미 존재하는지 확인해야 합니다. 이는 여러 가지 방법을 통해 확인할 수 있습니다.

localStorage상에 YES 또는 NO 값을 입력하여 값이 이미 입력되었는지 확인합니다.

```
if (localStorage.getItem("is_inserted") == "NO")
{
    //이곳에 입력할 값들을 추가하면 됩니다.
}
```

이 방법 외에 Web SQL을 사용하여 해당 색이 데이터베이스에 추가되었는지 확인한 후에 값이 없다면 추가합니다.

```
db.transaction(function (tx) {
    tx.executeSql("SELECT * from color where color_name = 'Red',
    function (tx, res) {
        if (res.rows.length == 0)
        {
            //'Red'라는 색이 존재하지 않을 때 이를 추가하는 부분입니다.
        }
    },
    null
    ");
});
```

## 요약

이 장에서는 각 데이터베이스 종류에 따른 차이점에 대한 내용과 각 데이터베이스가 지원하는 브라우저가 어떤 것인지에 대해 알아보았습니다. 이 밖에도 다음에 관련된 내용을 알아보았습니다.

- Web SQL 구문 사용법
- 데이터베이스 이름, 설정 생성 및 수정
- read, write 트랜젝션 구현
- 데이터베이스 스키마

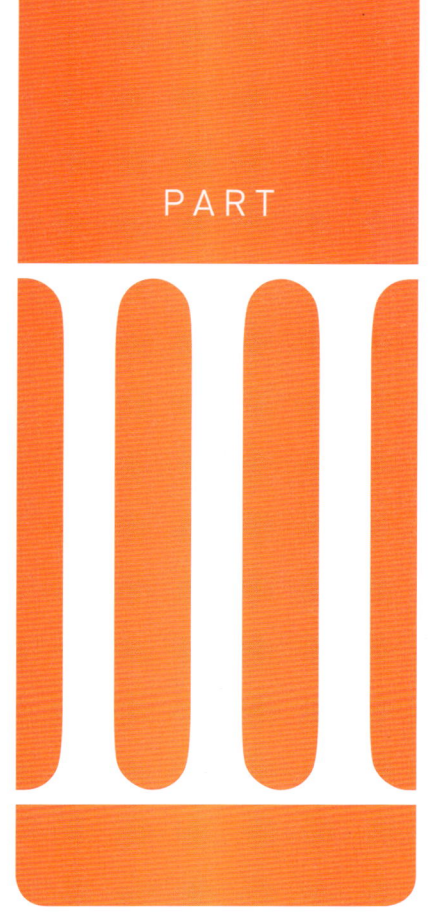

PART

# 개발

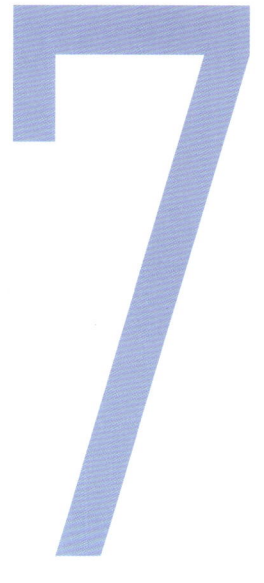

# Web SQL과의
# 상호 작용

모바일 애플리케이션을 개발할 때에는 Device의 네트워크 대역폭이 제한되어 있다는 사실을 명심해야 합니다. 데이터를 Caching하거나 로컬 데이터베이스를 활용하면 애플리케이션 속도가 증가할 수 있습니다. 이 장에서는 샘플 애플리케이션을 통해 로컬 저장소와 Web SQL을 어떻게 사용하는지어 대해 설명할 것입니다. 위의 두 기능은 브라우저 내에 내장되기 때문에 인터넷이 연결되지 않은 상태에서도 작동합니다. 이를 통해 유저가 애플리케이션이 로드되는 것을 기다리지 않아도 되기 때문에 빠르게 이용할 수 있습니다.

이 장에서는 쿼리문을 작성하여 Activity 피드에서 데이터를 가져오는 방법과 로컬 저장소 옵션을 설정하는 방법을 배울 것입니다. 추가로 Manage Wines 섹션을 설정하고 데이터베이스에 새로운 와인을 추가하는 스크립트를 작성할 것입니다.

이 장을 마친 후에는 다음과 같은 일을 할 수 있습니다.

- 기초 데이터베이스와 고정 테이블 구축
- Manage Wines 페이지 구축

## 구축해야 할 요소들

앞 단원에서는 4개의 테이블(Color, Activity, Winery, Wines)로 구성되는 데이터베이스 구조를 정의했습니다. 가장 먼저 해야 할 일은 스크립트를 실행하여 데이터베이스를 생성하는 것입니다. 이 작업이 끝나면 activity나 wine 등의 요소를 추가할 수 있습니다.

### 데이터베이스와 테이블 생성

코드를 작성하여 Corks 애플리케이션에서 사용할 데이터베이스를 생성해볼 것입니다. 다음 단계별로 기본 데이터베이스를 생성합니다.

1. 텍스트 에디터를 실행하여 index.html 파일을 불러옵니다.

2. ⟨/body⟩ 태그 바로 전에 다음 코드를 추가합니다.

```
<script type="text/JavaScript" language="JavaScript">
    var db;
    $(document).ready(function() {

    });
</script>
```

위의 코드는 문서가 완전히 로드되었을 때 { } 안에 있는 코드를 실행하게 합니다. db는 데이터베이스를 연결하고 트랜잭션을 활용하기 위한 변수입니다.

3. 이제 { } 안에 데이터베이스를 생성하는 코드를 추가합니다.

```
var db;
$(document).ready(function() {
    db = openDatabase('myCorks', '1.0', 'My Corks Database', 2 *
1024 * 1024);
});
```

'myCorks'라는 이름으로 데이터베이스가 생성되었습니다. index 파일을 저장한 후 Web Inspector 로 이 파일을 불러오면 그림 7-1과 비슷한 화면을 볼 수 있습니다.

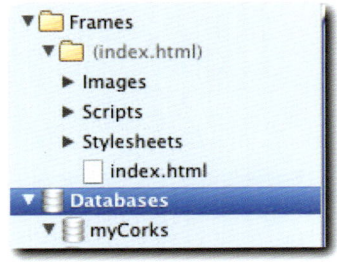

[그림 7-1] Web Inspector의 Database

이제 테이블을 만들 차례입니다.

1. db 변수의 트랜젝션 메서드를 불러와 executesql 명령을 실행합니다.

```
db.transaction(function (tx) {
    tx.executeSql("CREATE TABLE
IF NOT EXISTS wines (wine_id INTEGER PRIMARY KEY AUTOINCREMENT, wine_
name,
wine_description, wine_abv, winery_id, color_id, created_at)", null,
sR, fR);
    tx.executeSql("CREATE TABLE
IF NOT EXISTS winery (winery_id INTEGER PRIMARY KEY AUTOINCREMENT,
winery_name,
created_at)", null, sR, fR);
    tx.executeSql("CREATE TABLE
IF NOT EXISTS color (color_id PRIMARY KEY AUTOINCREMENT, color_name,
created_at)",
null, sR, fR);
    tx.executeSql("CREATE TABLE
IF NOT EXISTS activity (activity_id PRIMARY KEY AUTOINCREMENT, wine_id,
activity_note, activity_quantity, created_at)", null, sR, fR);
});
```

위에서는 sR, fR callback을 이용하여 테이블 생성 시에 발생하는 오류를 잡아낼 수 있습니다. 이 2개의 함수는 문서가 로드되었을 때 호출되는 document.ready( ) 함수의 외부에서 정의할 수 있습니다.

```
function sR(a,b) {
    //쿼리문이 성공적으로 실행되었습니다.
}

    function fR(a,b) {
    //쿼리문이 성공적으로 실행되지 않았습니다. 유저에게 이를 알립니다.
    alert(b.message);
}
```

위의 예제에서 쿼리문이 성공적으로 실행되면 스크립트는 아무 작업도 하지 않지만, 테이블 생성에 실패하면 오류(b.message 변수 안에 오류 내용이 저장되어 있음)를 출력합니다.
데이터베이스를 생성하고 테스트해보면 그림 7-2와 같이 Web Inspector 안에 여러 데이터베이스들이 생긴 것을 알 수 있습니다.

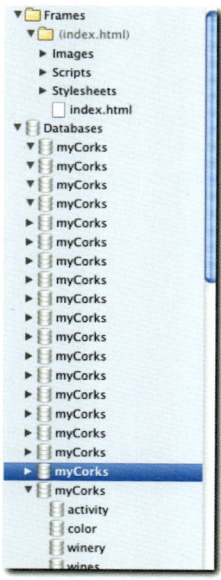

[그림 7-2] Web Inspector 내의 여러 가지 데이터베이스

이는 정상적인 것이며, 페이지를 실행할 때마다 새로운 버전이 생성되기 때문입니다. 하지만 데이터 베이스 테이블이 존재하는 경우라면 이 테이블의 내용이 덮어씌워질 것입니다. 이 데이터베이스들을 삭제하는 것은 브라우저의 웹 캐시와 웹 데이터를 삭제하는 것을 의미합니다.

*이를 삭제하면 모든 활성화된 테이블 정보가 없어지므로 주의하기 바랍니다.*

2. index.html 파일을 저장한 후 브라우저에서 불러옵니다. Web Inspector에서 마지막으로 생성된 데이터베이스를 열어봅니다. 그림 7-3처럼 되어 있을 것입니다.

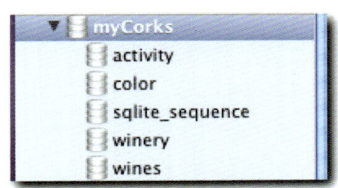

[그림 7-3] Web Inspector 내의 myCorks 데이터베이스

## Color 테이블에 값 추가하기

Add a Wine 페이지에서 와인 색을 고를 때 드롭다운 메뉴를 사용하려면 색에 대한 정보를 미리 추가해야 합니다.

다음 단계를 수행합니다.

1. 테이블을 생성한 후에 트랜젝션을 하나 생성하여 color 테이블에 값이 입력되어 있는지 확인합니다. CREATE TABLE 트랜젝션 바로 아래에 다음과 같은 코드를 추가하면 됩니다.

```
db.transaction(function (tx) {
    tx.executeSql("SELECT * from color where color_name = ?", ['Red'],
        function(tx, res) {
            if (res.rows.length == 0) {
                var start = new Date().getTime();
```

```
            tx.executeSql("INSERT INTO color (color_name, created_at)
VALUES('White',?)", [start], null, fR);
            tx.executeSql("INSERT INTO color (color_name, created_at)
VALUES('Red',?)", [start], null, fR);
              tx.executeSql("INSERT INTO color (color_name, created_at)
VALUES('Other',?)", [start], null, fR);
            }
    else
      {
//테이블 안에 이미 값이 존재하는 경우 아무것도 추가하지 않습니다.
}
    },
    fR);
});
```

이 스크립트는 color 테이블에 쿼리문을 전송하여 데이터베이스에 값이 존재하는지 확인합니다. 데이터베이스에 아무 값도 추가되어 있지 않다면(res.rows.length 변수가 0일 때) 데이터베이스에 새로운 값을 추가합니다. 이때 start 변수는 값을 추가할 때의 시각에 대한 정보를 담고 있습니다. 반대로, 테이블에 이미 값이 추가되어 있다면 아무 작업도 하지 않습니다.

2. 이제 파일을 저장하고 브라우저를 새로 고침합니다. Web Inspector에서 myCorks 데이터베이스 섹션에 color 테이블을 클릭하면 그림 7-4와 같이 표시될 것입니다.

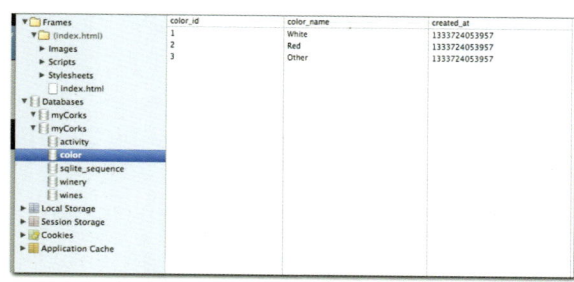

[그림 7-4] color 테이블 내에 추가된 값들(White, Red, Other)

color_id 필드가 AUTOINCREMENT로 설정되었기 때문에 값을 추가할 때마다 자동적으로 증가합니다.

AUTOINCREMENT는 Web SQL에서 뿐만 아니라 모든 데이터베이스 시스템에서 중요하게 사용되는 기능입니다. 이 기능은 순차적으로 빠르게 고유 ID(number)를 부여해줍니다. 많은 블로그 콘텐츠 관리 시스템에서 이 기능을 사용하여 블로그 게시물이 등록될 때마다 고유 ID 번호를 생성합니다. 대부분의 데이터베이스 시스템에서는 PRIMARY KEY가 설정되어 있어야만 AUTOINCREMENT를 설정할 수 있습니다.

## Manage Wine 페이지 구축하기

Manage Wine 페이지에는 유저들이 데이터베이스에 와인을 추가할 수 있도록 form 필드가 포함될 것입니다. 와인 저장소에 이를 추가할 것인지에 대한 옵션 사항도 제공합니다. 이번에는 양식 요소(form 요소)를 어떻게 구축하는지에 대해 배울 것입니다.

1. Manage 탭 아래의 콘텐츠 부분에 모든 기기에서 사용할 수 있는 form 요소를 추가해봅시다.

```
<h2>Add A Wine</h2>
        <form id="manage-form" data-ajax="false" onsubmit=
"handleForm();return false;">

    </form>
```

간단한 〈h2〉 태그를 사용한 후에 form 요소를 추가하였습니다. 이 form 요소에 몇 가지 속성을 추가하였습니다. jQuery Mobile에서는 모든 form 양식이 자동으로 Ajax를 이용하도록 되어 있습니다. 하지만 이 책에서는 이를 사용하지 않고 사용자 정의 form을 구현해보겠습니다. 이를 위해서는 data-ajax 속성을 false로 설정해야 합니다. jQuery Mobile에서는 기본으로 true 값을 설정해 놓기 때문입니다.

마지막으로 데이터베이스에 form 요소의 정보를 전달하는 'onSubmit'이라는 요소를 나중에 추가할 것입니다. handleForm을 호출하는 함수 뒤에는 form 정보를 server에 전달하지 않도록 return false를 추가합니다. 보통 웹 사이트에서는 아이디와 비밀번호 입력한 후에 Enter 를 누르면 해당 페이지가 새로 고침됩니다. 이러한 현상이 생기는 것을 방지하기 위해 onSubmit이 호출되었을 때 브라우저에서 이를 막도록 하였습니다.

이 방법 외에도 jQuery로 해당 form의 submit 메서드를 방해하여 onSubmit을 제어하는 방법도 있습니다. 다음 코드를 $(document).ready( ) 부분에 추가하면 해당 기능이 구현됩니다.

```
$("#manage-form").submit(function() {
    ...
    return false;
});
```

2. 다음으로 Wine Name(와인명), Winery Name(와인 제조 회사명)과 같은 기본 폼을 추가하겠습니다.
jQuery Mobile을 이용하면 필드를 쉽게 추가할 수 있습니다.

```
<label for="wine_name">Wine Name:</label>
<input type="text" name="wine_name" id="wine_name" data-mini=
"true" />

<label for="winery_name">Winery Name:</label>
<input type="text" name="winery_name" id="winery_name" data-mini=
"true" />
```

data-mini 속성은 화면 방향 전환에 상관없이 필드 길이를 화면 가로 길이만큼 넓혀줍니다. 여기까지
했다면 그림 7-5와 같은 페이지를 볼 수 있을 것입니다.

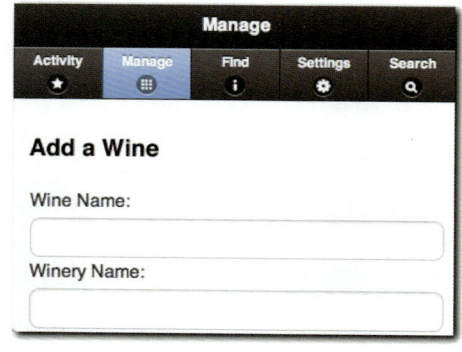

[그림 7-5] Add a Wine 페이지

**3.** 이제 앞에서 생성했던 색들을 추가해봅시다. 앞 장에서 데이터베이스에 입력한 색 값들을 드롭다운 메뉴를 통해 고를 수 있게 할 것입니다. 먼저 드롭다운 메뉴 코드를 추가합니다.

```html
<label for="color_id" class="select">Color:</label>
<select name="wine_color" id="color_id" data-mini="true"></select>
```

아직은 드롭다운 메뉴 내부에 어떤 값도 설정하지 않았습니다. 이 페이지를 브라우저에서 보면, 그림 7-6과 같이 나타납니다.

[그림 7-6] Color 드롭다운 메뉴가 추가된 Add a Wine 페이지

**4.** 이제 드롭다운 메뉴 안에 데이터베이스에 추가했던 모든 색 값을 불러와 추가합니다. 이를 위해서는 'get_color'라는 함수를 새로 생성해야 합니다.

```javascript
function get_color() {
    db.transaction(function (tx) {
    tx.executeSql("SELECT * from color order by color_name", null,
            function (tx, res) {
                    if (res.rows.length == 0) {
//color 값이 없을 경우인데, 이 경우는 발생할 수 없습니다. 앞에서 색을 이미 데이터베이스에 추가했기 때문입니다.
```

```
                                  }
                                  else
                                  {
          var len = res.rows.length;
                                      var code = "";
          for (var i = 0; i <  len; i++) {
                                          code = code + '<option
          value="'+res.rows.item(i).color_id+'">'+res.rows.item(i).color_
          name+'</option>';
                                  }
                                  $("#color_id").html(code);
                                  }
                                  },
                                   fR);
                     });
          }
```

이 코드는 보기에는 매우 복잡해 보이지만, 코드를 잘 살펴보면 이해하기 쉬울 것입니다. 이 함수는 데이터베이스에 쿼리문을 전송하여 color 테이블에 있는 모든 열들을 color_name 내림차순으로 가져옵니다. 해당 값들을 가져온 후에는 코드에서 총 몇 개의 열들이 있는지 res.rows.length 속성을 이용해 확인합니다. 이 값이 0이라면, 해당 color 테이블에 아무 값도 추가되지 않았을 경우입니다.

5. color 테이블에 값들이 존재하는 경우, 받아온 값들을 loop를 통해 드롭다운 메뉴에 〈option value=""〉text〈/option〉 형식으로 추가합니다. 여기서 text 부분은 색 이름(color_name)이 들어갈 것이고, value 부분에는 color_id가 들어갈 것입니다. 다음과 같은 코드를 사용합니다.

```
code = code + '<option
value="'+res.rows.item(i).color_id+'">'+res.rows.item(i).color_
name+'</option>';
```

**6.** 위의 코드는 매번 새로운 값으로 드롭다운 메뉴에 추가할 option을 생성합니다. loop 마지막 부분에는 생성된 모든 option들을 드롭다운 메뉴에 추가합니다. 다음 코드를 이용해 HTML 내부의 'color_id'라는 드롭다운 메뉴에 추가합니다.

```
$("#color_id").html(code);
```

**7.** 이 함수가 제대로 호출되도록 하려면 color 테이블에 값을 추가한 직후나 else 요소 안에 다음과 같이 추가해야 합니다.

```
db.transaction(function (tx) {
    tx.executeSql("SELECT * from color where color_name = ?", ['Red'],
        function(tx, res) {
            if (res.rows.length == 0) {
                //이곳에 color 값을 추가해주는 코드를 추가합니다.
            }
            else
            {
                get_color();
            }
        },
        fR);
});
```

이제 Manage 탭을 새로 고침한 후 드롭다운 메뉴를 클릭해보면 그림 7-7과 같이 표시될 것입니다.

[그림 7-7] 새로운 드롭다운 메뉴를 통해 와인 색을 고를 수 있습니다

## 와인 설명(Wine Description)과 와인 저장소(Cellar) 옵션

이제 이 페이지에 필요한 와인 설명, 와인 저장소에 추가하기 등의 다른 필드를 추가합니다. 다음 단계를 따라하면 됩니다.

1. 와인 설명을 작성할 textarea를 추가합니다. 다음 코드만 추가하면 됩니다.

```
<label for="wine_description">Wine Description:</label>
<textarea name="wine_description" id="wine_description"></textarea>
```

2. 와인을 추가할 때 해당 와인을 와인 저장소에도 추가할 것인지의 여부를 체크할 수 있는 옵션을 추가합니다. 여기서는 와인을 데이터베이스에 추가하는 것과 와인 저장소에 추가할 수 있게 해주는 wine, 'activity'라는 2개의 테이블이 존재한다는 것을 기억해야 합니다.

   유저가 해당 와인을 와인 저장소에도 추가할 것인지를 확인하기 위하여 체크 박스를 추가한 후, onChange 이벤트를 이용해 다른 옵션 사항을 기록할 수 있는 div를 보이거나 감출 수 있도록 구현합니다. 먼저 체크 박스와 숨겨진 div를 생성합니다.

```
<label for="is_add">이 와인을 와인 저장소에도 추가하시겠습니까?</label>
<input type="checkbox" name="is_add" onchange="toggleBox(this);"
id="is_add" class="custom" />

<div id="cellar-ques" style="display: none;">
<label for="cellar_qty">수량:</label>
<input type="text" name="cellar_qty" id="cellar_qty" value="" />
<label for="cellar_description">부가 설명:</label>
<textarea name="cellar_description" id="cellar_description">
 </textarea>
</div>
```

이 코드는 간단한 체크 박스를 생성하는데, 이 박스는 onChange 속성이 부여되어 toggleBox 함수를 호출하고 'this'라는 개체를 반환합니다. this 변수는 유저가 현재 선택하고 있는 요소(현재는 체크 박스)를 의미합니다. 그 아래에 있는 숨겨진 div(display: none으로 설정됨)는 유저가 체크 박스에 체크 표시를 하면 나타나고, 해제하면 숨겨집니다. 앞의 모든 단계를 차례대로 실행했다면 그림 7-8과 같은 페이지가 나타날 것입니다.

[그림 7-8] 와인 설명과 와인 저장소 선택 옵션이 있는 Add Wine 페이지

**3.** 이제 그 숨겨진 div를 보이게 하거나 다시 숨기도록 하는 함수를 만들어야 합니다. 다음 코드를 사용하면 됩니다.

```
function toggleBox(a) {

if ($(a).is(':checked'))
{
    $("#cellar-ques").show();
    $("#cellar-ques input").addClass("required");
}
else
{
    $("#cellar-ques").hide();
    $("#cellar-ques input").removeClass("required");
}
}
```

이 간단한 함수에서 변수 a(체크 박스)로 jQuery 명령을 실행하여 해당 체크 박스에 체크 표시가 되어 있는지 확인합니다. 체크 표시가 되어 있다면 스크립트는 show( ) 함수를 사용하여 숨겨진 div를 나타나게 합니다. 반대로 체크 표시가 해제되어 있다면 해당 div는 다시 사라집니다. 또한 required class를 추가하여 해당 값을 입력하였는지 체크 표시를 합니다. 이 required class는 뒷부분에서 다룹니다. 그림 7-9, 그림 7-10에서 위 코드의 기능에 대해 알아볼 수 있습니다.

[그림 7-9] 체크 박스에 체크 표시가 되어 있으면 와인 저장소 옵션이 나타납니다

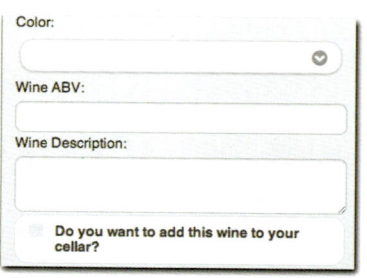

[그림 7-10] 체크 박스의 체크 표시가 해제되어 있으면 추가 옵션 필드가 사라집니다

4. 페이지에 제출(Submit) 버튼을 추가하여 유저가 와인을 추가할 수 있도록 합니다. jQuery Mobile에서는 버튼을 생성하기가 쉽습니다. 폼을 전송하게 만드는 버튼을 만들려면 다음 코드를 사용하면 됩니다.

```
<button onclick="addWine 함수">Add Wine</button>
```

또는

```
<input type="submit" value="Add Wine" />
```

둘 중 하나만 추가하면 되며, 이 버튼이 form 요소의 onSubmit 함수를 호출할 것입니다.
여기까지 추가하면 그림 7-11과 같은 페이지를 볼 수 있습니다.

[그림 7-11] 최종 완성된 Add Wine 페이지

## 확인 작업

이제 Manage Wine 페이지를 생성하였으므로 와인 정보를 데이터베이스와 와인 저장소에 추가하는 스크립트를 만듭니다.

1. 먼저 form을 제출할 때 내용을 확인할 'handleForm'이라는 함수를 생성합니다. 이 함수를 두 부분으로 나누어봅시다. 하나는 데이터를 수집하는 부분과 다른 하나는 데이터의 구문을 분석하여 데이터베이스에 추가할 수 있게 만드는 부분입니다.

   Form 안에 입력된 데이터가 정확한지 확인하고, 필수 입력 필드에 값이 모두 입력되었는지 확인합니다. 이 작업을 하기 위해서는 모든 입력 필드 속성에 맞게 값이 입력되었는지 확인하는 코드를 만들어야 합니다. 필수 입력 필드를 구분하기 위해서는 'required'라는 새로운 클래스를 적용해야 합니다.

```
<label for="color_id" class="select">Color:</label>
<select class="required" name="wine_color" id="color_id" data-mini=
"true">
    </select>
```

숨겨진 div 부분에 있는 입력 필드에는 required를 추가하지 않아도 됩니다. 왜냐하면 toggleBox 함수에서 자동으로 이를 추가하기 때문입니다. 이제 form의 바깥부분에 새로운 div를 만들어 form 처리 중에 오류가 발생할 경우 그 오류 내용을 알려주는 역할을 하는 요소를 추가합니다. 또한 form 처리가 성공할 경우 이를 알려주는 역할을 하는 div도 추가합니다.

```
<h2>Add A Wine</h2>
<div class="success" id="success-msg" style="display: none;">
와인이 생성되었습니다!
</div>
<div class="error" id="error-msg" style="display: none;">
입력 양식 내용에 오류가 있습니다. 입력한 정보를 확인해보세요.
</div>
<form id="manage-form" data-ajax="false" onsubmit="handleForm();
return false;">
...
</form>
```

**2.** required class를 필수 입력 필드에 추가한 후에 이를 체크하는 함수를 생성합니다.

```
function handleForm() {
var is_error = false;
    $("#error-msg").hide();
    $("#manage-form input").each(function() {
        $(this).prev().removeClass("error");
    });
    $(".required").each(function() {
    if($(this).val() == "")
            {
                $(this).prev().addClass("error");
                is_error = true;
            }
    });
    if (is_error) {
      $("#error-msg").show();
    }
    else {
        ...
  }
  }
```

이 함수는 'is_error'라는 변수를 새로 생성하며, 이는 form 확인 중에 오류가 있는지를 감지합니다. 그런 다음, required class가 적용된 입력 필드들을 loop를 이용해 모두 확인합니다.
마지막으로 loop를 이용하여 각 필수 입력 필드를 확인하면서 error class가 제거되었는지 확인합니다. 이 작업은 form 요소를 Submit 하기 전에 반드시 수행해야 합니다.

**3.** 위와 동일한 loop를 이용하여 이번에는 각 필드에 값이 비어 있는지 확인합니다. 만약 값이 비어 있다면 is_error 변수를 true 값으로 바꾼 후에 값이 비어 있는 해당 필드에 error class를 추가합니다. 이때 CSS 효과를 적용하려면 HTML 위쪽 스타일 시트 부분에 다음 코드를 추가하면 됩니다.

```
<style type="text/css" media="screen">
label.error {
color:#FF0000;
    font-weight:bold;
}
</style>
```

파일을 저장한 후 Manage 탭을 새로 고침하고 Add Wine 버튼을 누르면 그림 7-12와 같은 화면을 볼
수 있을 것입니다.

[그림 7-12] Wine Name, Winery Name, Wine ABV 필드에
값이 입력되지 않아서 해당 필드에 에러 표시가 되어 있는 화면
입니다

위 그림처럼 나온다면 스크립트가 올바르게 작동한 것입니다. 이제 폼을 전송하기 전에 에러 메시지
를 추적하여 입력되지 않은 필드를 채워 넣으면 됩니다.

**4.** 이제 데이터베이스에 값을 입력하기 위해 데이터를 수집해야 합니다. handleForm 함수 안의 is_error 확인 부분 중 else 부분 뒤에 다음처럼 코드를 추가하면 됩니다.

```
if (is_error) {

    $("#error-msg").show();
}
else {
    var wine_name = $("#wine_name").val();
    var winery_name = $("#winery_name").val();
    var color_id = $("#color_id").val();
    var wine_abv = $("#wine_abv").val();
    var wine_description = $("#wine_description").val();

    var qty = $("#cellar_qty").val();
    var note = $("#cellar_description").val();
addWineActivity(wine_name, winery_name, wine_abv, color_id,
$("#is_add").is(':checked'), wine_description, qty, note);
}
return false;
```

## 데이터베이스에 입력하기

HTML 폼을 전송한 후에 페이지가 새로 고침되는 것을 방지하기 위해 return false를 사용합니다. 위 코드는 각 입력 필드의 값을 가져와서 이를 새로운 변수에 각각 저장합니다. 또한 addWineActivity 함수를 호출하는데, 이 함수는 이 장의 뒷부분에서 다루겠습니다.

이제 필요한 정보가 모두 준비되었으므로 데이터베이스에 정보를 입력하는 코드를 만들면 됩니다. 와인 제조 회사에 관한 정보는 다른 테이블에 저장하므로 유저가 와인 제조 회사를 입력했는지만 확인하고, 그 회사의 winery_id를 가져오면 됩니다.

**1.** 먼저 데이터베이스에 값을 입력할 때 사용하는 insertID의 속성과 사용 방법에 대해 이해해야 합니다.

```
        db.transaction(function (tx) {
            tx.executeSql("INSERT INTO test_table (test_var)
values(?)",['test'],
                function(tx,res) {
                    //AUTO-INCREMENT 필드를 사용 중이라면 res.insertId를 사용하여 지금 추
가하고 있는 값의 ID를 알 수 있습니다.
                    var new_id = res.insertId;
                },
                fR);
        });
```

이 메서드는 마지막으로 추가한 값의 고유 ID를 알 수 있도록 해줍니다. 이는 MySQL, Oracle과 같은 다른 데이터베이스 언어에서도 지원하는 기능입니다.

2. 데이터베이스에 추가된 ID를 구하는 방법을 알았으므로 addWineActivity 함수를 구축합니다. 이 함수는 체크 박스를 포함한, 앞에서 정의한 변수들을 모두 사용합니다. 다음과 같은 코드가 있으며, 이 코드는 〈script〉 태그 안의 $(document).ready 함수 바깥부분에 추가해야 합니다.

```
function addWineActivity(wine_name, winery_name, wine_abv, color_id,
is_act, wine_description, qty, note) {
    db.transaction(function (tx) {

        tx.executeSql("SELECT winery_id from winery where winery_
name = ?",
[winery_name],
        function(tx, res) {
            if (res.rows.length == 0) {
                var start = new Date().getTime();
                tx.executeSql("INSERT INTO winery (winery_name,
created_at) VALUES(?,?)", [winery_name, start],
                function(trx, response) {
```

```
                        var a = response.insertId;
                        addWine(wine_name, a, wine_abv, color_id,
    wine_description, is_act, qty, note);
                        }
                        , fR);
                }
                else
                {
                    var a = res.rows.item(0).winery_id;
                    addWine(wine_name, a, wine_abv, color_id, wine_
    description, is_act, qty, note);
                    }
                },
                fR);
        });
    }
```

이 스크립트는 제일 먼저 winery_name이 데이터베이스에 존재하는지 확인합니다. 중복된 항목이 생기면 안 되기 때문에 먼저 해당 이름을 검색합니다.

3. 이제 addWine, addActivity 함수를 추가해야 합니다. 먼저 addWine 함수 코드입니다.

```
function addWine(wine_name, winery_id, wine_abv, color_id, wine_
description, is_act, qty, note) {
    db.transaction(function (tx) {
        var start = new Date().getTime();
        tx.executeSql("INSERT INTO wines (wine_name, wine_
description, wine_abv, winery_id, color_id, created_at)
values(?,?,?,?,?)", [wine_name, wine_description, wine_abv, winery_
id, color_id, start],
        function(tx, res) {
```

```
            var a = res.insertId;
            if (is_act) {
                addActivity(a, qty, note);
            }

            $("#success-msg").show();
            $("#manage-form input").val('');
            $("#manage-form textarea").val('');
        },
        fR);
    });
}
```

이 코드는 지금까지 DB 입력할 때 작성해 왔던 코드들과 비슷합니다. 이제 각 부분들이 어떤 기능을 하는지 알아보겠습니다.

1. 이전에 생성했던 데이터베이스 트랜잭션을 불러옵니다.

2. addWine 함수를 호출할 때 모든 변수들의 값을 넘겨주기 때문에 바로 INSERT 명령을 실행하면 됩니다. addWine 함수에서 데이터베이스에 해당 정보를 추가하는 시간 값을 넘겨받지는 않지만, 해당 함수 내에서 JavaScript timestamp를 이용하여 start 변수를 만들고 이를 쿼리문에 추가합니다.

3. 쿼리문이 성공적으로 실행되면 마지막으로 추가한 정보의 ID를 받아옵니다. 이는 res.insertId 값을 통해 받아올 수 있습니다. 이 값은 유저가 와인을 와인 저장소에 추가한다고 체크 표시를 했을 경우에 사용됩니다.

4. 유저가 와인을 와인 저장소에 추가한다고 체크 표시를 했다면 is_act 변수는 true 값을 가지게 되며, addActivity 함수를 호출하여 새로 추가한 와인을 activity 테이블에도 추가합니다.

여기까지가 addWine 함수의 전부이지만, 위의 기능을 실행하려면 addActivity 함수도 추가해야 합니다. 다음 코드를 addWine 함수 아랫부분에 추가하면 됩니다.

```
function addActivity(wine_id, activity_qty, activity_note) {
    db.transaction(function (tx) {
        var start = new Date().getTime();
        tx.executeSql("INSERT INTO activity (wine_id, activity_quantity,
activity_note, created_at) values (?,?,?)", [wine_id, activity_qty,
 activity_note,
   start],
            null,
            fR);
    });
}
```

이 코드는 addWine 함수와 비슷하지만 데이터를 activity 테이블에 추가하며, 추가에 성공하더라도 아무 결과도 반환하지 않습니다. addWine 함수에서는 addActivity 함수가 성공적으로 실행했다고 간주하고 다른 작업을 합니다.

두 함수는 데이터 값이 함수로 전달된 후에 각 해당 테이블에 추가되는 비슷한 구조를 가지고 있습니다. addWine 함수의 핵심은 is_act 변수가 true인지 확인하는 것입니다. 이를 통해 addWine으로 추가된 와인이 activity 테이블에도 추가될 것인지 아닌지를 판단합니다.

와인이 추가된 후에는 성공 메시지를 포함한 div를 보여주고 입력 필드의 값을 초기화합니다.

지금까지 와인 및 와인 제조 회사를 테이블에 추가하는 것에 대해 배웠습니다. 이제 모두 종합하여 Add Wine 페이지를 마무리할 차례입니다. handleForm 함수 전체가 다음과 같이 추가되어 있어야 합니다. 다음과 다르다면 해당 함수를 수정하여 다음과 같이 작성하면 됩니다. $(document).ready( ) 함수 바깥부분에 추가해야 합니다.

```
function handleForm() {

    var is_error = false;

    $("#error-msg").hide();

    $("#manage-form input").each(function() {

        $(this).prev().removeClass("error");

    });

    $(".required").each(function() {

        if ($(this).val() == "")
        {
            $(this).prev().addClass("error");
            is_error = true;
        }
    });

    if (is_error) {
            $("#error-msg").show();

            return false;
    }
    else {
            var wine_name = $("#wine_name").val();
            var winery_name = $("#winery_name").val();
            var color_id = $("#color_id").val();
            var wine_abv = $("#wine_abv").val();
            var wine_description = $("#wine_description").val();
```

```
            var qty = $("#cellar_qty").val();
            var note = $("#cellar_description").val();
        addWineActivity(wine_name, winery_name, wine_abv, color_id,
$("#is_add").is(':checked'), wine_description, qty, note);
return false;
}
}
```

모든 내용을 제대로 입력하였다면 그림 7-13에서처럼 와인 추가 시 성공했음을 알려주는 메시지를 볼 수 있습니다.

[그림 7-13] 와인이 추가되었을 때의 화면

추가로 브라우저에서 데이터베이스 내용을 보고, wine과 winery 값이 추가되었는지 확인할 수 있습니다 (그림 7-14, 그림 7-15).

| winery_id | winery_name | created_at |
|---|---|---|
| 1 | Test Winery | 1333769669607 |

[그림 7-14] 데이터베이스상의 winery 정보

| wine_id | wine_name | wine_description | wine_abv | winery_id | color_id | created_at |
|---|---|---|---|---|---|---|
| 1 | Test Wine | This is a test description. | 10.2 | 1 | 2 | 1333769... |

[그림 7-15] 데이터베이스에 와인이 추가되었습니다

## 요약

이 장에서는 주요 쿼리문의 생성과 Manage 페이지를 설정하는 법에 대해 알아보았습니다. 이 밖에도 다음에 관련된 내용을 알아보았습니다.

- Corks에서 사용할 기본 데이터베이스 생성 및 Web SQL을 이용한 와인 색 샘플 추가
- Corks 안의 Manage 페이지 구축(Web SQL 쿼리를 이용한 와인, 와인 제조 회사 추가하는 기능 포함)
- 와인 저장소 activity에 새로운 와인을 추가하는 쿼리문 작성

CHAPTER

8

# Geolocation과 AJAX

모바일 장치에서 HTML5를 사용할 때의 장점 중 하나는 개발자가 HTML5가 제공하는 Geolocation 기능을 유저에게 유저의 지역 정보에 관한 내용을 제공할 수 있다는 것입니다.

애플리케이션이 유저의 위치 정보를 받으면, 대부분의 경우게는 외부 서비스를 이용해 데이터를 받아옵니다. 이때 HTTP 비동기 호출(페이지를 새로 고침하지 않고 데이터를 받아오는 방법)을 하는 방법을 'AJAX(Asynchronous JavaScript and XML)'라고 합니다. AJAX를 이용하면 Geolocation을 통해 받아온 유저의 좌표를 이용해 유저에게 풍부한 지역 정보를 제공할 수 있습니다.

이 장에서는 foursquare API를 이용해 AJAX와 Geolocation 함수들을 작성해볼 것입니다. 또한 Google Maps API를 이용해 검색한 결과들을 지도상에 표시해주고, 유저가 이를 클릭할 경우 자세한 정보를 보여주도록 만들 것입니다.

이 장을 마친 후에는 다음과 같은 일을 할 수 있습니다.

- Corks 애플리케이션의 Find 탭 구축
- Geolocation 기능을 이용하여 유저의 위치 정보 알아내기
- AJAX를 이용해 foursquare API에 쿼리문을 전송하여 유저 위치 주변 관련 장소에 대한 정보 가져오기
- Google Maps API를 이용해 지도상에 위치를 표시하고 info box(정보 상자)를 배치해 자세한 정보 제공하기

## 구축해야 할 요소들

앞 장에서는 와인 및 와인 제조 회사에 관한 데이터베이스 구조를 구축하였습니다. 이 장에서는 Geolocation, AJAX 요소를 사용해 유저의 현재 위치와 주변의 관련 장소들을 표시해주는 Find 탭을 구축할 것입니다.

## Find 탭 생성하기

이미 탐색 바에 Find 탭이 존재하기 때문에 지도 및 Geolocation 요소가 추가된 페이지를 구축하기만 하면 됩니다. 다음 단계를 따라하면 됩니다.

1. 텍스트 에디터로 index.html을 불러옵니다.

2. index.html에서 Manage 탭의 〈div〉 태그를 닫는 부분 바로 다음 줄에 아래 Find 탭 코드를 추가합니다. 이 코드는 Activity 탭과 대략적인 구조가 비슷하지만, ID="find"를 추가하여 페이지 전환 기능이 올바르게 작동하도록 합니다.

```html
<div id="find" data-role="page">
  <div data-role="header">
    <h1>Find</h1>
    <div data-role="navbar" data-iconpos="bottom">
      <ul>
        <li><a data-icon="star" href="#activity">Activity</a></li>
          <li><a data-icon="grid" href="#manage">Manage</a></li>
            <li><a data-icon="info" class="ui-btn-active"
href="#find">Find</a></li>
            <li><a data-icon="gear" href="#settings">Settings</a>
  </li>
            <li><a data-icon="search" href="#search">Search</a></li>
</ul>
        </div><!-- /navbar -->
        </div><!-- /header -->
```

```
            <div data-role="content">
                    <p>Find</p>
            </div><!-- /content -->
    </div><!-- /find -->
```

**3.** 숨겨진 div나 페이지상에 Google Maps가 로드되는 경우, 그림 8-1과 같이 지도가 잘려 보이는 경우
가 생길 수 있습니다.

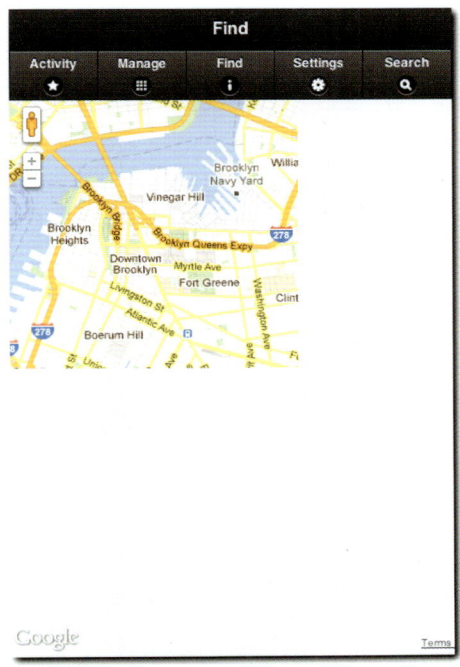

[그림 8-1] 지도의 일부분이 보이지 않습니다

이 현상이 발생하는 것을 막으려면 지도를 생성하거나 없애는 것을 제어하는 스크립트를 작성해야 합니
다. global.js 파일의 내부에는 $(document).ready( )를, 함수 전 부분에는 다음 코드를 추가합니다.

```
$(window).bind('hashchange', function(e) {
e.preventDefault();
newHash = window.location.hash.substring(1);
if (newHash == "find") {
  if ($("#map").html() == "") {
    navigator.geolocation.getCurrentPosition(successPosition,
errorPosition);
  }
}
  });
$(window).trigger('hashchange');
```

이 스크립트는 hashchange(또는 페이지 탐색) 값이 변하는 것을 감지하고 어떤 페이지가 로드되는
지 확인합니다. 만약 Find 탭이(if (newHash == "find")) 로드된다면 Geolocation 기능을 호출하여
유저의 위치 정보를 가져옵니다. 이렇게 함으로써 매번 Find 탭이 선택될 때마다 지도를 새로 불러오
는 것을 방지할 수 있습니다.
추가로 getCurrentPosition 메서드를 사용해 유저 위치를 1회만 받아옵니다. 또한 'successPosition',
'errorPosition'이라는 2개의 callback 함수를 사용합니다. 각 함수에는 위치 정보를 이용하거나 저장
하는 코드를 작성할 것입니다.

이 애플리케이션은 getCurrentPosition 메서드를 이용하여 유저의 위치 정보를 받아옵니다. 이 방법 외에
도 watchPosition 메서드가 있으며, 이 메서드는 조금 덜 정확한 위치 정보를 먼저 받아온 후 계속 정확한
위치를 잡아갑니다. 이를 통해 배터리 소모를 줄일 수 있습니다. 두 메서드에 대한 자세한 정보가 필요한 경
우 https://developer.mozilla.org/en-US/docs/Using_geolocation을 참조하면 됩니다.

유저에게 처음으로 위치 정보를 받아오는 경우에는 대부분의 장치에서 해당 애플리케이션에 위치 정보를
제공할 것인지에 대한 동의 여부를 묻습니다. iOS에서는 그림 8-2와 같은 메시지가 나타납니다.

위치 정보 제공 동의 확인 문구가 나타날 경우, 웹 사이트 주소도 같이 나타납니다. 만약 로컬 호스트에서 테스트 중이라면 가상 호스트 설정(Virtual Host Configuration)에 따라 URL 대신 IP 주소가 나타납니다.

Google Maps를 사용하려면 몇 단계가 더 남아 있습니다.

1. 애플리케이션상에서 위도 및 경도 값을 저장할 lat, lng 광역 변수를 추가합니다. 다음 코드를 global. js 안의 var db; 줄 밑에 추가하면 됩니다.

```
var lat;
var lng;
$(document).ready(function() {
..
   //database initialization is here
      });
```

2. 페이지 제일 상단 부분에 다음 JavaScript를 추가합니다. index.html 페이지 안의 head 섹션에 다음 〈script〉 태그를 추가하면 됩니다.

```
<script type="text/JavaScript"
src="http://maps.google.com/maps/api/js?sensor=false"></script>
```

이 코드는 나중에 사용할 Google Places API에서 받아오는 정보를 지도상에 표시해줄 google.maps 오브젝트를 활성화합니다.

## Callback 함수 생성하기

개발자는 Geolocation을 사용할 때에 Geolocation 기능 구현의 성공 또는 실패에 따라 이를 처리하는 Callback 함수를 설정해야 합니다. 성공했을 때 사용할 함수부터 작성해봅시다.

**1.** success 함수는 position 변수를 받아와서 유저 위치의 위도 및 경도 값을 광역 변수에 저장합니다. Geo.js 파일을 열어 맨 아랫부분에 다음 코드를 추가합니다.

```
function successPosition(position) {
    lat = position.coords.latitude;
    lng = position.coords.longitude;     }
```

**2.** 다음에는 이 함수 아래에 errorPosition callback 함수를 추가합니다.

```
function errorPosition(error) {
switch (error.code) {
    case 0:
            message = "오류가 발생하였습니다: " + error.message;
            break;
    case 1:
            message = "위치 정보 제공 동의를 거부하였습니다.";
            break;
    case 2:
            message = "브라우저가 유저의 위치 정보를 확인할 수 없습니다: " + error.
message;
            break;
    case 3:
        message = "위치 정보 확인 도중 시간 초과되었습니다.";
```

```
            break;
        }
    alert(message);  }
```

이 함수는 error 오브젝트를 가져와 error.code 속성에 switch 명령을 실행합니다. 반환된 값에 따라 각기 다른 message 값을 부여합니다. 함수의 맨 마지막에 JavaScript alert 함수를 이용해 어떤 오류가 발생했는지 알려줍니다. 이를 통해 유저는 모바일 장치가 유저의 위치 정보를 가져오는 데 성공했는지 실패했는지를 알 수 있습니다.

## Google Maps를 이용하여 위치 정보 처리하기

이제 애플리케이션을 로드할 때 유저의 위치 정보를 가져올 수 있습니다. 다음 단계는 현재 위치를 지도에 나타내는 것입니다.

1. 지도의 가로 길이와 세로 길이를 설정합니다. Google Maps API의 제한 사항 때문에 이 두 속성을 설정하지 않으면 지도가 표시되지 않습니다. 다음 코드를 index.html 안의 〈div id="find"〉를 닫는 〈/div〉 부분 바로 앞에 추가하면 됩니다.

```
<div id="find" data-role="page">
    .        ...

<div id="map" data-role="content" style="height: 100%; width:
100%">
</div>
    ...
</div>
```

위 코드는 콘텐츠 부분의 가로 길이와 세로 길이를 100%로 설정해주며, 이 설정은 큰 화면이나 고해상도 화면에 가장 적합합니다. 가로와 세로 길이를 작게 설정한다면 고해상도 화면에서는 지도가 픽셀 단위로 깨져 보이는 경우가 생길 수 있습니다. 지도에 'map'이라는 ID를 부여하여 나중에 사용할 코드에서 이를 참조할 수 있도록 합니다.

**2.** 지도 오브젝트와 상호 작용할 'map'이라는 변수를 정의합니다.

다음 코드를 db 변수를 정의한 곳 바로 아래에 추가합니다. 지도상의 특정 위치에 대한 정보를 보여주는 팝업 창인 infowindow 변수도 정의합니다. global.js 내부의 var db; 바로 아래줄에 다음과 같이 추가합니다.

```
var map;
var infowindow = new google.maps.InfoWindow();
```

**3.** 이제 실제로 지도를 생성할 차례입니다. 제대로 동작하는지 확인하기 위해 지도를 생성한 후에 유저의 위치를 지도에 표시합니다. geo.js 내부의 successPosition 함수 안에 다음 코드를 추가합니다.

```
var latlng = new google.maps.LatLng(lat,lng);
var myOptions = {
  zoom: 13,
  center: latlng,
  mapTypeControl: false,
  mapTypeId: google.maps.MapTypeId.ROADMAP
};
map = new google.maps.Map(document.getElementById("map"), myOptions);
```

이 코드는 Google 위도 및 경도 오브젝트인 Latlng를 생성합니다. 이 지점이 지도의 중심에 위치하게 되며, 해당 지점상에 위치 표시를 할 것입니다. 또한 지도의 기본 설정(확대, 지도의 중심 등)인 myOptions 배열을 생성합니다. 추가 옵션에 대한 사항은 Google Maps API(https://developers.google.com/maps/documentation/javascript)에서 확인할 수 있습니다.

마지막으로 myOptions 배열을 참조하여 지도를 새로 map div 안에 생성합니다. index.html을 저장한 후 브라우저에서 로드하고 Find 탭으로 이동하면 그림 8-3과 같은 지도를 볼 수 있습니다.

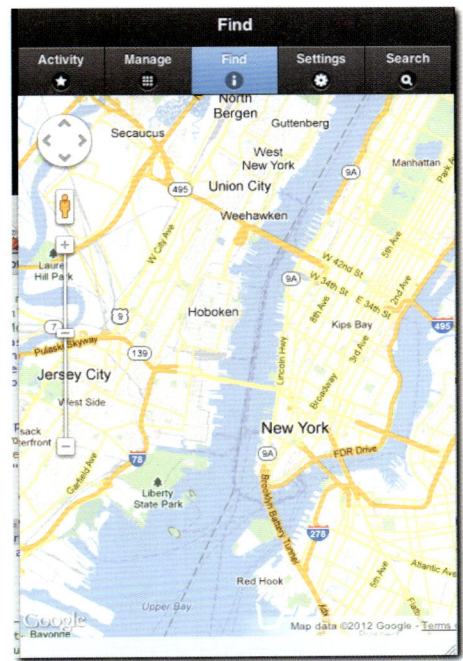

[그림 8-3] 지도상의 위치는 현재 위치에 따라 달라질 것입니다.
대략적인 위치만 나타냅니다
map data 2012 © Google

4. 지도가 작동하므로 지도상에 현재 위치를 표시하는 마크를 추가합니다. 현재 위치를 표시하려면 다음 코드를 map 초기화하는 부분에 추가해주면 됩니다(geo.js 내부 var latlng 다음 줄).

```
var marker = new google.maps.Marker({
    position: latlng,
    map: map,
});
```

앞에서 미리 정의해 놓은 map, latlng 변수를 사용하여 현재 위치를 표시할 지도를 정의하고, 현재 위치 표시 마크를 어느 곳에 위치할 것인지를 정의합니다. 코드를 추가한 후 페이지를 저장하고 새로 고침해보면 그림 8-4와 같은 화면이 나타날 것입니다.

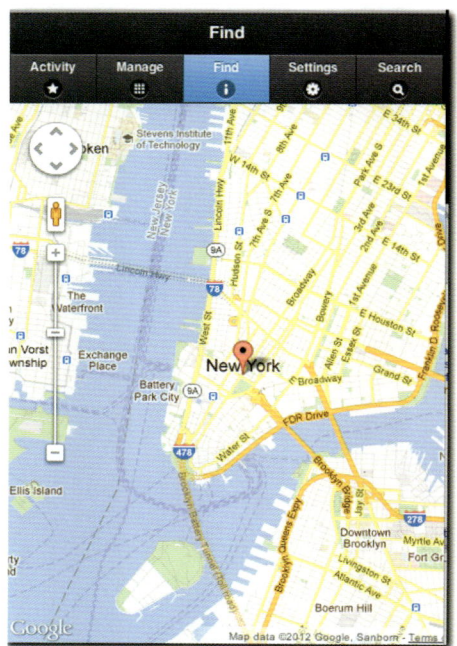

[그림 8-4] 지도상에 빨간색 마크로 현재 위치가 표시되어 있습니다

map data 2012 © Google

5. 지도에 표시된 마크를 유저가 터치하면 텍스트로 된 내용을 보여주는 창을 생성하는 코드를 작성합니다. Google Maps API를 이용하면 이 기능을 쉽게 구현할 수 있습니다. geo.js 파일 안의 방금 위에서 추가한 마크 코드 아랫부분에 다음 코드를 추가하면 됩니다.

```
google.maps.event.addListener(marker, 'click', function() {
    getInfoWindowEvent(marker,"Hello!");
});
function getInfoWindowEvent(marker, text) {
    infowindow.close();
    infowindow.setContent(text);
    infowindow.open(map, marker);
}
```

이 코드는 해당 마크에 listener 함수를 할당하여 유저가 마크를 터치하였을 때 활성화됩니다. 마크를 터치하면 팝업 박스가 나타나면서 'Hello!'라는 문구가 나타납니다. 페이지를 저장한 후 새로 고침하고 마크를 터치하면 그림 8-5와 같이 나타납니다.

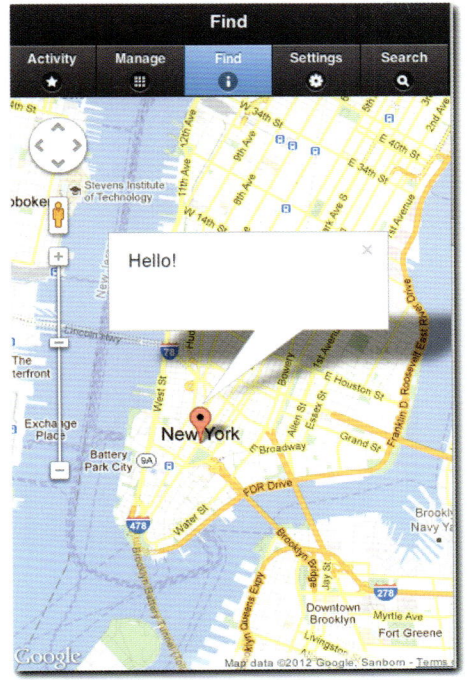

[그림 8-5] 유저가 마크를 터치하면 자세한 정보를 볼 수 있습니다
map data 2012 © Google

## Foursquare API를 사용하여 장소 찾기

이제 유저의 위치 정보도 구할 수 있고, 샘플 지도도 만들었으므로 AJAX를 사용하여 Foursquare API에 쿼리문을 전송한 후 유저 위치 주변에 있는 와인과 관련된 장소를 검색할 것입니다. Fcursquare는 위치 기반 애플리케이션이며, 전 세계 모든 사람들이 전 세계 모든 장소에 체크인할 수 있도톤 하는 프로그램입니다. 공개 API를 제공하며, 세계에서 가장 큰 위치 정보 데이터베이스를 보유하고 있는 기업 중 하나입니다. 이 위치 정보 데이터베이스를 이용하면 특정 단어에 부합하는 장소들을 검색할 수 있습니다. 다음 단계들을 따라하면 foursquare API를 사용할 수 있습니다.

1. Foursquare로부터 API 키를 부여받아야 합니다. https://foursquare.com/oauth로 이동하여 로그인합니다. 그림 8-6과 같이 "REGISTER A NEW CONSUMER"를 클릭합니다.

[그림 8-6] Foursquare에서 "REGISTER A NEW CONSUMER" 버튼을 클릭합니다

**2.** 그림 8-7과 같이 모든 필드에 값을 채워 넣고, 하단 "REGISTER APPLICATION"을 누릅니다.

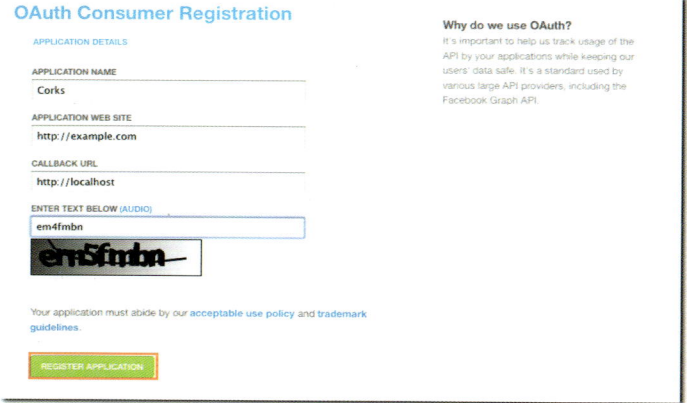

[그림 8-7] 모든 필드를 채워 넣고 "REGISTER APPLICATION"을 누릅니다

"REGISTER APPLICATION"을 누르면 등록된 애플리케이션 리스트가 나타나면서 Client ID와 Client Secret 값이 보일 것입니다.

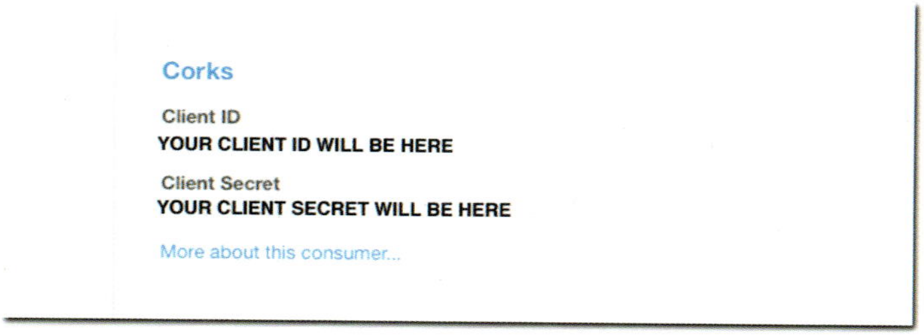

**Corks**

Client ID
**YOUR CLIENT ID WILL BE HERE**

Client Secret
**YOUR CLIENT SECRET WILL BE HERE**

More about this consumer...

[그림 8-8] Client ID와 Client Secret 값이 이곳에 나타납니다

**3.** 키를 발급받은 후에는 AJAX 구조 구축을 시작합니다. 'findPlaces'라는 새로운 함수를 생성합니다. 다음 코드를 social.js에 추가하면 됩니다.

```javascript
function findPlaces() {
    $.getJSON("https://api.foursquare.com/v2/venues/search?client_
id=YOUR_CLIENT_ID&client_secret=YOUR_CLIENT_SECRET&ll="+lat+","+lng+
"&query=wine store&limit=25",
    function(data) {
            console.log(data)
        });
}
```

이 함수는 검색어에 따른 위치 정보를 제공합니다. 위의 경우에는 유저의 현재 위치에서 가까운 "wine store"에 관련된 위치 중 25곳을 검색합니다. 위 코드를 실행한 후 Web Inspector를 보면 그림 8-9와 같은 결과를 얻을 수 있습니다.

위에서 작성한 function은 console.log 함수를 이용하여 JSON(JavaScript Object Notation)으로 받아온 결과를 컴퓨터상에 기록합니다. 위의 경우 Foursquare를 통해 25개의 장소를 검색하였습니다. 이제 받아온 결과 값을 지도상에 표시해야 합니다.

```
▼Object
  ▼meta: Object
     code: 200
     errorDetail: "This endpoint will stop returning groups in the future. Please use a curr
     errorType: "deprecated"
   ► __proto__: Object
  ▼response: Object
   ▼groups: Array[1]
     ▼0: Object
       ▼items: Array[25]
         ▼0: Object
           ► categories: Array[0]
           ► contact: Object
           ► hereNow: Object
             id: "4b3d501ff964a5202e9225e3"
           ► location: Object
             name: "Penn wine & spirits"
           ► specials: Array[0]
           ► stats: Object
             verified: false
           ► __proto__: Object
         ► 1: Object
         ► 2: Object
         ► 3: Object
         ► 4: Object
         ► 5: Object
         ► 6: Object
         ► 7: Object
         ► 8: Object
         ► 9: Object
         ► 10: Object
         ► 11: Object
         ► 12: Object
         ► 13: Object
         ► 14: Object
```

[그림 8-9] Web Inspector로 본 Foursquare API로부터 받아온 장소 코드입니다

**4.** 이제 결과 값을 받아왔으므로 이를 분석하고 지도상에 마크로 표시해줄 함수를 구축합니다. 다음은 foursquare API에 기반하여 지도에 마크를 표시해줄 전체 코드입니다.

```
function findPlaces() {
$.getJSON("https://api.foursqare.com/v2/venues/search?client_
id=CLIENT_ID&client_secret=CLIENT_SECRET&ll="+lat+","+lng+"&query=
wine store&limit=25",

    function(data) {
        if (data.meta.code == 200) {
        var venues = data.response;

        $(venues.groups).each(function(i, group_items) {

            $(group_items.items).each(function(q, venue_items) {
                    var latlng = new
                    google.maps.LatLng
                   (venue_items.location.lat,
                    venue_items.location.lng);
                    var marker = new google.maps.Marker({
                    position: latlng,
                    map: map
});
            });
        });
    }
    });
    }
```

이 스크립트는 foursquare API에 와인 가게에 대한 위치 정보 검색 결과를 요청한 후 해당 결과를 'data'라는 변수에 받아옵니다. Foursquare는 검색 결과를 JSON 형식으로 반환합니다. 그러므로 해당 위치 정보들 중에 지도에 필요한 값을 따로 구하려면 이를 분석해야 합니다. 각 장소에 대한 위도 및 경도 값을 구하여 지도상에 표시합니다.

**5.** 저장한 후 페이지를 새로 고침합니다. 지도상에 빨간색 마크 25개를 볼 수 있습니다(그림 8-10).

**[그림 8-10] 25개의 빨간 마크가 지도상에 표시되었습니다**
map data 2012 © Google

## 정보 창 생성하기

각 장소에 빨간 마크를 표시하였으므로 이들 장소에 대한 자세한 정보를 표시해주는 정보 창을 생성합니다.

**1.** 지도상에 모든 장소 마크를 표시하는 것이 좋지만, 각 장소에 대한 자세한 정보까지 표시한다면 더욱 좋을 것입니다. 각 장소에 대한 정보 창을 쉽게 추가할 수 있습니다. 다음 코드를 geo.js 파일 내부의 $(venues.groups) loop 안에 추가하면 됩니다. 170p 예제 5번 단계에서 정보 창에 Hello!를 출력하였습니다. 이 코드를 수정하여 각 장소에 대한 자세한 정보를 표시하면 됩니다. $(venues.groups) 다음 줄에 다음 코드를 추가하면 됩니다.

```
$(group_items.items).each(function(q, venue_items) {
        var venue_name = venue_items.name;
        var latlng = new google.maps.LatLng(venue_items.location.lat,
venue_items.location.lng);
    var marker = new google.maps.Marker({
            position: latlng,
            map: map
    });
    google.maps.event.addListener(marker, 'click', function() {
      getInfoWindowEvent(marker, venue_name);
      });
});
```

이 코드는 infowindow listener를 이용하여 유저가 마크를 터치할 경우, 정보 창을 띄워서 자세한 정보를 표시하게 만들고 이때 사용하는 새 변수를 정의합니다. 위 코드를 적용한 후 저장하고, 지도의 마크를 터치하면 그림 8-11과 같은 팝업 박스가 나타납니다.

[그림 8-11] 지도상의 마크와 정보 창
map data 2012 © Google

2. 각 장소에 대한 이름을 정보 창에 나타나도록 하는 것은 좋지만, 그 정보 창을 좀 더 세련되게 만들면 좋을 것 같습니다. 예를 들어 각 장소에 적합한 아이콘을 표시하고 싶다면, 다음 코드를 $(venues.groups) loop 내의 가장 아랫줄에 추가하면 됩니다.

```
...
if (venue_items.categories.length == 0) {
    var venue_image = "http://foursquare.com/img/categories/none_64.
png";
}
else {
    $(venue_items.categories).each(function(o, cats) {
        if (cats.primary) {
            var venue_image = cats.icon;
            return false;
        }
    });
}
```

먼저 이 코드는 각 장소가 어떤 종류의 장소인지 알려주는 categories 요소의 존재 유무를 확인합니다. 해당 categories 요소의 값이 없다면 일반 아이콘을 부여합니다. categories 요소 값이 존재한다면 loop 내부에서 primary 속성을 찾고, 이 속성을 찾으면 이 속성에 할당된 아이콘을 부여한 후 loop를 끝냅니다.

3. 각 장소에 대한 상호명과 주소를 나타내면 좀 더 도움이 될 것 같습니다. 위에서 방금 추가한 코드의 아랫부분에 다음 코드를 추가합니다.

```
if (venue_items.location.address && venue_items.location.city) {
    var venue_info_city = '<div style="font-size:
12px;">'+venue_items.location.address+'</div><div style="font-size:
12px;">'+venue_items.location.city+', '+venue_items.location.
state+'</div>';
}
```

```
else {
    var venue_info_city = "";
}

var html = "<span class = 'venue_image' style='float: left; margin-
right: 10px;'><img
src='"+venue_image+"'></span><div>"+venue_items.name+"</div>"+venue_
info_city;
    google.maps.event.addListener(marker, 'click', function() {
        getInfoWindowEvent(marker, html);
    });
```

이 코드는 각 장소에 대한 주소, 도시에 대한 정보가 존재하는지 확인합니다. 그리고 'html'이라는 변
수에 해당 정보를 담아 이를 getInfoWindowEvent 함수로 넘깁니다. 그림 8-12와 같이 나타납니다.

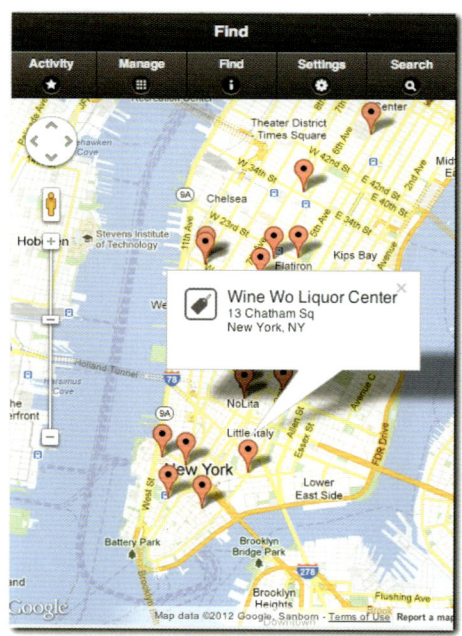

[그림 8-12] 이제 정보 창에 각 장소에 대한 이름과 주소가 표시
됩니다
map data 2012 © Google

## 새로 고침 버튼 만들기

이 애플리케이션은 로드될 때만 유저의 위치 정보를 가져와서 표시하기 때문에 유저가 이동할 경우를 대비해 새로 유저의 위치 정보(위도와 경도 값)를 받아올 수 있도록 새로 고침 버튼을 만들어야 합니다.

1. index.html 페이지 안에서 〈div id="find"〉를 찾아 탐색 바에 사용되는 〈div〉 태그 위에 다음 코드를 추가합니다.

```
<div data-role="header" data-position="inline">
<h1>Find</h1>
<a href="JavaScript:void(0);" data-role="button" onclick=
"refreshLocation();"
 class="ui-btn-right" data-icon="refresh">Refresh</a>
 ...
```

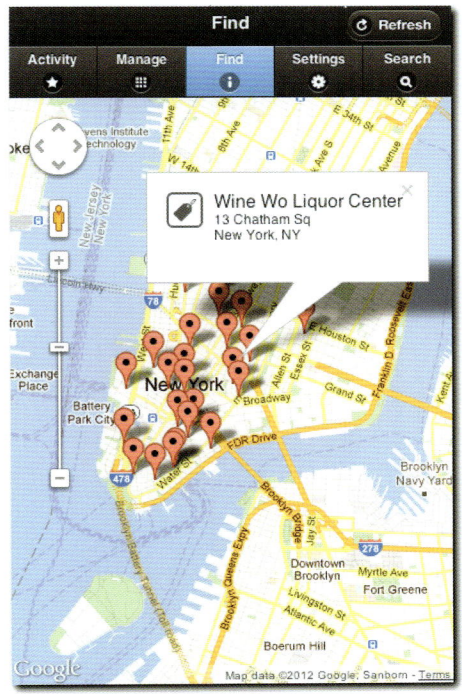

이 코드에 'refreshLocation'이라는 새로운 메서드를 추가합니다. 이 메서드는 onclick 메서드가 작동할 경우에 실행됩니다. 이 코드를 적용해보면 그림 8-13과 같이 버튼이 오른쪽 정렬되어 있을 것입니다.

[그림 8-13] 페이지 오른쪽 상단에 새로 고침 버튼이 생겼습니다
map data © 2012 Google

**2.** 이제 geo.js 파일의 첫부분에 refreshLocation 함수를 추가합니다.

```
function refreshLocation() {
    navigator.geolocation.getCurrentPosition(successPosition,
errorPosition);
    }
```

이 코드는 유저가 새로 고침 버튼을 터치했을 때 호출됩니다. 위치 정보를 새로 받아와서 지도를 다시 표시합니다. 또한 지도상에 있는 모든 마크를 다시 생성합니다.

## 요약

이 장에서는 Find 탭의 구축, Geolocation 및 AJAX 요소, Google Maps와 Foursquare API를 추가하는 법에 대해 다루었습니다. 이 밖에도 다음에 관련된 내용을 알아보았습니다.

- 모바일 Google Maps에서 위치 표시 마크 생성하기
- Google Maps 내부 팝업 창 커스터마이징
- Foursquare API를 사용해 정보 창 커스터마이징
- Geolocation 변화 제어하기

이제 Geolocation 기능을 추가하였으므로 다음 장에서는 Feed, Search, SNS를 추가해볼 것입니다.

CHAPTER

9

# 쿼리문 실행과
# 소셜 미디어 연결하기

Twitter, Facebook API에 접근할 수 있게 되면 모바일 애플리케이션상에서 재미있는 것들을 해볼 수 있습니다. 유저들이 그들의 친구나 팔로워들과 콘텐츠를 공유할 수 있으며, 애플리케이션에 관련된 데이터를 Twitter에서 검색한 후 유저에게 제공할 수도 있습니다. 8장에서는 Foursquare API를 사용하여 유저 위치 주변의 장소를 찾는 기능을 만들었습니다. 이와 비슷한 방법으로 소셜 네트워크 API를 이용해 유저들이 해당 SNS에서 공유한 정보를 가져와보겠습니다.

이 장에서는 Activity 탭을 구축하고 Wine Detail(와인 상세 정보) 페이지를 만들 것입니다. 이 페이지들상에서는 Twitter, Facebook에 와인 정보를 공유하는 기능과 이 두 SNS의 검색 API를 활용해 다른 사람들이 와인에 대해 어떤 이야기를 하는지를 검색하는 기능을 추가할 것입니다.

이 장을 마친 후에는 다음과 같은 일을 할 수 있습니다.

- 와인 저장소에 쿼리문 전송 및 Activity 탭 구축
- Search 탭 및 와인 검색 결과 페이지 구축
- 검색을 통해 찾은 와인을 와인 저장소에 추가하는 기능
- 각 와인에 대한 Wine Detail 페이지 구축
- Twitter를 통한 와인 정보 찾기와 와인 정보 공유 기능

## 구축해야 할 요소들

이제 유저가 와인 저장소에 저장한 와인들을 등록한 시간순으로 정렬해서 보여주는 Activity 페이지를 구축해야 합니다. 이 Feed 기능을 만든 후에는 자세한 정보 페이지를 만들어 각 와인에 대한 자세한 정보와 Twitter에 이를 공유할 수 있게 해주는 옵션을 추가합니다.

## Activity 탭 생성하기

소셜 네트워크 기능을 추가하기 전에, 유저들이 와인 저장소에 추가한 와인에 대한 정보를 볼 수 있고, 이를 Twitter에 공유할 수 있게 해주는 탭을 먼저 생성해야 합니다.

### 쿼리문 작성하기

Activity 탭은 유저의 활동이 시작되는 공간입니다. 이 탭에는 최근 와인 저장소에 추가한 와인들을 표시해줍니다. jQuery Mobile은 hashChange 이벤트로 페이지 탐색을 제어하므로 Find 탭의 Google Maps 생성을 제어하는 함수를 생성합니다. Activity 탭에서 쿼리문 사용 중에 해당 함수를 사용할 경우가 생길 수 있습니다. 다음 단계를 따라하면 됩니다.

1. global.js에서 변수 정의한 다음 줄(var infowindow 다음 줄)에 다음 코드를 추가합니다.

```
$(window).bind('hashchange', function(e) {
    e.preventDefault();
    newHash = window.location.hash.substring(1);
    if (newHash == "find") {
        if ($.trim($("#map").html()) == "") {
            navigator.geolocation.getCurrentPosition(successPosition,
errorPosition);
        }
    }
});
```

2. 애플리케이션이 처음 실행되었을 때의 Activity 탭과 유저가 직접 Activity 탭을 클릭했을 경우를 각각 감지하기 위해 코드를 추가합니다. 이를 위해서는 if문을 다음과 같이 변경해야 합니다.

```
        if (newHash) {
            if (newHash == "find") {
                if ($.trim($("#map").html()) == "") {

        navigator.geolocation.getCurrentPosition(successPosition,
errorPosition);
                }
            }
            else if (newHash == "activity") {
                grabActivity();
        }
        }
        else {
            //애플리케이션이 처음 로드된 경우입니다.
            grabActivity();
        }
```

이 스크립트는 URL 주소에 해시 값이 존재하는지를 확인합니다. hash 값이 존재하는 경우에는 Find 탭에 사용한 것과 같은 loop를 사용합니다. 하지만 이번 경우에는 newHash 값이 activity인지 확인하고, 이 값이 맞다면 'grabActivity'라는 새 함수를 호출합니다. 이 함수에는 와인 저장소 활동 데이터베이스에서 정보를 가져오는 스크립트를 작성할 것입니다.

3. 데이터베이스에 연결하여 정보를 가져오는 grabActivity 함수를 구축합니다.

```
function grabActivity() {
    db.transaction(function (tx) {
        tx.executeSql("SELECT wine_name, wine_description,
activity_note, activity_quantity, activity_id from activity INNER
JOIN wines on activity.wine_id = wine.wine_id order by created_at
desc LIMIT 25", null,
        function(tx, res) {
```

```
                    if (res.rows.legnth == 0) {

                        //결과가 없을 경우

                    }

                    else

                    {

                        //결과가 있을 경우

                    }

            },

            FR);

        });

    }
```

이 코드는 쿼리문을 전송하여 Activity 테이블에서 다음 데이터들을 created_at 필드 기준 내림차순
으로 가져옵니다.

- 와인명(wine_name)
- 와인 설명(wine_description)
- 와인과 관련된 활동 메모(activity_note)
- 와인 저장소에 저장되어 있는 해당 와인의 수량(activity_quantity)
- 와인에 관련된 activity의 고유 ID(activity_id). 이 값은 유저가 각 와인 관련 활동 및 와인에 대한 세
  부 정보를 연동할 수 있게 해줍니다. 또한 각 활동이 데이터베이스에 추가된 순서대로 값을 받아와
  서 표시할 수 있도록 해줍니다.

## 템플릿 사용하기

이제 쿼리문을 작성하였으므로 결과 값을 가져와서 출력해야 합니다. 이는 Color 테이블의 데이터 처리
방식과 유사하게 작성하면 됩니다.

Activity Feed에서 사용할 데이터 수집 및 처리를 하기 전에, HTML 데이터베이스에서 가져온 자료들로
HTML 문서를 생성하는 방법에 대해 이해해야 합니다. 앞에서 다룬 JavaScript 변수를 다음처럼 사용하면
해당 변수에 데이터를 계속 추가할 수 있습니다.

```
var code = "";
for (var i=0; i < 10; i++) {
    code += "<p>Hi!</p>";
}
```

이 방법을 복잡한 HTML 문서를 출력하는 데 사용하는 것은 적합하지 않습니다. 또한 이 방법을 사용하면 업데이트나 수정하기가 매우 어려우며, 작은 실수라도 하게 되면 HTML 구조 전체를 망가뜨릴 수 있습니다. 이를 대체할 수 있는 다른 솔루션을 '템플릿'이라고 하는데, 이를 사용하면 HTML 구조를 쉽게 재사용할 수 있습니다.

JavaScript에서 사용할 수 있는 템플릿 라이브러리에는 여러 가지 종류가 있지만, 그중 추천할 만한 것은 'HandlebarsJS'입니다. Handlebars는 일반 HTML 구문을 사용하지만, Handlebars에 내장되어 있는 특수 표현 구문을 사용하기도 합니다. Handlebars에 대한 자세한 정보와 사용법은 http://handlebarsjs.com 에서 볼 수 있습니다.

Handlebars를 사용하려면 Handlebars 라이브러리를 〈head〉 섹션에 추가해야 합니다.

1. 다음 코드를 index.html 안의 〈head〉 섹션 마지막 부분에 추가하면 됩니다.

```
<script src="http://cloud.github.com/downloads/wycats/handlebars.js/
handlebars-1.0.0.beta.6.js"></script>
```

이 예제에서 해당 주소는 GitHub의 CDN(Contents Delivery Network)을 사용한 서버에 캐시해 놓은 JavaScript 파일을 사용합니다. 이보다 성능을 높이려면 애플리케이션이 운영 중인 로컬 서버에 이를 다운로드하여 사용하면 됩니다.

2. 템플릿 구조를 정의해줍니다. Handlebars를 사용하려면 이를 사용할 HTML 문서 내부의 script 태그 안에 템플릿을 생성해주어야 합니다. 다음 코드를 index.html 안의 〈/body〉 태그 끝부분에 추가하면 됩니다.

```
<script id="activity-template" type="text/x-handlebars-template">
...
</script>
```

이 코드를 추가하면 나중에 만들 Activity Feed에서 이를 참조하여 재사용 가능한 템플릿을 생성할 수 있습니다. Feed의 구조를 바꾸려면 해당 콘텐츠를 수정하기만 하면 됩니다.

Handlebars는 중괄호 {{}}를 이용하여 HTML 내부에서 JSON을 이용하여 바꿔줄 부분을 정의합니다. 내장된 loop 기능이 있기 때문에 편리하게 사용할 수 있습니다. 예를 들어 object에 loop 기능을 사용하고 싶다면, 다음 코드처럼 사용하면 됩니다.

```
{{#each object}}
<p>{{object.name}}</p>
{{/each}}
```

이 예제에서 해당 loop는 각 object의 이름을 출력합니다. #each를 사용해 loop를 시작하고, /each를 사용해 loop를 닫습니다. 조금 어려워 보이지만 지금까지 다뤄왔던 JavaScript를 이용한 loop 코드와 동일하게 작동합니다.

```
for (i = 0; i < object.length; i++) {
    code += '<p>'+object[i].name+'</p>';
}
```

HTML 문서에서 Handlebars 템플릿을 사용한다면, 위와 같은 코드를 사용하는 것보다 #each, /each 구문을 사용하는 것이 더 편리합니다.

### HandlebarsJs의 추가 기능들

템플릿을 사용하면 HTML 문서를 생성하기가 쉽지만, 문서에 새로운 로직을 추가하고 싶을 경우가 생길 수 있습니다. 예를 들어 콘텐츠 내용에 따라 해당 요소에 새로운 class를 추가하고 싶은 경우도 있습니다. 예전의 전통 템플릿 라이브러리들은 로직을 지원하지 않았지만, HandlebarsJS는 애플리케이션에 로직 함수를 사용할 수 있게 해주는 도우미 파일(helper files)을 가지고 있습니다. 도우미 파일을 생성하려면, 다음 단계를 따라하면 됩니다.

1. assets/js 폴더에 'helpers.js'라는 새로운 파일을 만든 후, 이 파일을 〈head〉 섹션에 추가합니다.

2. 다음 코드를 추가합니다.

```
Handlebars.registerHelper(helperName, function(x) {
    ...
});
```

위의 함수에서 helperName 부분에 새로운 helper를 등록합니다. 변수 x는 함수로 전달되는 데이터이며, 이 함수 내부에는 어떠한 로직이든지 생성할 수 있습니다.

템플릿 부분에서 helper를 호출하려면, 다음 코드를 추가하면 됩니다.

```
{{#each object}}
    {{helperName object}}
{{/each}}
```

이 코드는 object 데이터를 helperName 함수로 보내 결과 값을 받아옵니다.

## 템플릿을 사용하여 Activity Feed 구축하기

Handlebars를 통해 템플릿에 대해 이해했으므로 이제 Activity Feed를 생성할 템플릿을 구축해봅시다.

1. 먼저 데이터를 위한 템플릿을 구축해야 합니다. 앞에서 추가한 〈script id="activity-template" type="text/x-handlebars-template"〉 부분에 추가하면 됩니다.

```
<script id="activity-template" type="text/x-handlebars-template">
<li>
<a href='#wineDetail' onclick='viewWine({{activity_id}})'>
<h2>{{wine_name}}</h2>
<p>Added {{activity_quantity}} to My Cellar</p>
<p class="pad">{{timeDiffActivity created_at}}</p>
    </a>
</li>
</script>
```

**2.** 위 코드를 추가한 후에는 grabActivity 함수 안에 Handlebars.compile 스크립트를 추가합니다.

```
var len = res.rows.length;
var code = "";
var obj = ();
for (var i = 0; i < len; i++) {
var source = $("#activity-template").html();
var template = Handlebars.compile(source);
code += template(data);
}
$("#my-activity-list").html(code);
$("#my-activity-list").listview('refresh');
```

위 코드와 템플릿은 다음과 같은 기능을 합니다.

- res.rows.length를 len 변수에 할당한 후, 받아온 데이터베이스 행이 몇 행인지 계산합니다.
- code 변수를 생성하여 이 변수에 템플릿에서 생성되는 HTML 문자열을 저장합니다.
- 와인에 대한 내용을 게시한 시각과 현재 시각의 차이를 timeDiffActivity 함수(helper 함수)를 사용하여 계산합니다. 이 함수는 이 장의 뒷부분에서 다룹니다.
- 'viewWine'이라는 onclick 메서드를 할당합니다(이 장의 뒷부분에서 각 activity 항목에 메서드를 정의하는 법에 대해 배웁니다).
- 템플릿을 기반으로 데이터를 컴파일하는 Handlebars 함수를 사용하며, 이 함수에 res.rows.

item(i) 변수를 넘겨줍니다. 이를 통해 템플릿에 데이터 행들을 넘겨줍니다. 템플릿으로부터 다시 HTML 문자열을 되돌려받으면 해당 문자열들을 code 변수에 추가합니다.

- jQuery의 html( ) 함수를 이용하여 HTML 문자열들을 my-activity-list 요소에 삽입합니다.

**3.** 유저가 Feed를 새로 고침할 수 있도록 새로 고침 버튼을 추가합니다. 다음 코드를 index.html 내부의 Activity 탭에 추가하면 됩니다.

⟨h1⟩ 태그 뒤에 다음을 추가합니다.

```
<a href="JavaScript:void(0);" data-role="button" onclick=
"grabActivity();"
class="ui-btn-right" data-icon="refresh">Refresh</a>
```

**4.** ⟨div id="my-activity"⟩ 내부에 추가합니다.

```
<ul data-role="list-view" id="my-activity-list"></ul>
```

위 코드는 grabActivity 함수를 호출하는 새로 고침 버튼을 추가하며, Activity Feed의 내용이 들어갈 jQuery Mobile List View를 새로 생성합니다. List View는 jQuery의 특수 데이터 기능이며, 이는 동적 및 정적 데이터 리스트를 생성하는 데 사용됩니다. 웹 또는 네이티브 애플리케이션에서 흔히 사용됩니다.

**5.** 다음 단계는 'timeDiffActivity'라는 helper 함수를 작성하는 단계입니다.

현재 타임스탬프(timestamp)를 구해서 게시물의 타임스탬프와 비교하여 차이 값을 구합니다(X분 전 작성과 같은 기능을 만들기 위해서입니다). 이는 활동 기반 애플리케이션에서 일반적으로 사용하는 방법입니다. 'X분 전'이라고 나타내는 것이 2012년 6월 5일이라고 표시하는 것보다 유저들로 하여금 얼마나 최근에 해당 활동이 추가되었는지 알 수 있게 하여 애플리케이션에 대한 몰입도를 높이고 바로바로 업데이트된다는 느낌을 줄 수 있습니다. Twitter를 사용해봤다면 이 'X분 전'이라는 글귀가 친근하게 느껴질 것입니다.

다음 코드를 helpers.js에 추가합니다.

```
Handlebars.registerHelper('timeDiffActivity', function(string) {
    var system_date = string;
  var user_date = new Date().getTime();
  var diff = Math.floor((user_date - system_date) / 1000);
  if (diff <= 1) {return "just now";}
  if (diff < 20 ) {return diff + " seconds ago";}
  if (diff < 40 ) {return "half a minute ago";}
  if (diff < 60 ) {return "less than a minute ago";}
  if (diff <= 90 ) {return "one minute ago";}
  if (diff <= 3540 ) {return Math.round(diff / 60) + " minutes
ago";}
  if (diff <= 5400 ) {return "1 hour ago";}
  if (diff <= 86400 ) {return Math.round(diff / 3600) + " hours
ago";}
  if (diff <= 129600 ) {return "1 day ago";}
  if (diff <= 604800 ) {return Math.round(diff / 86400) + " days
ago";}
  if (diff <= 777600 ) {return "1 week ago";}
  return "on " + system_date;

});
```

이 스크립트는 2개의 타임스탬프를 이용해 그 차이를 밀리초 단위로 계산합니다. 그 다음에는 if/then문을 사용하여 그 차이를 X minutes ago 등의 형식으로 나타냅니다.

## 스크립트 실행 및 결과 올바르게 표시하기

이제 구조, 로직, 템플릿을 만들었으므로 스크립트를 실행할 차례입니다.

1. index.html 파일을 저장한 후 페이지를 새로 고칩니다. 아직 와인 저장소에 추가한 내용이 없기 때문에 아무것도 보이지 않을 것입니다.

**2.** Manage 탭을 클릭하여 와인 저장소에 와인을 몇 가지 추가합니다. 그리고 다시 Activity 탭으로 되돌아옵니다. 새로 고침 버튼을 누르면 다음 그림 9-1과 같은 화면이 나타날 것입니다.

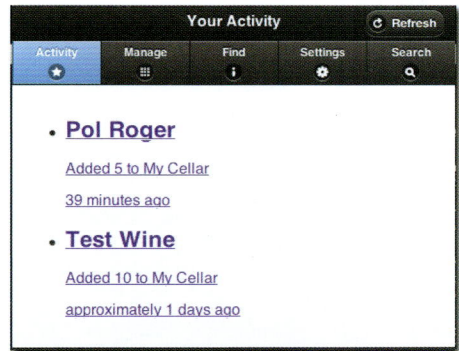

[그림 9-1] 화면이 세련되어 보이지 않습니다

지금은 CSS가 콘텐츠에 적용되어 있지 않습니다. 그림 9-2와 같은 화면이 나오기를 기대했지만 그렇지 않습니다. 하지만 jQuery Mobile이 이 요소를 목록 형식으로 출력하는 것으로 인식하게 하면 됩니다.

[그림 9-2] 이러한 리스트가 표시되어야 합니다

**3.** 어떻게 하면 이렇게 표시되게 할 수 있을까요? jQuery Mobile에는 처음 DOM이 로드되고 난 후에 동적 콘텐츠를 List View에 추가할 수 있도록 하는 특수 메서드가 있습니다. 이를 위해서는 jQuery Mobile에 해당 콘텐츠가 목록 형식으로 출력되어야 한다는 것을 인식시켜주면 됩니다.
다음 코드를 grabActivity 함수 안에 추가합니다.

```
$('#my-activity-list').listview();
var len = res.rows.length;
...
```

이 코드는 jQuery Mobile이 해당 요소에 특별한 class를 부여하여 그 요소에 CSS 효과가 나타나도록 합니다. 하지만 jQuery Mobile은 대부분 class를 DOM이 로드되고 난 후에 추가하기 때문에 콘텐츠 부분의 list view를 새로 고침하는 방법을 이용해야 합니다. 다음 코드를 for loop의 가장 아랫부분에 추가하면 됩니다.

```
...
$("#my-activity-list").html(code);
}
$('#my-activity-list').listview('refresh');
```

페이지를 저장하고 새로 고침해보면, 그림 9-3과 같은 화면이 나타날 것입니다.

[그림 9-3] 좀 더 세련되어 보이는 목록

이것이 Activity 탭의 끝입니다.

## Wine Detail 페이지 생성하기

Activity 탭에서는 데이터베이스에 추가된 모든 와인을 표시했습니다. 하지만 와인에 대해 자세한 정보를 알고 싶을 때에는 어떻게 해야 할까요? 이제 Wine Detail 페이지를 만들 차례입니다.

## Wine Detail 페이지 구조 구축하기

제일 먼저 해야 할 일은 새 페이지 구조를 생성하는 것입니다. 다음 코드를 'detail.html'이라는 새 페이지를 만들어 안에 추가하면 됩니다.

index.html의 head 섹션을 복사해서 붙여넣고 다음 코드를 〈body〉에 추가하면 됩니다.

```
<div id="wineDetail" data-role="page">
    <div data-role="header" data-position="inline">
    <h1>Wine Detail</h1>
    <div data-role="navbar" data-iconpos="bottom">
        <ul>
            <li><a data-icon="star" href="#activity">Activity</a></li>
            <li><a data-icon="grid" href="#manage">Manage</a></li>
            <li><a data-icon="info" class="ui-btn-active"
href="#find">Find</a></li>
            <li><a data-icon="gear" href="#settings">Settings</a></li>
            <li><a data-icon="search" href="#search">Search</a></li>
        </ul>
    </div><!-- /navbar -->
    </div><!-- /header -->
    <div id="detail" data-role="content">

    </div><!-- /content -->
    <div id="social"><p>소셜 네트워크 데이터를 가져오고 있습니다...</p></civ>
</div>
```

이 페이지는 Activity 탭과 비슷하지만 약간의 차이가 있습니다.

- 콘텐츠 영역에 div id를 detail로 설정하였습니다.
- 소셜 네트워크에서 받아온 데이터를 출력해줄 'social'이라는 id가 부여된 새 〈div〉를 추가하였습니다.

## Wine Detail 페이지 로직 구축하기

이제 결과 값을 표시하는 로직을 만들 차례입니다.

*HandlebarsJS를 사용하여 템플릿을 생성할 수 있지만, 여기서는 HTML 문자열을 이용하여 생성하는 방법을 사용할 것입니다. 두 방법 모두 어떻게 사용하는지를 보여주기 위해서입니다.*

1. onclick 메서드를 사용하는 'viewWine'이라는 항목을 설정한 것을 기억하시나요? 이제 이 함수를 구축할 차례입니다. database.js 파일 안에 다음을 추가하면 됩니다.

```javascript
function viewWine(act_id)
{
db.transaction(function (tx) {
tx.executeSql("SELECT wine_name, wine_description, activity_note,
activity_quantity, activity_id, activity.wine_id, activity.created_
at from activity INNER JOIN wines on activity.wine_id = wines.wine_
id where activity_id = ?", [act_id],
function(tx, res) {
    if (res.rows.length == 0) {
            // 해당 ID에 대한 데이터베이스 값이 존재하지 않습니다. 잘못 입력된 경우입니다.
        }
        else
        {
            var code = "";
            var start = new Date().getTime();

            diff = timeDifference(start, res.rows.item(0).created_at)

            code += "<h2>"+res.rows.item(0).wine_name+"</h2>
<p>Added "+res.rows.item(0).activity_quantity+" </p>
<p>You said: "+res.rows.item(0).activity_note+"</p>
```

```
<p>Wine Description</p>
<p>"+res.rows.item(0).wine_description+"</p>
<p>You added this wine to your cellar: <strong>"+diff+"</strong>";


            $("#detail").html(code);
            }
        },
        fR);
    });
}
```

위 함수는 Activity 탭에서 데이터를 수집할 때의 함수와 비슷하지만, 약간의 차이가 있습니다.

- 앞의 코드에서는 activity와 wines 테이블에만 쿼리문을 전송하여 activity_id에 맞는 항목만을 가져옵니다. 그러므로 Activity 탭처럼 for loop를 사용하지 않습니다. 받아오는 결과는 항상 하나뿐이기 때문에 첫 번째 인덱스인 (0)을 사용하여 출력합니다.
- wine_name, activity_quantity, wine_description, activity_note 값을 받아와서 각각 〈div〉 안에 삽입한 후, Wine Detail 페이지에 출력합니다.

2. 시간 차이를 구하기 위해 반드시 추가해야 하는 함수가 하나 있습니다. 템플릿을 사용하는 경우에는 timeDiff helper를 사용하면 되지만, 여기서는 이 함수를 사용할 수 없습니다. 다음 코드를 util.js 파일 안에 추가하면 됩니다.

```
function timeDifference(current, previous) {
    var msPerMinute = 60 * 1000;
    var msPerHour = msPerMinute * 60;
    var msPerDay = msPerHour * 24;
    var msPerMonth = msPerDay * 30;
    var msPerYear = msPerDay * 365;

    var elapsed = current - previous;
```

```
                    if (elapsed < msPerMinute) {
                    return Math.round(elapsed/1000) + ' seconds ago';
                    }
                    else if (elapsed < msPerHour) {
                      return Math.round(elapsed/msPerMinute) + ' minutes ago';
                     }
                    else if (elapsed < msPerDay) {
                      return Math.round(elapsed/msPerHour) + ' hours ago';
                    }
        else if (elapsed < msPerMonth) {
          return 'approximately' + Math.round(elapsed/msPerDay) + ' days
        ago';
        }
        else if (elapsed < msPerYear) {
            return .'approximately' + Math.round(elapsed/msPerMonth) + '
        months ago';
        }
        else {
          return 'approximately' + Math.round(elapsed/msPerYear) + ' years
        ago';
        }
        }
```

3. 저장합니다. 그림 9-4와 같은 화면이 출력될 것입
   니다.

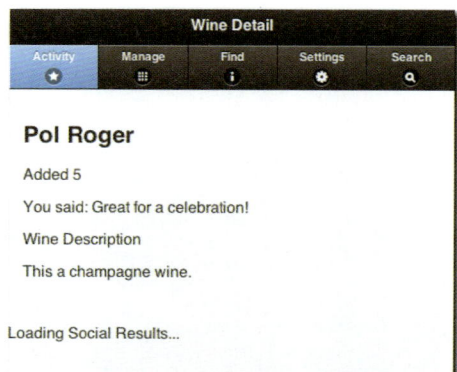

[그림 9-4] 와인에 대한 상세 정보를 보여주는 Wine Detail 페이지

## 페이지에 자세한 정보 출력하기

다음은 각 와인에 대한 자세한 정보를 출력하는 단계입니다. 이 페이지에서는 각 항목을 약간 수정해야 합니다.

1. Wine Datail 페이지의 콘텐츠 영역을 정의하기 위해 label을 추가합니다.

```
code += "<h2>"+res.rows.item(0).wine_name+"</h2>
<p>Added " + res.rows.item(0).activity_quantity + " of those wines
   to your cellar. </p>
<label>Your comment was:</label>
<p> " + res.rows.item(0).activity_note+"</p>
<label>Wine Description</label>
<p> " + res.rows.item(0).wine_description+"</p>
<p>You added this wine to your cellar: <strong>"+diff+"</strong></p>";
```

2. 저장하고 나면 그림 9-5와 같은 페이지가 표시될 것입니다.

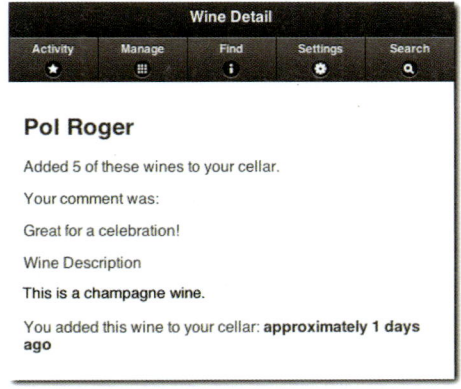

[그림 9-5] 좀 더 깔끔해진 Wine Detail 페이지

3. ⟨h3⟩ 태그를 추가하여 그림 9-6처럼 각 섹션을 나눠줍니다.

```
code += "<h2>"+res.rows.item(0).wine_name+"</h2>"
<p>Added <strong>" + res.rows.item(0).activity_quantity + "</strong>
    of these wines to your cellar. </p>
<h3>Your comment was:</h3> <p> " + res.rows.item(0).activity_note+"</p>
<label><strong>Wine Description</strong></label>
<p> " + res.rows.item(0).wine_description+"</p>
<p>You added this wine to your cellar: <strong>"+diff+"</strong></p>";
```

[그림 9-6] 〈strong〉 태그를 추가하였더니 더욱 깔끔해졌습니다

이제 소셜 네트워크 검색 결과를 표시하는 Social 요소를 추가해봅시다.

## 외부 사이트 연결하기

JavaScript의 AJAX 기능을 이용하면 다양한 무료 API에 연결하여 데이터를 받아올 수 있습니다. 앞 장에서는 Foursqaure를 이용해 지역 정보를 받아왔습니다. 이번 예제에서는 Twitter API를 사용해 유저가 검색한 와인에 대한 멘션을 Wine Detail 다음에 출력하도록 만듭니다.

### 템플릿 구축하기

Twitter API는 JSON 형식으로 데이터를 반환하기 때문에 Handlebars를 이용하여 Tweet 정보를 표시하는 HTML 템플릿을 구축할 수 있습니다. Activity Feed에서 이미 HandlebarsJS를 추가해 놓았으며, 아직 추가하지 않았다면 이전 페이지로 되돌아가 이를 추가해야 합니다.

1. 템플릿 구조를 정의합니다. Handlebars를 사용하려면 이를 사용하려는 HTML 문서 내부의 〈script〉 태그 안에 템플릿을 생성해야 합니다. index.html 페이지 안의 〈/body〉 태그 전에 다음 코드를 추가합니다.

```
<script id="social-template" type="text/x-handlebars-template">
....
  </script>
```

템플릿을 컴파일할 때 Handlebars가 위의 script를 이용해 JSON 형식으로 받아온 결과를 처리하여 표시합니다.

2. 와인명에 따라 tweet 내용을 받아오는 스크립트를 구축합니다. 다음 스크립트를 detail 요소에 와인 데이터를 삽입하는 다음 줄에 추가합니다.

```
$("#detail").html(code);
$.getJSON("http://search.twitter.com/search.json?q="+res.rows.
  item(0).wine_name, function(data) {
console.log(data);
});
```

*Twitter는 모든 API 요청 시에 인증하도록 하는 새 API를 내놓았습니다. 이는 다른 파라미터를 더 추가하게 된다는 것을 의미합니다. 자세한 정보는 https://dev.twitter.com/docs/api/1.1/overview를 참조하기 바랍니다.*

위 코드가 하는 일은 다음과 같습니다.
• getJSON 메서드를 이용해 Twitter API에 해당 와인을 검색하여 데이터를 받아옵니다.
• res.rows 오브젝트를 사용해 방금 사용한 SQL 데이터에서 wine_name을 받아옵니다.

3. 저장한 후 새로 고침합니다. 그리고 Activity 탭에서 항목을 하나 선택합니다. 그림 9-7과 같은 화면이 나타날 것입니다.

```
▼ Object
    completed_in: 0.157
    max_id: 197850369911570430
    max_id_str: "197850369911570433"
    next_page: "?page=2&max_id=1978503699115704338&q=Pol%20Roger"
    page: 1
    query: "Pol+Roger"
    refresh_url: "?since_id=1978503699115704338&q=Pol%20Roger"
  ▼ results: Array[15]
    ▼ 0: Object
        created_at: "Thu, 03 May 2012 00:49:38 +0000"
        from_user: "familyfoodie"
        from_user_id: 41268882
        from_user_id_str: "41268882"
        from_user_name: "Family Foodie"
        geo: null
        id: 197850369911570430
        id_str: "197850369911570433"
        iso_language_code: "en"
      ▶ metadata: Object
        profile_image_url: "http://a0.twimg.com/profile_images/1724243069/Screen_shot_2011-12-30_at_1.54.14_PM_
        profile_image_url_https: "https://si0.twimg.com/profile_images/1724243069/Screen_shot_2011-12-30_at_1.54
        source: "&lt;a href=&quot;http://www.familyfoodie.com&quot; rel=&quot;nofollow&quot;&gt;Family Foodie&l
        text: "Pol Roger 'White Foil' Champagne a Study in Elegance http://t.co/ckuDuDrF via @tampawinewoman"
        to_user: null
        to_user_id: null
        to_user_id_str: null
        to_user_name: null
```

[그림 9-7] Activity 탭에서 생성된 코드

위 그림은 results 오브젝트에 아래 네 가지의 속성의 데이터를 받아온다는 것을 보여줍니다.

- created_at
- from_user_name
- text
- profile_image_url

## 템플릿을 컴파일하기 위한 Handlebars 함수

필요한 데이터가 있으므로 Handlebars 템플릿을 구축할 차례입니다. Handlebars에서 사용하는 아래 형식을 이용하여 웹 페이지에 해당 요소들을 추가할 수 있습니다.

results 오브젝트를 활용하여 다음 코드를 추가합니다.

```
<script id="social-template" type="text/x-handlebars-template">
{{#each results}}
<p>{{ results.from_user_name }} </p>
{{/each}}
</script>
```

## 애플리케이션상에서 기능 통합하기

이제 getJSON 함수로 되돌아가서 Handlebars를 이용해 조금 전에 생성한 템플릿과 Twitter에서 받아오는 데이터로 생성하는 새 템플릿을 컴파일할 것입니다.

1. 다음 코드를 추가합니다.

```
$.getJSON("http://search.twitter.com/search.json?q="+res.rows.
item(0).wine_name, function(data) {
    var source = $("#social-template").html();
    var template = Handlebars.compile(source);
    var html = template(data);
    $("#social").html(html);
});
```

Handlebars를 사용해 HTML 내부의 템플릿을 가져온 후 해당 템플릿을 새 변수에 컴파일합니다. 이 작업이 끝나면 'html'이라는 변수 안에 Twitter에서 받아온 데이터를 넘겨줍니다. 이 시점에서는 데이터가 수집되고 이미 분석한 후 해당 와인에 대해 멘션한 유저들을 각 단락별로 표시해줍니다.

2. 파일을 저장한 후 페이지를 새로 고침하고 Activity 항목 중 하나를 클릭합니다. 그림 9-8과 같은 화면이 나타날 것입니다.

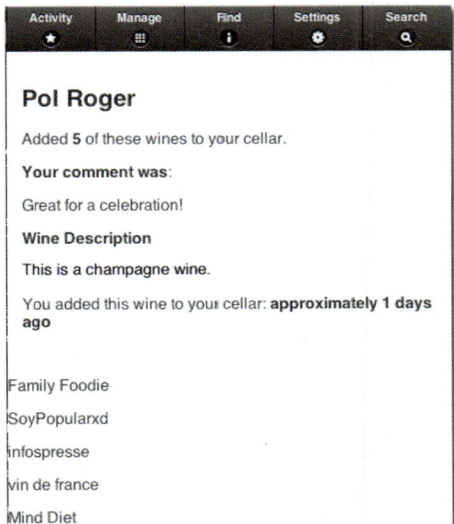

[그림 9-8] Twitter에서 받아온 데이터에서 유저명(username)만 각 단락별로 표시합니다

## 목록 뷰(List View) 생성하기

템플릿 엔진이 어떤 방식으로 작동하는지 이해했을 것입니다. 이제 받아온 Tweet 데이터 중에 좀 더 자세한 사항(트윗 내용-, 유저명, Twitter 프로필 이미지)들을 출력하는 기능을 만들 것입니다.

1. 새로운 목록 뷰를 생성하려면 index.html에 추가한 social-template 스크립트를 다음처럼 수정해야 합니다.

```
<script id="social-template" type="text/x-handlebars-template">
    <ul data-role="list-view" id="my-social-list">
    <li data-role="list-divider" role="heading">트위터 검색 결과</li>
    {{#each results}}
    <p>{{this.from_user_name}}</p>
    {{/each}}
    </ul>
</script>
```

〈UL〉 태그를 추가하면 Activity 탭에서 사용했던 목록 뷰를 생성할 수 있습니다. 또한 'list-divider'라는 새 〈li〉 요소도 추가하였습니다. 이 요소는 콘텐츠 내용을 나누어주는 역할을 합니다.

2. 페이지를 저장한 후 Wine Detail 섹션을 새로 고침합니다. 그림 9-9와 같이 표시될 것입니다.

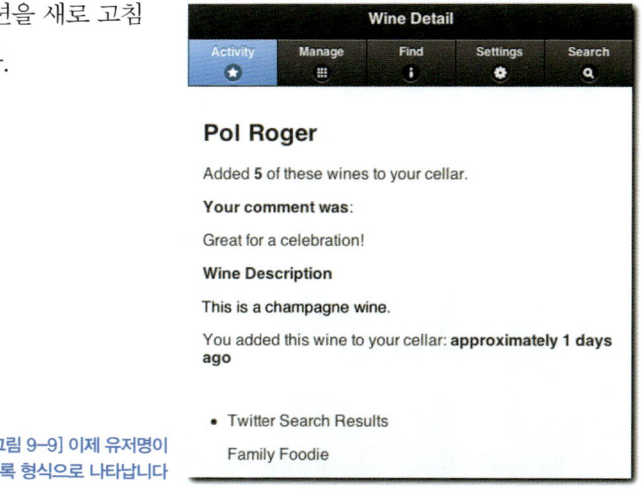

[그림 9-9] 이제 유저명이
목록 형식으로 나타납니다

이제 유저명이 〈p〉 태그가 아닌 〈li〉 요소를 이용하여 나타납니다. 여기서 빠진 것이 하나 있습니다. Activity 탭을 만들었을 때에는 목록을 만든 후에 새 콘텐츠가 추가되었을 경우에 대비해 새로 고침 메서드를 추가했습니다.

1. social.js 파일 안의 getJSON 함수 안에 다음과 같은 간단한 코드를 추가합니다.

```
$.getJSON("http://search.twitter.com/search.json?q="+res.rows.
  item(0).wine_name, function(data) {
    var source = $("#social-template").html();
    var template = Handlebars.compile(source);
    var html = template(data);

    $("#social").html(html);

    $('#my-social-list').listview();

    $('#my-social-list').listview('refresh');
});
```

HTML 문자열을 social 요소에 추가한 후 〈ul〉 태그의 ID를 가져와서 새 리스트 뷰를 생성하고, 새로 고침 메서드를 실행하여 기존에 있던 Style을 재사용합니다.

2. 저장하면 그림 9-10과 같은 화면이 나타납니다.

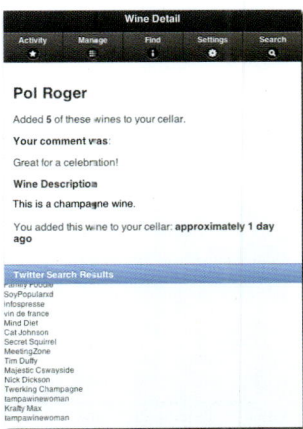

[그림 9-10] 이제 유저명이 〈p〉 태그에 알맞게 나타납니다

## Tweet용 템플릿 구축하기

Twitter에서 데이터를 받아오는 작업을 마쳤으므로 이제 Tweet 내용을 표시할 템플릿을 만듭니다.

1. 먼저 프로필 사진이 제일 왼쪽에 위치하도록 만듭니다. 템플릿에 다음 코드를 추가하면 됩니다.

```
<ul data-role="list-view" id="my-social-list">
    <li data-role="list-divider" role="heading">트위터 검색 결과</li>
    {{#each results}}
        <li>
            <a href="">
                <img class="ui-li-thumb" src="{{this.profile_
image_url}}">
            </a>
        </li>
    {{/each}}
</ul>
```

2. 파일을 저장합니다. 그림 9-11과 같이 Twitter 프로필 이미지가 왼쪽에 보일 것입니다.

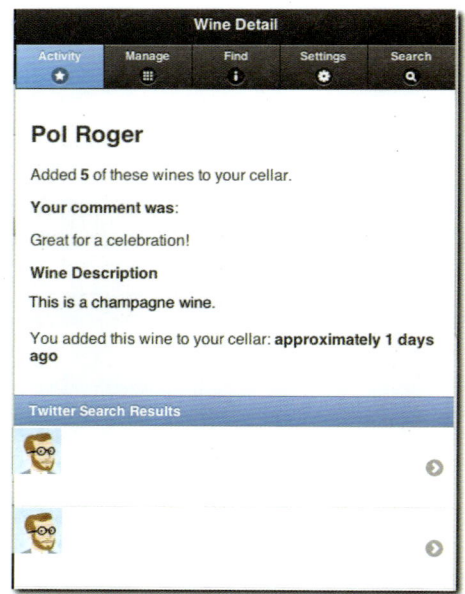

[그림 9-11] Twitter 프로필 이미지가 왼편에 보입니다

3. 유저명, 트윗 내용, 트윗 작성 시각을 추가합니다. 다음 코드를 HTML ⟨li⟩ 요소 안에 추가하기만 하면 됩니다.

```
<li>
    <a href="">
        <img class="ui-li-thumb" src="{{this.profile_image_url}}">
        <h2>{{this.from_user_name}}</h2>
        <p>{{this.text}}</p>
        <p>{{this.created_at}}</p>
    </a>
</li>
```

4. 파일을 저장합니다. 이제 그림 9-12와 같은 깔끔한 템플릿을 볼 수 있습니다.

Twitter 스트림이 전문가가 만든 것처럼 잘 만들었지만, 타임스탬프가 눈에 띕니다. 언제 해당 트윗 내용을 작성했는지 알 수는 있지만, 좀 더 유저 친화적인 X분 전(X minutes ago) 형식으로 만들어 보겠습니다.

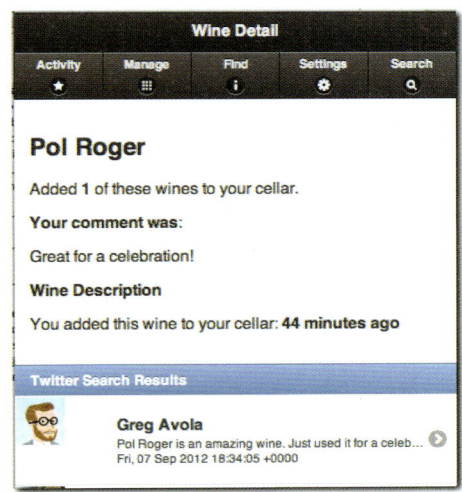

[그림 9-12] 유저가 위 화면처럼 친근하게 느껴지는 페이지를 좋아할 것입니다

## Handlebars 템플릿에서 사용할 사용자 정의 함수 정의하기

Handlebars를 이용해 콘텐츠 내용을 템플릿으로 전달한다면, 각 필드의 내용을 어떻게 수정할 수 있을까요? Handlebars에는 'registerHelper'라는 내장된 함수가 있으며, 이 함수는 사용자 정의 함수를 만드는 것을 가능하게 해줍니다. 해당 함수의 구문은 다음과 같습니다.

```
Handlebars.registerHelper('name_of_function', function(variables) {
    //이곳에 사용자 정의 함수를 정의하면 됩니다.
});
```

이 함수 사용법의 예를 들기 위해 'userFull'이라는 helper 함수를 생성하고, helper.js 안에 이 코드를 저장합니다.

1. 다음 코드를 작성합니다. Twitter에서 받아온 유저명과 유저 ID를 결합해 하나의 결과로 반환합니다.

```
Handlebars.registerHelper('userFull', function(tweets) {
    return tweets.from_user_name + " (" +tweets.from_user+ ")";
});
```

이 함수는 tweets 오브젝트를 가져온 후 from_user_name과 from_user 값을 결합하여 새로운 형식으로 반환합니다. 이 코드를 helper.js 파일 끝부분에 추가합니다.

2. 이 함수를 호출하려면 함수에 넘겨줄 변수가 (userFull) 뒤에 오도록 다음처럼 사용하면 됩니다.

```
<h2>{{userFull this}}</h2>
```

3. 파일을 저장합니다. 그림 9-13과 같은 화면을 볼 수 있습니다.

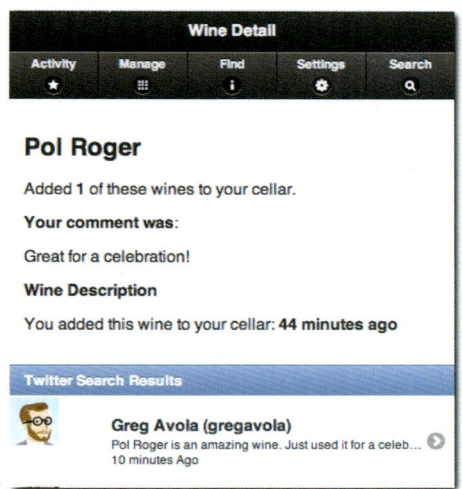

[그림 9-13] 트위터 유저명과 유저 ID의 예

## 타임스탬프 수정하기

이제까지 사용자 정의 helper 함수를 어떻게 작성하는지에 대해 배웠습니다. 이제 타임스탬프를 상대적인 시간 값으로 바꾸는 함수를 작성해보겠습니다.

1. 앞부분에서 Handlebars 템플릿상의 타임스탬프를 제어하기 위해 helper 함수를 하나 생성했던 것을 기억할 것입니다. 그때 생성했던 함수의 기능을 그대로 사용하여 Twitter Feed의 타임스탬프를 수정하겠습니다. 예전 함수 기능에 다양한 형태의 시각을 입력할 수 있도록 할 것입니다. helper.js 파일 내부에 다음 timeDiff 함수를 추가합니다.

```
Handlebars.registerHelper('timeDiff', function(string) {
....
});
```

2. 다양한 형태의 시각 입력이 가능하도록 해주는 기능을 추가합니다. 새로 생성한 timeDiff 함수에 예전에 생성했던 timeDiffActivity 함수를 복사합니다.

```
Handlebars.registerHelper('timeDiff', function(string) {
  var system_date = new Date(Date.parse(string));
  var user_date = new Date();
  var diff = Math.floor((user_date - system_date) / 1000);
  if (diff <= 1) {return "just now";}
  if (diff < 20 ) {return diff + " seconds ago";}
  if (diff < 40 ) {return "half a minute ago";}
  if (diff < 60 ) {return "less than a minute ago";}
  if (diff <= 90 ) {return "one minute ago";}
  if (diff <= 3540 ) {return Math.round(diff / 60) + " minutes
ago";}
  if (diff <= 5400 ) {return "1 hour ago";}
  if (diff <= 86400 ) {return Math.round(diff / 3600) + " hours
ago";}
  if (diff <= 129600 ) {return "1 day ago";}
  if (diff <= 604800 ) {return Math.round(diff / 86400) + " days
ago";}
  if (diff <= 777600 ) {return "1 week ago";}
  return "on " + system_date;
});
```

Twitter에서 받아온 타임스탬프를 처리하기 위해 제일 처음 두 줄만 수정하였습니다. Activity Feed
에서는 Unix 타임스탬프(12343225)를 사용했지만, Twitter는 타임스탬프를 다른 형식으로 반환하기
때문에 이에 맞게 수정한 것입니다. 전체 템플릿을 완성하면 다음과 같습니다.

```
<script id="social-template" type="text/x-handlebars-template">
    <ul data-role="list-view" id="my-social-list">
    <li data-role="list-divider" role="heading">트위터 검색 결과</li>
    {{#each results}}
        <li>
    <a href="">
```

```
        <img class="ui-li-thumb" src="{{this.profile_image_url}}">
        <h2>{{userFull this}}</h2>
        <p>{{this.text}}</p>
        <p>{{timeDiff this.created_at}}</p>
      </a>
        </li>
    {{/each}}
    </ul>
</script>
```

3. 파일을 저장합니다. 새로 고침을 하면 그림 9-14와 같은 화면을 볼 수 있습니다.

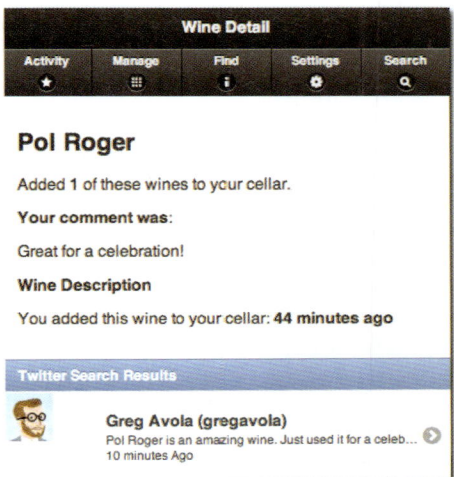

[그림 9-14] 이제 타임스탬프가 유저 친화적인 상대적인 시간으로 변경되었습니다

## 목록 뷰(List View)의 Tweet 수정하기

마지막으로 유저가 각 Tweet 내용을 터치할 경우, Twitter 홈페이지로 이동하여 Tweet 내용 전체를 보여주는 기능을 만들 것입니다. jQuery Mobile에서는 해당 List View 영역 길이가 초과되는 내용이 표시되면 해당 내용이 잘려 보이기 때문에 Twitter 홈페이지로 이동하는 것이 좋습니다. jQuery Mobile에서는 각 링크를 hashChange 이벤트로 제어하거나 href 속성을 AJAX를 이용해 불러오려고 하기 때문에 이들 링크에는 각 링크가 외부 링크라는 것을 표시해야 합니다.

1. 링크에 rel 속성을 추가합니다.

```
<a href="#" rel="external">Content</a>
```

이렇게 추가하면 jQuery Mobile에서 AJAX를 이용해 해당 링크의 내용을 가져오지 않고 새 창을 띄워 해당 링크로 이동시켜줍니다.

2. 각 유저의 Tweet 페이지로 이동해 해당 Tweet 내용을 볼 수 있도록 합니다. 기존의 데이터를 이용해 새 registerHelper를 생성합니다.

```
Handlebars.registerHelper('generateURL', function(tweet) {
    return "http://twitter.com/"+tweet.from_user+"/statuses/"+tweet.
id_str;
});
```

3. 마지막으로 이를 템플릿에 추가합니다.

```
{{#each results}}
    <li>
        <a rel="external" target="_blank" href="{{generateURL
this}}">
        <img class="ui-li-thumb"
src="{{this.profile_image_url}}">
        <h2>{{userFull this}}</h2>
        <p>{{this.text}}</p>
        <p>{{timeDiff this.created_at}}</p>
        </a>
    </li>
{{/each}}
```

4. 파일을 저장한 후 새로 고침합니다. 이제 각 Tweet을 클릭하면 그림 9-15처럼 해당 Twitter 모바일
   웹 사이트로 이동합니다.

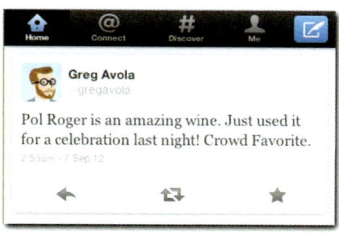

[그림 9-15] 개별 Tweet에 대한 내용 보기

## Twitter와 Facebook에 공유하기

Twitter API를 사용하여 Tweet을 검색할 수 있는 흥미로운 기능을 만들었습니다. Twitter나 Facebook
에 와인에 대한 정보를 공유할 수 있다면 더 좋을 것입니다. 이는 소셜 네트워크에서 지원하는 intent 기능
을 이용하면 쉽습니다. 이 기능은 게시물에 포함된 모든 관련 정보를 이용해 링크를 만드는 기능입니다.

1. 'share-template'이라는 추가적인 템플릿을 생성하여 index.html 파일 〈/body〉 태그 바로 위에 추
   가합니다.

```
<script id="share-template" type="text/x-handlebars-template">
....
</script>
```

2. 이제 유저가 클릭하면 Twitter나 Facebook에 이를 공유하도록 만드는 기능을 작성합니다.
   Twitter Intent Links에 대한 자세한 정보는 https://dev.twitter.com/docs/intents#tweet-intent를
   참조하기 바랍니다.

```
<script id="share-template" type="text/x-handlebars-template">
<h3><a rel="external"
href="https://twitter.com/intent/tweet?text=I+just+added+{{wine_name
}}+to+my+cellar+using+Corks!">Tweet</a></h3>
```

```
<h3><a rel="external"
href="http://facebook.com/sharer.php?u=http://example.com&title=I+
just+added+{{wine_name}}+to+my+cellar+using+Corks!">
Share on Facebook</a></h3>
</script>
```

이 스크립트는 각 소셜 네트워크에서 제공하는 파라미터를 사용하여 2개의 링크를 생성합니다. Twitter 예제에서는 text 파라미터에 Tweet 내용을 추가하고 Facebook 예제에서는 u 파라미터에 공유하고 싶은 링크를 추가합니다. 또한 title 파라미터에 게시물 제목을 입력할 수도 있습니다.

1. viewWine 함수 내부에 다음 코드를 $("#detail").html(code) 부분 바로 전에 추가합니다.

```
var source = $("#share-template").html();
var template = Handlebars.compile(source);
code += template(res.rows.item(0));
```

이 코드는 share-template의 정보를 가져온 후 Handlebars를 이용하여 컴파일하고 데이터베이스 쿼리에서 받아온 데이터를 넘겨줍니다. 이를 이용하면 Facebook과 Twitter URL을 생성하기가 쉬울 것입니다.

2. 파일을 저장한 후 애플리케이션을 새로 고침합니다. Wine Detail 페이지로 이동하면 그림 9-16과 같은 페이지를 볼 수 있습니다.

[그림 9-16] Wine Detail 페이지에 Facebook과 Twitter에 공유하는 링크가 추가되었습니다

해당 링크를 클릭하면 Twitter나 Facebook에 연결되며, 그림 9-17과 같은 내용이 미리 입력되어 있는 것을 볼 수 있습니다.

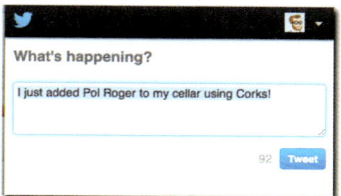

[그림 9–17] Web Intent 링크를 사용하여 Twitter에 공유하기의 예

## 요약

이 장은 Activity 및 Wine Detail 페이지를 구축하는 것에 중점을 두었습니다. 또한 Twitter에 연결하여 추가적인 정보를 가져오는 기능을 구현하였습니다. 이 밖에도 다음에 관련된 내용을 알아보았습니다.

- Handlebars를 이용하여 템플릿 생성하기
- Handlebars를 이용하여 사용자 정의 helper 함수 생성하기
- Twitter Search API 분석하기
- Twitter, Facebook에 공유하기
- jQuery Mobile에서 외부 링크 제어하기

# 위치 저장 및 검색

로컬 저장소는 웹 애플리케이션 개발자들이 애플리케이션 개발 시에 큰 데이터들을 Caching 할 수 있도록 하여 페이지 전환 시에 더욱 빠르게 로드할 수 있도록 도와줍니다. 로컬 저장소와 AJAX를 함께 사용하면 인터넷이 연결되어 있지 않더라도 데이터를 불러올 수 있습니다.

로컬 스토리지 기능은 key-pair 형식으로만 데이터를 저장할 수 있습니다. 그러므로 JSON 형식으로 받아오는 데이터를 변환해서 사용해야 합니다.

이 장에서는 로컬 저장소를 이용해 Foursquare에서 받아온 장소와 Twitter 검색 결과를 저장할 것입니다. 또한 Corks 유저 경험을 증대하기 위해 로컬 저장소 설정 패널에서 사용자 정의 기능을 생성하여 사용해볼 것입니다. 마지막으로 Search 탭을 구축하여 최근 활동에 대한 사항을 검색할 수 있도록 할 것입니다.

이 장을 마친 후에는 다음과 같은 일을 할 수 있습니다.

- 로컬 저장소를 이용하여 Foursquare에서 받아온 장소 값 캐시
- 로컬 저장소를 이용하여 Twitter에서 받아온 Tweet 내용 캐시
- Settings 탭에 로컬 저장소에 대한 설정 변경 기능 구축
- Search 탭 구축 및 와인 검색 결과 표시

## 구축해야 할 요소들

로컬 저장소가 이 장의 핵심 포인트입니다. 외부 서비스로부터 받아오는 데이터를 캐시하는 과정부터 시작하겠습니다. 데이터를 캐시하기 전에, 로컬 저장소와 상호 작용하기 쉽도록 함수 하나를 만들겠습니다. 데이터를 로컬 저장소에 저장하는 기능을 포함하는 'myStorage'라는 함수를 작성할 것입니다. 작성한 후에는 필요할 때마다 호출하여 사용할 수 있습니다.

### myStorage 함수 생성하기

특정 기능을 개발할 때 보통 해당 기능에 자주 사용되는 기본 함수를 작성하여 사용합니다.

1. index.html 파일 안에 'myStorage'라는 몇 가지 메서드를 포함하는 새 변수를 생성합니다.

```
var myStorage = {
    set: function(a,b) {
    },
    remove: function(a) {
    },
    get: function(a,b) {
    },
    clear: function() {
    }
}
```

위 함수들의 구문이 localStorage.setItem과 localStorage.getItem의 구문과 비슷하게 느껴질 것입니다. 위의 두 함수도 myStorage와 합쳐서 사용하는 것이 좋습니다. 예를 들어 로컬 저장소에 저장하기 전에 한 가지 작업을 수행하려고 할 때 localStorage.setItem( ) 부분을 찾기보다는 myStorage의 set 함수를 수정하는 것이 훨씬 편리합니다.

2. myStorage의 set 메서드에는 a와 b 두 가지 변수가 전달됩니다. a 변수는 인덱스(index) 또는 key를 나타내며, b는 해당 값을 나타냅니다.

```
..
set: function(a,b) {
    var val = "";
    if (typeof b=="object") {
        val = JSON.stringify(b);
    }
    else {
        val = b;
    }
    localStorage.setItem(a,val);
}
...
```

위 코드는 typeof 메서드를 사용하여 b 변수의 데이터 종류를 판별합니다. 해당 변수의 값이 보통 Twitter나 Foursquare에서 반환되는 값인 object라면 val 변수에 해당 값을 문자열로 저장합니다. localStorage는 오브젝트나 배열을 저장하지 못합니다. 따라서 대부분의 최신 브라우저에 내장되어 있는 JSON.stringify 함수를 사용하여 변환해야 합니다. 하지만 만일의 경우에 대비하여 다음 스크립트 태그를 〈head〉 섹션에 추가합니다.

```
<script src="https://raw.github.com/douglascrockford/JSON-js/master/
json2.js" /></script>
```

JSON.js 파일을 다운로드하여 로컬에 저장한 후에 사용해도 됩니다. 위 스크립트를 추가하는 것은 JSON이 내장되어 있지 않은 Windows Phone이나 다른 WebKit 장치에서의 작동을 위해서입니다.

3. remove와 get 메서드를 추가합니다. 이는 localStorage 메서드와 비슷합니다.

```
...
    remove: function(a) {
    localStorage.setItem(a, "");
```

```
        },
    get: function(a,b) {
        if (b == "JSON") {
            return JSON.parse(localStorage.getItem(a));
        }
        else {
            return localStorage.getItem(a);
        }
    }
 ...
```

remove 함수는 localStorage 메서드를 이용하여 변수 a의 값을 빈 값으로 설정합니다. get 함수는 a, b 두 가지 변수를 사용하며, a 변수는 인덱스, b 변수는 결과 값을 오브젝트로 받을 것인지, 일반 텍스트로 받을 것인지를 지정하는 값입니다. 이는 어떠한 종류의 데이터를 받아올 것인지에 따라 달라집니다.

마지막으로 clear 함수를 추가하는데, 이는 localStorage.clear( ) 함수와 동일합니다. 이 함수는 애플리케이션이 사용하고 있는 로컬 저장소의 모든 요소를 삭제합니다. 이 기능은 테스트나 디버깅할 때 유용합니다. 이 함수는 실제 애플리케이션상에서 유저가 데이터를 지우려고 할 경우에만 사용됩니다. 이 함수는 데이터베이스로 사용하는 WebSQL에는 영향을 미치지 않습니다.

```
 ...
clear: function() {
    localStorage.clear();
}
 ...
```

여기까지가 myStorage 함수의 끝입니다. 이제 데이터를 유지 또는 제공할 때 언제든지 사용할 수 있습니다.

## Geolocation 및 장소 캐시하기

유저의 위도 및 경도 정보를 캐시할 때의 문제점은 유저가 위치를 이동할 경우, 이 정보를 업데이트해야 한다는 것입니다. watchPosition을 사용할 수도 있지만, 이 기능은 모바일 장치의 배터리를 빠르게 소모합니다. 이때에는 가장 최근 위치 정보를 가져온 타임스탬프를 이용합니다. 유저가 위치 정보 요청을 다시 하는 경우, 최근의 타임스탬프와 시간 차이가 얼마 나지 않는다면 캐시된 위도 및 경도 정보를 제공하는 방법을 사용합니다.

1. 8장에서 생성한 successPosition 함수에 다음 코드를 추가합니다.

```
...
var currentTime = new Date().getTime();
myStorage.set("lastGeo", currentTime);
...
```

위 코드는 현재 타임스탬프를 로컬 저장소 내의 'lastGeo'라는 오브젝트에 저장합니다. 나중에 이를 이용하여 시간 차이를 구합니다.

2. getCurrentPosition을 호출하는 onHashChange 함수에 최근 위치 정보를 구해 온 시각이 얼마나 오래되었는지를 확인하는 다음 코드를 추가합니다.

```
...
if ($("#map").html() == "") {
    var latTime = myStorage.get("lastGeo");
    if (lastTime) {
        var currentTime = new Date.getTime();
        var subtract = parseInt(currentTime) - parseInt(lastTime);
        //마지막으로 위치 정보를 구한 시각과 현재 시각의 차이가 250ms보다 클 경우 새 위치 정보를 구합니다.
        if (parseInt(subtract) > 250) {
                getCurrentPosition();
        }
        else {
        navigator.geolocation.getCurrentPosition(successPosition,
errorPosition);
```

```
        }
    }
    else {
        navigator.geolocation.getCurrentPosition(successPosition,
errorPosition);
    }
}
...
```

위 함수는 복잡해 보이지만 알고 보면 간단합니다. 앞에서 만든 함수를 이용해 로컬 저장소에 'last Geo'라는 키가 존재하는지 확인합니다. 해당 키 값이 존재한다면 현재 시각과 마지막으로 위치 정보를 구해 온 시각의 차이를 구합니다. 그 차이가 250ms(millisecond)보다 클 경우 유저의 위치 정보를 navigator.geolocation.getCurrentPosition을 호출하여 새로 받아옵니다.

3. successPosition 함수에 position 오브젝트를 넘겨주지 않고도 어떻게 위도 값과 경도 값을 구하는지 궁금할 것입니다. 이는 위도 값과 경도 값을 변수 형식으로 저장해 놓았기 때문에 successPosition 함수 내부에서 쉽게 호출해서 사용할 수 있습니다.

```
function successPosition(position) {
    if (position) {
        lat = position.coords.latitude;
        lng = position.coords.longitude;
        var currentTime = new Date().getTime();
        myStorage.set("lastGeo", currentTime);
        drawMap();
    }
    else {
        drawMap();
    }
}
```

위에서는 drawMap 함수를 호출합니다. 위도 값과 경도 값은 이미 각 변수에 저장되어 있습니다. 위치 정보를 캐시하면 배터리 소모를 줄일 수 있으며, 응답 시간을 더 빠르게 할 수 있습니다.

4. 이제 장소 정보를 로컬 저장소에 캐시하여 애플리케이션 속도를 좀 더 빠르게 해봅시다. 먼저 find-Places 함수를 약간 변경해야 합니다.

**예전 함수:**

```
function findPlaces() {
    $.getJSON("https://api.foursquare.com/v2/venues/search?client_
  id=YOURCLIENTID&client_secret=YOURSECRET&ll="+lat+","-lng+"&query=
  wine store&limit=25", function(data) {
  ...
```

**바꿀 함수:**

```
function findPlaces() {
    var venue_data = myStorage.get("foursquareVenues");
  var lastTime = myStorage.get("lastVenuePull");
  if (lastTime) {
      var currentTime = new Date.getTime();
      var subtract = parseInt(currentTime) - parseInt(lastTime);
      if (parseInt(subtract) > 250) {
      $.getJSON("https://api.foursquare.com/v2/venues/search?client_
  id=YOURCLIENTID&client_secret=YOURSECRET&ll="+lat+","+lng+"&query=
  wine store&limit=25", function(data) {
                          parseMap(data,"store");
              });
      }
      else {
          parseData(venue_data);
          }
      }
```

```
else {
    $.getJSON("https://api.foursquare.com/v2/venues/search?client_
id=YOURCLIENTID&client
_secret=YOURSECRET&ll="+lat+","+lng+"&query=wine store&limit=25",
function(data) {
                        parseMap(data,"store");
            });
    }
}
```

findPlaces 함수에 다음을 수정하였습니다.

• 지도상의 위치를 분석하는 로직을 지우고, 'parseMap'이라는 새로운 함수로 대체하였습니다.
• 로컬 저장소에 저장되어 있는 마지막으로 위치 정보를 불러온 시각 캐시 값과 현재 시각의 차이가 250ms 이상이라면 위치 정보를 새로 불러오고, 250ms 미만이라면 캐시된 정보를 활용합니다.
• JSON으로 받아온 데이터를 parseMap 함수를 통해 로컬 저장소에 저장합니다.

5. 지도상에 표시한 마크를 표시하는 로직을 다시 작성합니다. 이때에는 parseMap 함수의 두 번째 변수를 고려해야 합니다.

```
function parseMap(data, store) {
    if (data.meta.code == 200) {
        if (store) {
            myStorage.set("foursquareVenues", data);

            var current Time = new Date.getTime();
            myStorage.set("lastVenuePull", currentTime);
        }
    }
}
```

이전에 작성했던 로직은 지도상에 마크만 표시하지만, 이번 로직은 로컬 저장소에 저장할 것인지의 여부도 확인해야 합니다. 만약 로컬 저장소에서 장소에 대한 정보를 불러온다면 똑같은 내용을 다시 로컬 저장소에 저장하거나 해당 정보를 받아온 시각을 다시 입력할 필요가 없기 때문입니다. 하지만 해당 데이터가 새로 받아온 정보라면 그 정보를 받아온 시각을 로컬 저장소에 저장합니다.

6. 마지막으로 지도에 마크 표시하는 loop 마지막 부분에 'resize'라는 Google Map 명령어를 추가하여 지도에 표시된 장소들이 한 페이지에 모두 보여질 수 있도록 합니다. 이 기능을 추가하지 않으면 지도상에 보이지 않는 부분이 생길 수 있습니다.

```
google.maps.event.trigger(map, 'resize');
```

7. 이제 웹 사이트를 새로 고침한 후에 Find 탭으로 이동합니다. 이전과 달라진 점은 없지만, 좀 더 빨라진 것을 알 수 있을 것입니다. console.log문을 추가하면 그림 10-1과 그림 10-2와 같이 캐시 정보를 가져오는 경우와 새로 정보를 가져오는 경우를 비교해볼 수 있습니다.

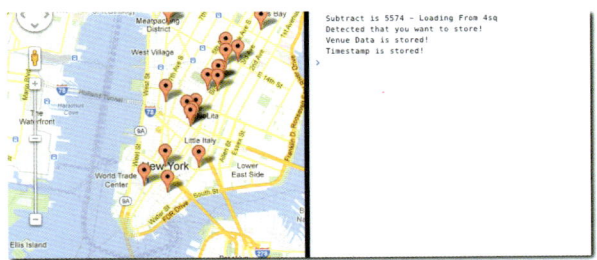

[그림 10-1] 로컬 저장소에 데이터가 저장되었다는 것을 보여줍니다
map data 2012 © Google

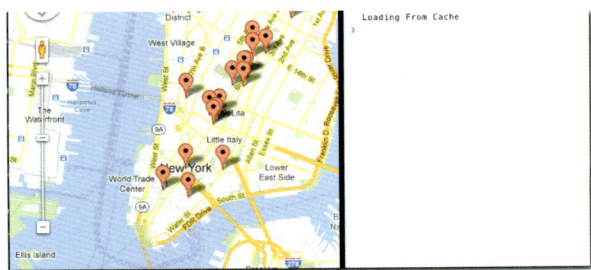

[그림 10-2] Foursquare에서 데이터를 받아오지 않고 캐시된 데이터를 사용했을 경우입니다
map data 2012 © Google

## Tweet 캐시하기

로컬 스토리지 기능을 이용하여 Twitter에서 받아온 내용을 캐시해보겠습니다.

1. Foursquare 구문 분석 함수(parseMap)처럼 'parseTweets'라는 새 함수를 생성합니다.

```
function parseTweets(wine_id, data, store) {
    if (store)
    {
        myStorage.set("tweetWine_"+wine_id, data);
        var currentTime = new Date().getTime();
        myStorage.set("lasttwitterPull", currentTime);
    }
    var source = $("#social-template").html();
    var template = Handlebars.compile(source);
    var html = template(data);
    $("#social").html(html);
    $('#my-social-list').listview();
    $('#my-social-list').listview('refresh');
}
```

Foursquare에서 사용했던 parseData 함수와 위 함수는 약간의 차이점이 있습니다.

- wine_id 포함 총 3개의 변수를 사용합니다.
- wine_id 값을 이용하여 로컬 저장소 오브젝트의 인덱스를 설정합니다(tweetWine_1).

2. Wine Detail 정보를 가져오는 함수도 수정해야 합니다.

```
...
$("#detail").html(code);
var twitter = myStorage.get("tweetWine_"+res.rows.item(0).wine_id,
"JSON");
var lastTime = myStorage.get("lasttwitterPull");
```

```
    if (lasttime)
    {
        var currentTime = new Date().getTime();
        var subtract = parseInt(currentTime) - parseInt(lastTime);
        if (parseInt(subtract) >= 1500)
        {
        $.getJSON("http://search.twitter.com/search.json?q="+res.rows.
item(0).wine_id, function(data) {
                parseTweets(res.rows.item(0).wine_name, data, "store");
            });
        }
        else
        {
            parseTweets(res.rows.item(0).wine_name, data, "store");
        }
    }
    else
    {
        $.getJSON("http://search.twitter.com/search.json?q="+res.rows.
item(0).wine_id,
function(data) {
                parseTweets(res.rows.item(0).wine_name, data, "store");
        });
    }
```

장소 정보를 받아올 때 했던 것처럼 Tweet 내용을 받아올 때도 가장 최근에 받아온 시각을 저장합니다. 시간차이가 1500ms보다 큰 값인지 확인하고, 1500ms보다 작은 값이면 캐시된 정보를 보여줍니다.

## Settings 탭에서 세부 사항 저장하기

로컬 저장소를 이용하면 소셜 네트워크에서 받아온 정보들을 저장할 수 있을 뿐만 아니라 유저가 설정한 환경 설정 값들을 저장할 수 있습니다. 다음 예제에서는 Settings 탭을 추가하고 해당 탭에 유저명이 표시되도록 할 것입니다.

**1.** jQuery Mobile을 이용하여 다른 탭을 만들었을 때와 비슷한 HTML 구문을 사용하여 Settings 탭을 추가합니다. 다음 코드를 index.html 내부의 HTML 구문과 〈script〉 사이에 추가합니다.

```html
<div id="settings" data-role="page">
    <div data-role="header" data-position="inline">
    <h1>Settings</h1>
    <div data-role="navbar" data-iconpos="bottom">
        <ul>
            <li><a data-icon="star" href="#activity">Activity</a></li>
            <li><a data-icon="grid" href="#manage">Manage</a></li>
            <li><a data-icon="info" href="#find">Find</a></li>
            <li><a data-icon="gear" class="ui-btn-active"
href="#settings">Settings</a></li>
            <li><a data-icon="search" href="#search">Search</a></li>
        </ul>
    </div><!-- /navbar -->
    </div><!-- /header -->
    <div data-role="content">
        <div class="success" id="success-msg-user" style="display:
none;">유저명이 저장되었습니다.</div>
            <label for="user_name">유저명:</label>
            <input type="text" class="required" name="user_name"
id="user_name_save" data-mini="true" />
            <button onclick="saveUser();">저장하기</button>
    </div><!-- /content -->
</div><!-- /page -->
```

이 코드는 페이지 내에 입력 상자와 전송 버튼을 포함한 간단한 폼을 추가합니다. 전송 버튼을 클릭하면 saveUser 함수를 호출하게 됩니다. 입력 상자 ID를 'user_name_save'로 정의한 것을 알고 있어야 합니다.

**2.** 입력 상자에 입력받은 내용을 로컬 저장소에 저장하는 saveUser 함수를 구축합니다.

```
function saveUser() {
    $("#success-msg-user").hide();
    myStorage.set("userName", $("#user_name_save").val());
    $("#success-msg-user").show();
}
```

**3.** 이 함수는 간단하며, hide와 show 메서드를 이용하여 결과 메시지 div를 전환해줍니다. user_name_
save 요소 값을 로컬 저장소의 userName 인덱스에 저장합니다.

여기서 가장 중요한 점은 로컬 저장소에 정확한 값을 제대로 입력했는지를 확인하는 것입니다. 다음
코드를 $(document).ready 함수에 추가합니다.

```
$(document).ready(function() {
var user = myStorage.get("userName");
    if (user) {
        $("#user_name_save").val(user);
    }
....
```

이 코드는 애플리케이션이 모두 로드되고 난 후에 로컬 저장소에 userName 인덱스가 있는지 확인합니
다. 해당 인덱스가 존재한다면 userName의 값을 가져와서 입력 상자의 value 속성에 이를 삽입합니다.
index.html 파일을 새로 고침하고 Settings 탭으로 이동한 후, 유저명을 입력하고 저장 버튼을 누르면 그림
10-3과 같은 화면이 나타날 것입니다.

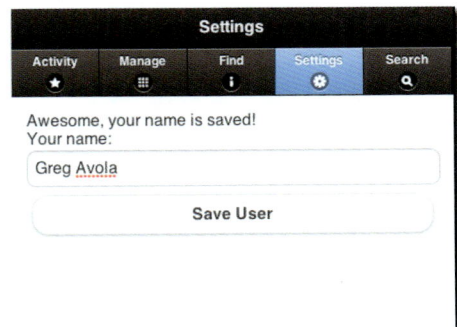

[그림 10-3] 애플리케이션에서 유저명이
저장되었다는 메시지가 출력됩니다

여기까지 마쳤다면 브라우저를 종료했다가 다시 실행하고 Settings 탭으로 이동합니다. 그림 10-4와 같이 입력했던 유저명을 확인할 수 있습니다.

[그림 10-4] 유저명을 한 번 저장한 후에는 Settings 탭으로 이동하면 해당 유저명이 출력됩니다

## 기록 검색하기

와인 저장소에 몇 가지 와인을 저장하고 난 후에는 특정 와인을 검색할 수 있는 검색 기능이 필요합니다. 마지막으로 만들 것은 Search 탭이며, 유저의 활동을 와인명으로 검색할 수 있게 합니다. 다음 단계를 따라하면 됩니다.

1. Settings 탭과 마찬가지로 Search 탭의 기본 템플릿을 생성합니다. 위에서 추가한 Settings 탭 바로 아랫부분에 다음 코드를 추가합니다.

```
<div id="search" data-role="page">
    <div data-role="header" data-position="inline">
    <h1>Search</h1>
    <div data-role="navbar" data-iconpos="bottom">
        <ul>
            <li><a data-icon="star" href="#activity">Activity</a></li>
            <li><a data-icon="grid" href="#manage">Manage</a></li>
            <li><a data-icon="info" href="#find">Find</a></li>
            <li><a data-icon="gear" href="#settings">Settings</a></li>
            <li><a data-icon="search" class="ui-btn-active" href="#search">Search</a></li>
```

```
        </ul>
      </div><!-- /navbar -->
      </div><!-- /header -->
      <div id="my-search" data-role="content">
          <form id="search-form" data-ajax="false" onsubmit=
  "SearchWines();
  return false;">
               <label for="search-basic">검색어:</label>
               <input type="search" name="search" id="search-basic"
  value="" />
          </form>
          <ul data-role="list-view" id="my-search-list"></ul>
      </div><!-- /content -->
  </div><!-- /page -->
```

유저가 텍스트를 입력할 수 있는 'search'라는 입력 상자를 추가했습니다. index.html 파일을 새로 고
침해보면 그림 10-5와 같이 이미 테마가 적용되어 있는 것을 알 수 있습니다.

[그림 10-5] 검색에 사용할 입력 상자를 추가하였습니다

2. 이제 구조를 만들었으므로 activity 목록에서 검색하는 함수를 만들어야 합니다. 위의 form 요소에서
볼 수 있듯이, 'SearchWines'라는 함수를 작성할 것입니다.

```
function SearchWines() {
    var search_term = $("#search-basic").val();
    db.transaction(function (tx) {
        tx.executeSql("SELECT wine_name, wine_description,
activity_note, activity_quantity, activity_id, activity.wine_id,
activity.created_at from activity INNER JOIN wines on activity.wine_
id = wines.wine_id where wine_name LIKE ?", ["%"+search_term+"%"],
            function(tx,res) {
                if (res.rows.length == 0)
                {
                    console.log("seriously");
                }
                else
                {
                var len = res.rows.length;
                    var code = "";
                    for (var i = 0; i < len; i++) {
                    var start = new Date().getTime();
                    diff = timeDifference(start,
res.rows.item(i).created_at);
                        code += "<li>
<a href='#wineDetail' onclick='wineDetail("+res.rows.item(i).
activity_id+";'>
<h2>"+res.rows.item(i).wine_name+"</h2>
<p>Added " + res.rows.item(i).activity_quantity+" to My Cellar</p>
<p style='margin-top:10px;'>" + diff + "</p></a>
</li>";
                    }
                    $("#my-search-list").html(code);
                    $('#my-search-list').listview();
                    $('#my-search-list').listview('refresh');
                }
            },
```

```
                        FR);
            });
    }
```

이 함수는 grabActivity 함수와 비슷하지만, 검색 기능으로 사용하기 때문에 DB 쿼리문 작성 시에 해당 검색어를 포함한 모든 결과를 출력하는 "LIKE"를 사용합니다. 검색 결과를 받아오면 Activity 탭과 비슷한 형식으로 〈ul〉 태그 안에 집어넣은 후에 목록 뷰를 새로 고침합니다.

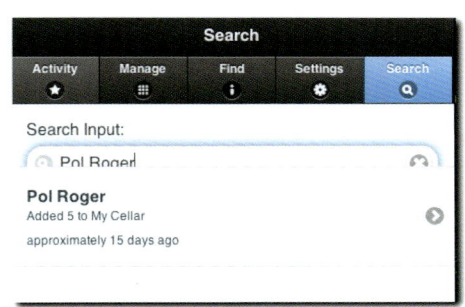

페이지를 저장한 후 Search 탭으로 이동하여 와인을 검색해봅니다. 검색하면 다음 그림 10-6과 같이 이상한 화면이 나타납니다.

[그림 10-6] 애플리케이션이 검색 결과를 표시하지만 배치가 약간 이상합니다

목록 뷰 부분이 〈ul〉 태그를 위로 이동시켜 검색 폼과 겹치게 됩니다. 이 문제는 여러 가지 방법으로 해결할 수 있는데, 그중 가장 쉬운 방법은 form 요소에 새로운 'pad'라는 class를 추가하는 것입니다.

〈head〉 태그 안에 다음 스크립트를 추가합니다.

```
...
<style type="css/text">
.pad {
padding-bottom: 25px;
}
</style>
...
```

그 후에 form 요소에 class를 추가합니다.

```
...
<form id="search-form" data-ajax="false" onsubmit="SearchWines(); return
false;" class="pad">
...
```

물론 .pad class를 스타일 시트 파일에 추가해도 됩니다. 하지만 위에서는 예를 들어 head 안에 추가한 것입니다. 나중에 업데이트나 유지보수가 편하도록 모든 스타일 관련 스크립트를 별도의 파일 안에 모두 추가하여 사용하는 것이 좋습니다.

저장한 후 새로 고침하면 그림 10-7과 같이 좀 더 나은 화면을 볼 수 있습니다.

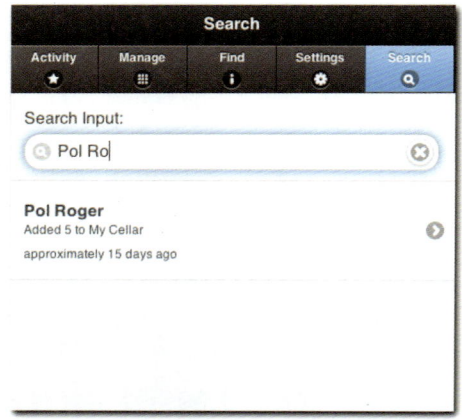

[그림 10-7] 수정 후 좀 더 나아진 화면

검색 기능에서 쿼리문을 조작하여 다른 필드를 검색하게 만들 수도 있습니다. 예를 들어 activity_note 필드만 검색하고 싶다면 다음처럼 변경하면 됩니다.

```
...
tx.executeSql("SELECT wine_name, wine_description, activity_note,
activity_quantity, activity_id, activity.wine_id, activity.created_at
from activity INNER JOIN wines on activity.wine_id = wines.wine_id where
activity_note LIKE ?", ["%"+search_term+"%"],
...
```

앞의 쿼리문에서 'INNER JOIN'이라는 SQL 기능을 사용합니다. 이는 2개의 테이블을 하나의 공통 필드를 기준으로 합치는 기능을 합니다. 위의 경우에는 'wine_id'라는 공통 필드를 기준으로 wines, activity 테이블을 합칩니다. 이를 이용하여 쿼리문을 여러 개 작성하지 않고도 activity와 wine에 대한 정보를 얻을 수 있습니다.

이제 애플리케이션에 활동 내역을 검색할 수 있는 기능을 만들었습니다.

## 요약

이 장은 Settings와 Search 페이지 구축에 중점을 두었고, 로컬 저장소를 이용하여 Foursquare와 Twitter에서 받아온 정보를 캐시하거나 저장하는 법에 대해 다루었습니다. 이 밖에도 다음에 관련된 내용을 알아보았습니다.

- JSON을 이용하여 로컬 저장소용 사용자 정의 helper 함수 구축
- JavaScript를 이용한 구문 및 오브젝트 분석
- LIKE 연산자를 이용한 Web SQL 쿼리문 작성

PART

IV

성능 및
프로덕션

CHAPTER

11

# 코드 테스트 및 구성

이 장에서는 코드를 검토하여 개선점 찾기, 각 코드 섹션별 개별 JavaScript 파일에 옮기기, Manifest Cache를 이용하여 캐시하기 등 일명 리팩토링(Refactoring) 작업에 대해 알아봅니다. 그리고 페이지 로드 시에 JavaScript 파일을 비동기식으로 제공해주는 head.js와 같은 최적화 플러그인에 대해서도 알아봅니다. 마지막으로 다양한 브라우저상에서 애플리케이션의 호환성 여부를 판단합니다.

이 장을 마친 후에는 다음과 같은 일을 할 수 있습니다.

- JavaScript 코드 체계화하기
- head.js와 Manifest cache 사용하기
- 모바일 애플리케이션 테스트 기법 배우기

# JavaScript 파일 체계화하기

지금까지는 모든 JavaScript 코드를 index.html 파일 아랫부분에 추가하였습니다. 개발 시에는 이렇게 하는 것이 좋지만, 이제 이 코드들을 목적에 따라 정리할 필요가 있습니다. 각 스크립트가 수행하는 작업에 따라 각각 JavaScript 파일을 생성하는 것이 좋습니다. 다음 구조와 같이 정리해볼 수 있습니다.

```
assets
        js
                global.js
                database.js
                util.js
                social.js
                geo.js
                helper.js
```

이 구조라면 수정하려고 하는 스크립트를 찾아 수정하고 체계화하는 데 문제가 없을 것입니다. 또한 기능에 따라 파일을 나누어 페이지 로드 시에 좀 더 빨리 스크립트를 다운로드할 수도 있을 것입니다. 표 11-1은 각 JavaScript 파일을 설명한 것입니다.

[표 11-1] 각 JavaScript 파일 설명

| 파일명 | 파일 설명 |
|---|---|
| Global.js | 전역변수, document.ready( ) 함수, 기타 설치 시 사용하는 함수를 포함합니다. |
| Database.js | 데이터베이스 연결, 쿼리문 등의 데이터베이스와 상호 작용하는 기타 모든 함수를 포함합니다. |
| Util.js | 두 시각을 비교하는 함수나 애플리케이션에서 사용되는 myStorage와 같은 기타 기본적인 함수들이 포함됩니다. |
| Social.js | Corks 애플리케이션과 Foursquare, Twitter 등의 소셜 네트워크와 상호 작용하는 함수들이 포함됩니다. |
| Geo.js | 지도나 Geolocation에 관련된 모든 요소가 포함됩니다. |
| Helper.js | Tweet 템플릿 라이브러리에 사용되는 HandlebarsJS helper 함수들이 포함되어 있습니다. |

## Global.js 설정하기

Global.js는 HTML 문서에서 가장 먼저 로드되는 파일입니다. 이 말은 웹 애플리케이션이 시작될 때 필요한 모든 변수와 콘텐츠가 이 파일에 포함되어 있는지를 확인해야 한다는 것을 의미합니다.

다음 항목들이 포함되었는지의 여부에 중점을 두어야 합니다.

- 애플리케이션이 시작될 때 필요한 함수, 요소들
- 애플리케이션에서 사용하는 전역변수들

다음과 같은 과정이 있습니다.

1. global.js 파일 첫부분에 전역변수들을 추가합니다. 이 변수들은 애플리케이션 전반에 걸쳐 사용됩니다.

```
/* System Variables */
var map;
var db;
var lat;
var lng;
var infowindow = new google.maps.InfoWindow();
```

2. 위 전역변수들 아래에 있는 hashchange 이벤트에 관련된 코드를 추가합니다.

```
/* Hash Change */
$(window).bind('hashchange', function(e) {
    newHash = window.location.hash.substring(1);
...
});
```

hashchange 이벤트는 이 책의 앞부분에서 Corks 애플리케이션의 페이지 탐색 기록을 남길 때 사용되었습니다. 유저가 이동하는 페이지의 기록을 남겨 유저가 뒤로 가기 버튼을 눌렀을 때 이전 페이지가 올바르게 표시되도록 도와줍니다.

3. 스크립트 초기화와 데이터베이스 및 기타 설치 함수들이 포함되어 있는 document.ready( ) 함수를 추가합니다.

```
/* Document Load */
$(document).ready(function() {
    var user = myStorage.get("userName");
    if (user) {
      $("#user_name_save").val(user);
      }
      db = openDatabase('myCorks', '1.0', 'My Corks Database', 2 *
1024 * 1024);

      ...

});
```

여기까지가 애플리케이션을 시작하는 데 필요한 모든 것을 포함하고 있는 global.js입니다.

## Database.js 생성하기

이 파일은 테이블 초기화를 제외한 데이터베이스와 상호 작용하는 모든 쿼리문을 포함합니다.

1. 데이터베이스를 호출하는 모든 함수들을 추출하여 추가합니다. 다음 함수들을 포함합니다.
   - grabActivities( )
   - viewDetails( )
   - searchWines( )
   - get_color( )
   - addWineActivity( )
   - addWine( )
   - addActivity( )

2. 위 함수들을 index.html 파일에서 추출하였다면 database.js 파일 내부에 복사합니다.

3. 아래에 DB 쿼리문 성공 함수와 실패 함수를 추가합니다.

```
/* Callbacks */
function sR(a,b) {
    //쿼리문이 성공적으로 실행되었습니다.
}
function fR(a,b) {
    //쿼리문이 성공적으로 실행되지 않았습니다. 유저에게 이를 알립니다.
    alert(b.message);
}
```

4. 이 밖의 데이터베이스와 관련된 모든 것을 추가한 후에 database.js 파일을 저장합니다.

## Util.js 생성하기

반복되어 사용되는 함수들만 따로 Util.js에 추가합니다.

다음 함수들을 가져옵니다.

- last_id( )
- handleForm( )
- toggleBox( )
- timeDifference( )
- myStorage
- saveUser( )

위 함수들을 웹 애플리케이션에서 사용할 수 있도록 Util.js 파일로 모두 복사합니다. 필요시에는 다른 함수를 더 추가해도 됩니다.

## Social.js 생성하기

Foursquare나 Twitter API를 호출할 때 사용하는 다음 함수들을 추출하여 Social.js 파일에 추가합니다.

- parseTweets( )
- findPlaces( )

이 파일에는 API를 호출하는 함수만 추가합니다. 템플릿이나 helper에 관련된 함수들을 helper.js 파일에 추가할 것입니다.

## Geo.js 생성하기

지도와 Geolocation에 관련된 코드를 작성하는 것은 어렵지만, 이를 체계화하는 것은 어렵지 않습니다. 이 Geo.js 파일에는 Geolocation 및 지도 설정을 초기화 또는 업데이트하는 함수들을 추가합니다.

추출하여 추가할 함수는 6개입니다.

- refreshLocation( )
- drawMap( )
- parseMap( )
- getInfoWindowEvent( )
- successPosition( )
- errorPosition( )

## Helper.js 생성하기

helper.js 파일은 HandlebarsJS를 통해 템플릿을 컴파일하는 것을 도와주는 몇 가지 추가 메서드를 제공하기 위한 것입니다. 앞에서 이미 작성한 코드이기는 하지만 한 가지 예를 들어보겠습니다.

```
/* HandlebarsJS Helpers */

Handlebars.registerHelper('userFull', function(tweets) {
    return tweets.from_user_name + " ("+tweets.from_user+")";
});

...
```

## 종합하기

이제 각 JavaScript 파일들 안에 모든 기능들을 추가하였으므로 HTML 파일의 head 섹션에 이를 추가하면 됩니다. 일부 브라우저에서는 JavaScript 파일들을 HTML 문서 제일 아랫부분에 추가하는 것이 속도 측면에서 조금 개선된 사례가 있었습니다. 그 이유는 HTML 콘텐츠가 모두 로드되고 난 후에 JavaScript가 로드되기 때문입니다. Corks 애플리케이션 같은 경우, 속도 및 성능은 크게 문제시되지 않지만 개발하는 애플리케이션에 따라 차이가 조금 생길 수 있습니다.

Corks의 경우, 실제 HTML이 사용하는 부분은 얼마 되지 않으며, JavaScript로 나머지 부분이 채워집니다. 성능 및 속도 개선을 위해 JavaScript 파일들을 HTML 파일 제일 아랫부분에 추가해도 됩니다. 이렇게 하면 강제로 HTML 텍스트가 모두 로드되고 난 후에 JavaScript가 로드되도록 만듭니다. JavaScript 파일들은 HandlebarsJS 스크립트를 추가한 아랫부분에 추가하면 됩니다.

```
<script src="http://cloud.github.com/downloads/wycats/handlebars.
js/handlebars-1.0.0.beta.6.js"></script>

<script src="assets/js/global.js" type="text/JavaScript"
charset="utf-8"></script>
<script src="assets/js/database.js" type="text/JavaScript"
charset="utf-8"></script>
<script src="assets/js/geo.js" type="text/JavaScript"
charset="utf-8"></script>
<script src="assets/js/helper.js" type="text/JavaScript"
charset="utf-8"></script>
<script src="assets/js/util.js" type="text/JavaScript"
charset="utf-8"></script>
<script src="assets/js/social.js" type="text/JavaScript"

charset="utf-8"></script>
```

이제 모든 스크립트 추가가 끝났으며, 어떤 함수가 어떤 파일 안에 있는지 알기 쉽게 되었습니다. 이는 유지보수나 코드 업데이트 시에 좀 더 편리하게 작업할 수 있게 도와줍니다. JavaScript 파일을 하나의 파일에 넣으면 HTTP 요청 횟수를 줄일 수 있지만, 몇몇 파일에 나누어 넣어도 애플리케이션 성능에 영향을 끼치지는 않습니다.

# JavaScript 파일 로드하기

    JavaScript 파일을 로드하는 것은 파일 크기에 따라 시간이 소요될 수 있습니다. HTML 문서는 위에서부터 아래로 차례대로 로드된다는 것을 기억해야 합니다. 웹 개발자들은 모바일 장치에서의 속도 향상을 위해 몇 가지 툴을 사용하기도 합니다.

JavaScript는 항상 동기화하여 로드됩니다. 이 말은 JavaScript가 로드되고 있을 때에는 다른 것이 로드될 수 없다는 의미입니다. 이것이 JavaScript 파일을 HTML 문서 아랫부분에 추가하는 이유입니다. 하지만 'head.js'라는 서비스를 이용해 이 JavaScript를 비동기 로드하는 방법도 존재합니다.

## Head.js

    Head.js(http://headjs.com)는 HTML 문서의 head 섹션을 비동기 로드하는 것을 가능하도록 만들어주는 JavaScript 라이브러리입니다. 이는 script, css 파일들이 로드되는 속도를 향상시켜줍니다.

head.js를 추가하려면 다음 단계를 따르면 됩니다.

1. headjs.com에서 Download link를 클릭합니다. 'https://github.com/headjs/headjs/raw/v0.99/dist/head.min.js'라는 최신 버전 주소를 직접 입력하여 다운로드해도 됩니다.

2. 다음 코드를 index.html 파일의 head 섹션 HandlebarsJS 스크립트 아래에 추가하면 됩니다.

```
<script type="text/JavaScript" language="JavaScript"
src="https://raw.github.com/headjs/headjs/v0.99/dist/head.min.js">
</script>
```

3. 위의 종합하기에서 추가한 <script> 태그를 삭제하고, 다음 코드로 대신합니다.

```
<script type="text/JavaScript" language="JavaScript">
    head.js("assets/js/global.js", "assets/js/database.js", "assets/
js/geo.js",
    "assets/js/helper.js", "assets/js/util.js", "assets/js/social.js");
</script>
```

이제 페이지 로드 시에 JavaScript 파일이 빠르게 로드될 것입니다. Corks 애플리케이션에서는 큰 차이를 느낄 수 없지만, JavaScript를 많이 사용하는 애플리케이션에서는 큰 효과를 볼 수 있습니다.

## Manifest Cache

Manifest Cache는 모바일 장치 브라우저에서 웹 애플리케이션이 사용하는 정적 파일들을 저장하는 기능을 제공합니다. 기본 설정은 간단하지만 각 파일들이 업데이트되었는지 확인하는 코드를 작성해야 합니다. Manifest Cache와 head.js는 함께 사용할 수 없습니다. 이 두 가지는 각각 다른 캐시 솔루션을 사용하기 때문입니다.

1. 다음 코드를 문서의 〈html〉 태그에 추가합니다.

```
<html manifest="manifest.appcache">
```

각 HTML 파일마다 모두 적용해야 합니다.

2. 'manifest.appcache'라는 파일을 생성하여 프로젝트 루트 폴더에 저장합니다. 〈html〉 태그에 작성한 이름과 똑같아야 합니다.

3. 마지막으로 해당 파일 안에 다음 코드를 추가합니다.

```
CACHE MANIFEST
index.html
assets/js/*
```

이 코드는 애플리케이션이 assets/js 디렉터리 내부의 모든 파일을 캐시할 수 있도록 합니다. 따라서 앞에서 작성한 모든 JavaScript 파일을 캐시하게 됩니다. 2장에서 다루었던 것처럼, 이를 확장해서 더 많은 항목을 캐시할 수 있도록 할 수 있습니다.

.appcache 파일을 사용할 때에는 반드시 올바른 MIME 형식을 함께 사용해야 합니다. 여러 가지 방법이 있지만 그중 가장 일반적으로 사용되는 방법은 .htaccess 파일을 이용해 형식을 지정해주는 것입니다 (Apache 웹 서버를 사용할 경우에만 해당합니다). 웹 애플리케이션의 루트 디렉터리에 .htaccess 파일을 생성한 후 다음 코드를 추가합니다.

```
AddType text/cache-manifest .appcache
```

여기까지의 과정이 끝나면 이제 Manifest Cache 기능을 사용할 수 있습니다. 이 기능을 활성화해 놓은 상태에서 유저가 처음으로 웹 사이트를 방문하면 Manifest Cache를 사용하는 모든 파일이 다운로드되어 캐시됩니다. 이 작업으로 인해 애플리케이션이 약간 느려질 수 있지만, 다운로드가 모두 끝나면 캐시 기능을 사용하지 않았을 때보다 더 빠르게 동작합니다.

> 파일들은 비트레벨에서 캐시됩니다. 이 말은 파일 하나를 변경하면 manifest 파일 전체를 다시 다운로드하여 다시 캐시하는 작업을 수행하게 된다는 것을 의미합니다. 그러므로 애플리케이션 캐시 업데이트 시 신중해야 합니다.

## JavaScript 크기 줄이기

모바일 애플리케이션을 구축하는 목적은 JavaScript 파일 크기를 최대한 줄여서 브라우저가 이 파일들을 빠르게 불러와 실행하게 하는 데에 있습니다. JavaScript 파일 크기를 줄이는 작업은 'minifying(축소)'이라고 부릅니다.

이 작업은 공백(변수 사이, 줄 사이 공백 모두)을 없애고, 긴 JavaScript를 단일 문자열로 치환합니다. 이를 통해 브라우저가 이 JavaScript를 빠르게 불러올 수 있으며, 파일 크기도 줄일 수 있습니다. 어떤 툴은 공백을 없애면서 JavaScript 변수들을 각기 다른 단일 문자로 치환해서 크기를 더 줄여주기도 합니다.

다음 툴들을 이용하면 JavaScript를 minify할 수 있습니다.

- http://www.minifyjs.com/javascript-compressor
- http://jscompress.com
- http://refresh-sf.com/yui

CSS 및 HTML 파일을 minify하여 파일의 전체적인 크기를 줄일 수 있습니다. minify 작업의 단점은 해당 파일들을 수정하거나 업데이트하기 어렵다는 것입니다. 따라서 minify된 파일과 원본 파일을 같이 따로따로 보관하여 사용하면 됩니다.

*JS Beautifier(http://jsbeautifier.org)와 같은 툴을 사용하면 minify된 JavaScript를 역으로 확장하여 좀 더 쉽게 읽을 수 있습니다.*

## 모바일 테스트 기법들

대부분의 프로그래머들은 코드 작성 시에 한 번 작성한 코드들은 차후에 성능 향상을 위해 재수정하지 않는 편입니다. 프로그래밍에서 동일한 작업을 수행하는 데에는 여러 가지 방법이 존재합니다. 하지만 각 방법들이 항상 최적화된 성능을 보여주는 것은 아닙니다. 코드의 수정 및 트윅을 통해 성능을 향상시키는 리팩토링(Refactoring) 메서드를 사용하면 됩니다.

대부분의 경우 개발자들은 브라우저 테스트를 통해서만 코드를 리팩토링합니다. 이는 CSS3를 지원하지 않는 오래된 브라우저에서 웹 페이지를 이용하는 경우가 많기 때문입니다. Corks 애플리케이션은 모바일 장치를 대상으로 제작되었습니다. 다음은 테스트 시에 염두에 두어야 하는 몇 가지 팁들을 나열한 것입니다.

- 모바일 장치와 에뮬레이터는 완전히 다릅니다. 실제 모바일 장치에서 애플리케이션을 테스트해본 후에 메모리 사용량이 문제가 되지 않는지 확인합니다. 예를 들어 어떤 애플리케이션들은 컴퓨터 Safari 브라우저에서는 매끄럽게 작동하지만, 모바일 장치상에서는 정상적으로 작동하지 않는 경우가 있습니다. 개발자도 가끔은 모바일 장치상에서의 CPU와 RAM이 제한된다는 것을 잊어버리는 경우가 많습니다.

- 유저의 모바일 장치에서 지원하는 HTML5 기능들을 사용합니다. 애플리케이션을 구축할 때에는 주 대상이 되는 모바일 장치에서 지원하는 HTML5 기능을 사용합니다. 예를 들어 Corks에서 Web SQL 을 사용하기 때문에 이 애플리케이션은 Mozilla Firefox와 같은 WebKit 브라우저가 아닌 브라우저에서는 작동하지 않습니다.
애플리케이션 구축 시에는 이를 고려했더라도 테스트하는 경우에는 해당 사항을 발견하지 못하는 경우가 있습니다. HTML5 기능을 사용할 때에는 주 대상으로 하는 모바일 장치에서 지원하는 기능을 사용하는 것이 좋습니다.

■ 모바일 장치에서는 마우스를 사용하지 않습니다. 컴퓨터상에서 웹 애플리케이션을 테스트할 때 흔히 발생하는 이슈들 중 하나가 손가락이 아닌 마우스를 사용한다는 점입니다. ontouchstart와 onclick을 필요에 맞게 잘 사용해야 합니다. 모바일 장치상에서 hover 속성은 정상적으로 작동하지 않습니다.

## Corks 테스트하기

Corks 애플리케이션이 다른 브라우저들상에서 정상적으로 작동하는지 테스트하는 방법에 대해 궁금했을 것입니다. Corks 애플리케이션은 jQuery Mobile을 사용하였기 때문에 외관 테스트는 성공적이라고 생각해도 됩니다. 왜냐하면 jQuery Mobile이 표 11-2의 호환성 차트에 포함된 모든 운영 체제 및 장치에서 동일하게 작동하기 때문입니다.

**[표 11-2] jQuery Mobile Support**

| 구동 체제/버전 | 승인된 장치 |
| --- | --- |
| Apple iOS 3.2–5.0 | iPad(4.3/5.0), iPad2(4.3), iPhone(3.1), iPhone3(3.2), 3GS(4.3), 4(4.3/5.0), 4S(5.0) |
| Android 2.1–2.3 | HTC Incredible(2.2), Droid(2.2), HTC Aria(2.1), Google Nexus S(2.3), 1.5 및 1.6 버전에서는 기능상으로는 작동하지만 성능은 저하될 수 있습니다. Google G1(1.5) |
| Android 3.1(HoneyComb) | Galaxy Tab 10.1, Motorola XOOM |
| Android 4.0(ICS) | Galaxy Nexus S. 일부 장치에서 Transition 효과의 성능은 저하될 수 있습니다. |
| Windows Phone 7–7.5 | HTC Surround(7.0), HTC Trophy(7.5), LG–E900(7.5), Nokia Lumia 800 |
| Blackberry 6.0 | Torch 9800, Style 9670 |
| Blackberry 7 | BlackBerry® Torch 9810 |
| Blackberry Playbook(1.0–2.0) | PlayBook |
| Palm WebOS(1.4–2.0) / Palm WebOS 3.0 | Palm Pixi(1.4), Pre(1.4), Pre 2(2.0), HP TouchPad |
| Firefox Mobile(10 Beta) | Android 2.3 장치 |
| Chrome for Android(Beta) | Android 4.0 장치 |
| Skyfire 4.1 | Android 2.3 장치 |
| Opera Mobile 11.5 | Android 2.3 장치 |
| Meego 1.2 | Nokia 950, N9 |
| Samsung Bada 2.0 | Samsung Wave 3, Dolphin Browser |
| UC Browser | Android 2.3 장치 |
| Kindle 3, Kindle Fire | 내장된 WebKit Browser |
| Nook Color 1.4.1 | Nook Color(Nook Tablet 제외) |

애플리케이션 테스트 시에 가장 중요한 항목은 데이터베이스 지원 유무입니다. Web SQL은 Firefox, Opera와 같은 브라우저에서는 지원하지 않는 기능입니다. 따라서 해당 브라우저에서는 이 책을 통해 제작한 애플리케이션이 작동하지 않습니다. 이 경우에는 유저들에게 유저들이 현재 사용 중인 브라우저가 지원

되지 않는다는 것을 알려주어야 합니다. 메시지를 띄우는 방법으로 이를 알리면 됩니다.

이 기능을 구현하기 위해서는 assets/js/global.js 파일 내부와 document.ready( ) 함수 내부의 제일 첫부분에 다음 코드를 추가하면 됩니다.

```
if($.browser.msie || $.browser.firefox) {
    alert("현재 사용하고 계신 브라우저는 지원하지 않는 브라우저입니다.)";
    window.location.href = "http://google.com";
}
```

위 경우에는 jQuery의 'browser'라는 특별한 함수를 이용하여 브라우저가 Internet Explorer나 Firefox인지 확인합니다. 위 2개의 브라우저를 사용 중인 경우, 경고 창을 띄운 후에 페이지를 다른 곳으로 이동시킵니다. 실전에서는 이보다 유저에게 좀 더 친근한 방법으로 이를 알리는 방법을 사용해야 하지만, 위 예제는 해당 기능을 어떤 식으로 구현해야 하는지를 알려줍니다.

다른 미지원 브라우저들에서 애플리케이션을 사용하려면 WebSQL 데이터베이스 기능을 없애고 실제 데이터베이스 서버와 같은 HTML5 기능에 구애받지 않는 기능을 사용해야 합니다. 서버와 통신하면서 콘텐츠를 저장하거나 불러오려면 $.get이나 $.post 메서드를 사용하면 됩니다. 콘텐츠가 로컬 장치상에 저장되지는 않지만, 이 방법을 사용하면 다양한 브라우저 플랫폼상에서 사용할 수 있습니다.

추가로 앞부분에서 잠깐 언급했던 Web HTML5 데이터베이스 중 하나인 IndexDB를 사용할 수도 있습니다. 이 메서드는 WebSQL과 비슷하지만, IndexDB에서는 추가 코드가 필요합니다. IndexDB에 대한 자세한 정보는 https://developer.mozilla.org/ko/docs/IndexedDB/Using_IndexedDB를 참조하기 바랍니다.

이 장에서는 애플리케이션 테스트 방법과 전략에 대하여 다루었습니다. 다음 장에서는 시뮬레이터, 에뮬레이터 등을 이용하여 실제 모바일 장치에서 잘 작동하도록 만들 수 있는 좀 더 세분화된 테스트 기법에 대해 다룰 것입니다.

## 요약

이 장에서는 JavaScript 파일들을 체계화하는 방법과 웹 애플리케이션 테스트 기법에 대하여 알아보았습니다. 이 밖에도 다음에 관련된 내용을 알아보았습니다.

- Manifest Cache를 이용하여 JavaScript 파일 저장하기
- head.js를 이용하여 스크립트 파일 비동기적으로 로드하기
- jQuery의 $.browser를 이용하여 브라우저 종류 감지하기

# 런칭하기

이 장에서는 마지막 마무리 단계를 거쳐 애플리케이션을 런칭해볼 것입니다. 이 장을 마친 후에는 다음과 같은 일을 할 수 있습니다.

- 디버깅 툴을 설정하여 Corks 애플리케이션 오류 제거하기
- click 및 touch 핸들러 적절하게 전환하기
- 모바일 대역폭 줄이기
- JavaScript 및 애니메이션 효과 성능 향상하기
- CSS 최적화하기

# 디버깅 팁

모바일 애플리케이션이 컴퓨터 애플리케이션보다 훨씬 더 디버깅하기 어렵습니다.

- 컴퓨터 브라우저에서는 Firebug, Chrome 개발자 도구 등의 포괄적인 디버깅 툴을 제공합니다. 일부 모바일 브라우저에서도 어느 정도의 디버깅 정보를 제공하지만, 이는 컴퓨터 브라우저의 디버깅 툴에 비하면 보잘 것 없습니다.

- 모바일 애플리케이션은 다양한 종류의 모바일 장치가 존재함에 따라 보통 더 많은 테스트를 거쳐야 합니다.

이 장에서는 실제 모바일 장치와 에뮬레이터 등의 각기 다른 테스트 환경을 설정하는 방법에 대하여 배울 것입니다. 또한 개발 툴을 이용하여 디버깅 정보를 즉시 얻는 방법에 대해서도 배울 것입니다. 마지막으로 모바일 개발에 도움이 되는 기타 디버깅 팁들에 대해 배울 것입니다.

## 테스트 환경

대부분의 버그는 개발 시에 사용하는 표준 브라우저상에서 테스트를 통해 수정할 수 있습니다. 하지만 특정 브라우저나 운영 체제에서만 발생하는 버그가 있을 수도 있습니다. 이 경우에는 해당 버그를 발견한 유저가 사용하는 환경 그대로 테스트 환경으로 만든 후에 테스트해야 합니다.

컴퓨터 애플리케이션 테스트의 경우, 두 종류의 운영 체제(Windows & Mac), 여러 종류의 브라우저(IE, Firefox, Chrome, Safari) 그리고 각 브라우저별 가장 최신 버전 두 가지 정도가 필요합니다. 10개 정도의 컴퓨터 브라우저에서 테스트하는 것이 힘들어 보일지 모르지만, 모바일 테스트에 비하면 아무것도 아닙니다.

모바일 테스트의 경우, 다양한 운영 체제, 브라우저, 버전 그리고 다양한 모바일 장치들상에서 각각 테스트를 해봐야 합니다. 심지어는 각 종류의 장치들마다 호환성이 달라 테스트하기가 더욱 어렵습니다.

대부분의 모바일 장치 제조사는 모바일 브라우저의 코드 베이스를 해당 제조사에 맞게 약간씩 수정합니다. 따라서 Android 버전이 같더라도 HTC 모바일 장치의 Android 브라우저와 Samsung 모바일 장치의 Android 브라우저는 서로 다를 수 있습니다.

## 지원 리스트 만들기

테스트 환경을 설정하기 전에, 테스트가 100% 완벽할 수는 없다는 것을 인식해야 합니다. 모바일 장치 종류, 브라우저 종류, 각 브라우저별 버전, 유저 설정 등 고려해야 할 사항이 매우 많습니다. 이 말이 유저들이 대부분 사용하는 환경을 완벽하게 테스트할 수 없다는 것을 의미하지는 않습니다.

가장 좋은 방법은 애플리케이션 통계를 통해 어떤 환경을 지원할 것인지 판단하는 것입니다. 다수의 유저들이 사용하는 장치들부터 차례로 지원해 나가거나 이 장치들로 지원할 리스트를 채워 나가면 됩니다.

> *새 애플리케이션을 개발 중이라면 전체 시장 점유율 데이터를 참고하여 지원 리스트를 만*
> *들어 나가면 됩니다.*

## 에뮬레이터와 시뮬레이터

다양한 실제 모바일 장치에서 테스트하는 것은 비용 효율이 낮습니다. 에뮬레이터나 시뮬레이터를 사용해 소유하고 있지 않은 모바일 장치의 환경을 비슷하게 구현하여 테스트하는 편이 비용면에서는 효율적입니다. 하지만 친구의 스마트폰을 빌리는 한이 있더라도 적어도 몇 대 이상의 실제 모바일 장치에서 테스트해봐야 합니다. 100% 완벽한 에뮬레이터라도 실제 유저 경험을 완벽하게 구현해 낼 수 없다는 것을 명심해야 합니다.

먼저 에뮬레이터와 시뮬레이터의 차이점에 대해 알아봅시다.

- 에뮬레이터는 컴퓨터상에서 모바일 장치의 운영 체제를 구동시키며, 실제 모바일 장치와 거의 동일하게 약간의 수정(예를 들면 모바일 장치의 버튼을 컴퓨터 화면상에 구현)을 통해 제공합니다.

- 시뮬레이터는 네이티브 경험을 최대한 비슷하게 구현하려고 하지만, 실제 모바일 장치와는 다른 코어를 사용합니다.

- 보통 에뮬레이터가 시뮬레이터보다 훨씬 정확합니다.

실제 모바일 장치상에서의 테스트보다는 덜 정확하지만, 에뮬레이터와 시뮬레이터를 사용하면 컴퓨터 키보드를 사용할 수 있기 때문에 실제 모바일 장치상에서 좀 더 쉽게 테스트할 수 있습니다.

## iOS 시뮬레이터

iPhone, iPad와 같은 iOS 장치에서 가장 좋은 테스트 방법은 Apple 사에서 발표한 공식 iOS 시뮬레이터를 사용하는 것입니다.

> *iOS 시뮬레이터는 Mac OS X상에서만 작동합니다. Mac 사용자가 아니라면 www.*
> *iphone4simulator.com에서 제공하는 방법을 사용할 수 있습니다.*

시뮬레이터를 사용하기 위해서는 Mac App Store에서 Xcode를 다운로드해야 합니다. Xcode를 설치하면 내장되어 있는 시뮬레이터를 사용할 수 있습니다. Applicaions → Xcode → Contents → Developer → Platforms → iPhoneSimulator.platform → Developer → Applications → iOS Simulator에서 이용하거나 Xcode에서 새 iOS 프로젝트를 생성하여 테스트해볼 수 있습니다.

그림 12-1과 같이 시뮬레이터는 실제 iOS 장치와 비슷하게 작동하는 것을 볼 수 있습니다. iOS Safari를 이용하거나 네이티브 앱을 설치할 수도 있습니다. iPhone, iPad상에서도 서로 번갈아가며 테스트해볼 수 있습니다. 테스트할 장치를 고른 후에 Safari를 실행하여 Corks 애플리케이션을 테스트하면 됩니다.

> *Pro-tip: Finder에서 HTML 파일을 드래그*
> *하여 시뮬레이터에 드롭하면 iOS Safari를*
> *바로 띄워서 해당 파일을 열 수 있습니다.*

[그림 12-1] iOS 시뮬레이터

## Android 에뮬레이터

Android에서 가장 좋은 테스트 방법은 Android Software Development Kit(SDK)에 무료로 포함되어 있는 공식 Android 에뮬레이터(http://developer.android.com/tools/help/emulator.html)를 사용하는 것입니다.

Android 에뮬레이터에서는 iOS 시뮬레이터와 달리 테스트할 장치를 수동으로 생성해주어야 합니다.

그러므로 첫 단계는 SDK를 실행한 후에 Android Virtual Device(AVD)를 생성하는 것입니다. 이때 화면 해상도, 픽셀 밀도, SD 카드 용량 등을 설정할 수 있습니다. 일반적인 장치 설정 목록은 http://mobile.tutsplus.com/tutorials/android/common-android-virtual-device-configurations에서 볼 수 있습니다.

AVD를 설정한 후에 테스트하는 과정은 iOS 시뮬레이터와 비슷합니다. Android 브라우저를 실행하여 디버깅을 시작하면 됩니다.

> *Android, iOS상에서 다른 브라우저를 테스트해보고 싶다면 해당 브라우저를 에뮬레이터나 시뮬레이터상에 설치한 후에 테스트하면 됩니다.*

## 기타 에뮬레이터 및 시뮬레이터

iOS, Android 외에도 다른 에뮬레이터나 시뮬레이터를 이용하여 테스트해볼 수 있습니다.

먼저 Nokia 장치는 Nokia Remote Device Access를 이용하여 모든 Symbian 및 Nokia 장치상에서 하루 8시간 동안 무료로 테스트할 수 있습니다. 자세한 내용은 http://www.developer.nokia.com/Devices/Remote_device_access를 참조하기 바랍니다.

다음으로, Samsung에서는 'Samgsung Lab.Dev'라는 서비스를 제공합니다. 이곳을 통해 Samsung Android 장치상에서 무료로 테스트해볼 수 있습니다. 자세한 내용은 http://innovator.samsungmobile.com/bbs/lab/view.do?platformId=1을 참조하기 바랍니다.

추가로 BlackBerry에서는 핸드폰 및 Playbook Tablet을 위한 시뮬레이터를 무료로 제공하고 있습니다 (http://us.blackberry.com/sites/developers/resources/simulators.html).

마지막으로 다양한 종류의 장치에서 동시에 테스트해보고 싶다면 www.deviceanywhere.com의 유료 서비스를 이용해보는 것도 좋습니다. 비용이 조금 들기는 하지만 실제 모바일 장치에서 테스트해보는 가장 좋은 방법 중 하나입니다.

## 개발 툴

테스트 환경을 설정한 후에는 유저가 신고한 버그를 재구현할 수 있어야 합니다. 하지만 버그를 발견한 후에는 이를 수정하는 과정이 남아 있습니다.

이 수정하는 과정에 JavaScript 콘솔이나 개발 툴이 사용됩니다. 이러한 툴들은 다음을 가능하게 합니다.

- JavaScript 에러 추적하기
- 애플리케이션 디버깅 정보 출력하기
- Profile Performance(JavaScript, HTTP 요청 모두 해당)
- CSS 스타일 즉시 조정

### 컴퓨터 브라우저 개발 툴

Firebug나 Chrome 개발자 도구와 같은 컴퓨터 브라우저 콘솔에 익숙하다면 더할 나위 없이 좋지만, 개발 툴을 사용해본 적이 없더라도 쉽게 시작할 수 있습니다.

먼저 Web Inspector를 사용하기 위해 Chrome 브라우저 웹 페이지에서 오른쪽 버튼을 클릭한 후 요소 검사를 클릭합니다. 그림 12-2에서 볼 수 있듯이, 이 Web Inspector는 소스 트리를 강조할 뿐만 아니라 스타일에 관한 정보도 보여줍니다. 심지어 CSS Style을 즉시 수정해볼 수도 있습니다.

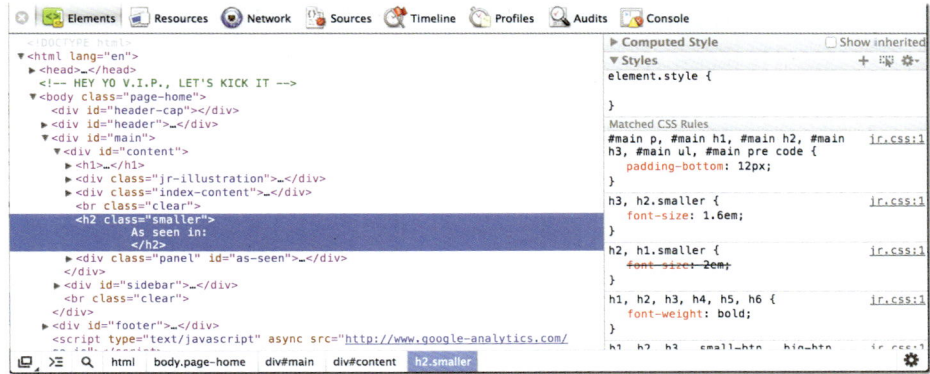

[그림 12-2] Chrome Web Inspector는 CSS 디버깅 시에 좋습니다.

그런 다음, Console 탭으로 이동합니다. 이곳에서는 JavaScript 오류에 대한 정보를 볼 수 있으며, Java Script를 즉시 실행해볼 수도 있습니다.

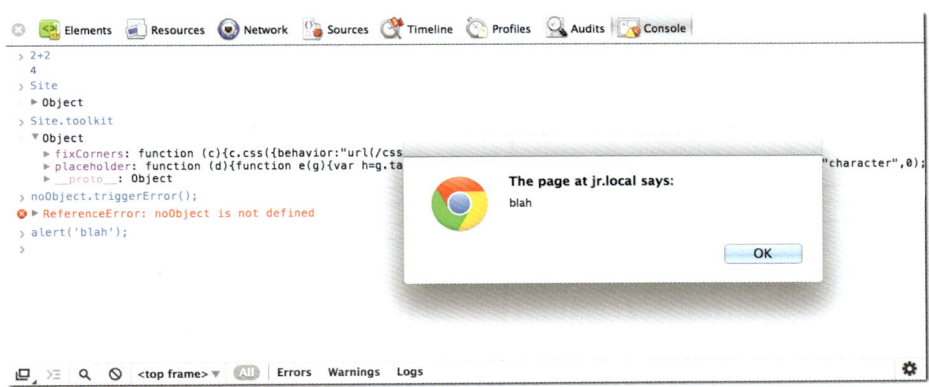

[그림 12-3] Chrome JavaScript Console은 유용한 디버깅 정보를 제공해주며 console.log( )를 출력하는 데 사용할 수 있습니다

마지막으로 Network 탭으로 이동합니다. 이곳에서는 그림 12-4에서처럼 얼마나 빨리 HTTP 요소가 다운로드되고 인스턴스화되는지를 볼 수 있습니다.

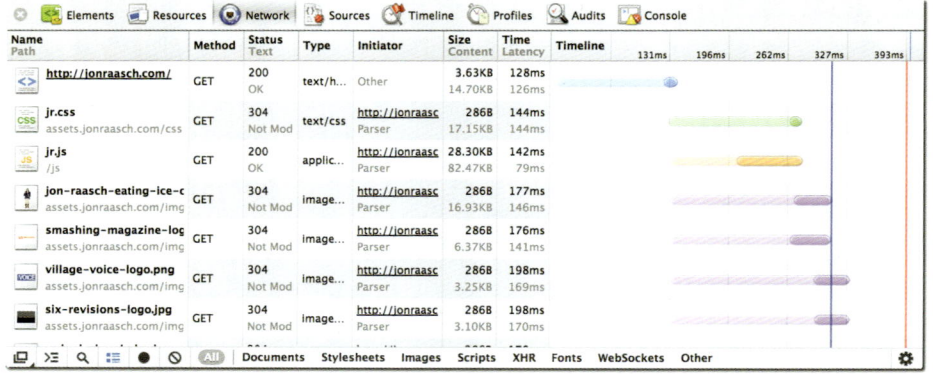

[그림 12-4] Chrome Network 도구는 HTTP 요청 정보를 캡처해서 보여줍니다

DOM 검사, JavaScript Console, Network 요청 정보 캡처는 수많은 Chrome 개발자 도구들 중 일부입니다. Chrome Toolkit에 대한 자세한 정보는 Paul Irish가 제작한 동영상(http://youtu.be/nOEw9iiopwI)을 참조하기 바랍니다.

## 모바일 브라우저 개발 툴

컴퓨터 브라우저 개발 툴은 잘 작동하지만 모바일 브라우저 개발 툴은 확실히 이보다 조금 떨어집니다. 대부분의 버그는 컴퓨터 환경에서도 똑같이 발생하기 때문에 모바일 브라우저의 부족한 점은 지금 당장 문제가 되지는 않습니다. 하지만 모바일상에서만 발생하는 버그를 수정하거나 컴퓨터 브라우저상에서 버그를 수정한 후에 모바일에서 확인하려는 경우에는 반드시 필요합니다.

이 경우에는 모바일 브라우저에 내장된 개발 툴을 사용하면 됩니다. 예를 들어 iOS Safari에서는 그림 12-5와 같이 Settings → Safari → Advanced → Debug Console를 통해 콘솔 기능을 활성화할 수 있습니다.

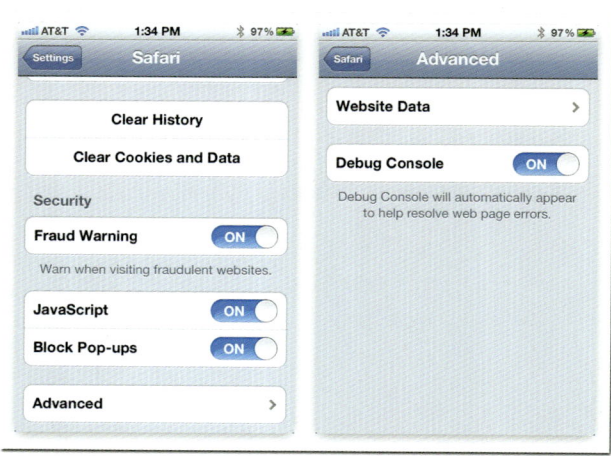

[그림 12-5] iOS Safari에서 Debug Console 활성화하기

하지만 이 네이티브 콘솔은 그림 12-6과 같이 완벽하지 않습니다.

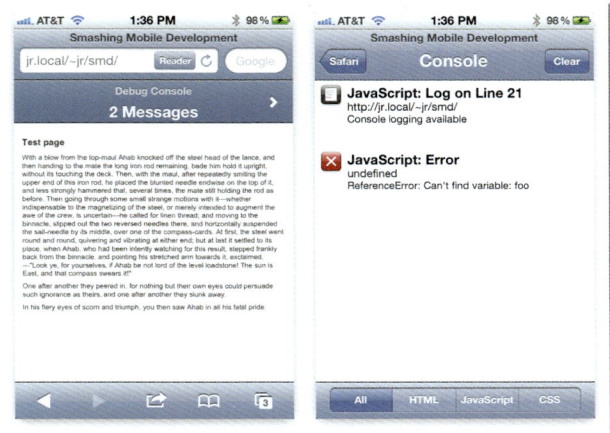

[그림 12-6] iOS Safari Console에서는 JavaScript 오류에 대한 제한된 정보만을 출력합니다

아쉽게도, iOS Safari Console에서는 오류가 발생하는 줄 번호도 알 수 없습니다. 더욱이 JavaScript를 즉시 실행하거나 DOM 검사 등의 컴퓨터 브라우저에서 유용한 도구들을 사용할 수도 없습니다.

## 원격 개발 도구

위에서 볼 수 있듯이, 모바일 콘솔은 복잡한 디버깅을 하는 데는 실질적으로 쓸모가 없습니다. 다행히 Weinre와 같은 원격 콘솔을 이용하면 컴퓨터상에서 사용하는 강력한 디버깅 툴을 사용할 수 있습니다.

Weinre에서는 모바일 장치용 WebKit 개발 도구 전체를 사용할 수 있습니다. 이 말은 컴퓨터 브라우저에서 사용하는 모든 디버깅 도구를 활용할 수 있다는 뜻입니다.

Weinre는 설정하기가 약간 어려운 단점이 있습니다. 이 프로그램은 모바일 장치에서 실행되는 것이 아니라 컴퓨터상에서 실행되기 때문입니다. Weinre는 그림 12-7과 같이 디버깅 정보에 대한 릴레이(Relay)를 설정하여 모바일 장치와 해당 정보를 주고받습니다.

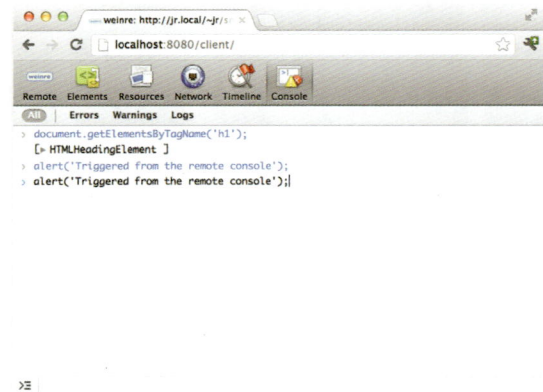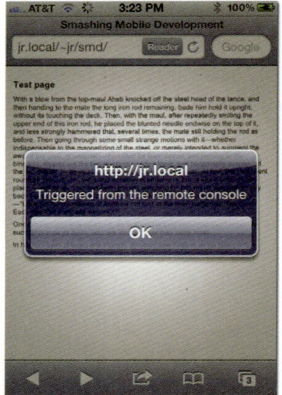

[그림 12-7] Weinre를 이용하면 모바일 장치에서 테스트하고, 컴퓨터에서 개발 툴을 사용할 수 있습니다.
컴퓨터 Chrome의 콘솔에서 iPhone 페이지를 조작하는 모습입니다

Weinre를 사용하기 위해서는 디버깅 정보를 릴레이할 노드(Node) 서버가 필요합니다. 이를 설정하기 위해 서버 관리자를 따로 둘 필요는 없습니다. 다음 단계만 따라하면 됩니다.

1. 먼저 Node 서버와 Node Package Manager(NPM)를 컴퓨터에 설치해야 합니다.
   - **Mac, Linux용:** http://dandean.com/nodejs-npm-express-osx
   - **Windows 용:** http://dailyjs.com/2012/05/03/windows-and-node-1

   *노드 서버 설치를 꺼려한다면 Firebug Lite와 같은 툴을 사용하면 됩니다. 하지만 Firebug Lite는 실제 모바일 장치에서 작동하기 때문에 개발 도구의 종류가 적으며, 성능 테스트 결과도 크게 신뢰할 수 없습니다.*

2. 다음 명령줄을 입력한 후 NPM을 통해 Weinre를 설치합니다.

```
sudo npm -g install weinre
```

3. 이제 다음 명령줄을 입력하여 Weinre 서버를 시작합니다.

```
node weinre-node 설치 경로/weinre --boundHost -all-
```

Winre는 node 디렉터리 내부의 node_modules/weinre/weinre에 설치되어 있을 것입니다. 위 명령줄에서 boundHost를 -all-로 설정하였습니다. 이 옵션은 다른 IP 주소를 사용하는 장치에서 테스트할 때 반드시 필요한 옵션입니다. Weinre 옵션 전체 목록은 http://people.apache.org/~pmuellr/weinre/docs/latest/Running.html에서 볼 수 있습니다.

4. 디버그 대상으로 설정하기 위해 다음 스크립트를 테스트 페이지에 추가합니다.

```
<script src="http://a.b.c:8080/target/target-script-min.js">
  </script>
```

여기서 http://a.b.c:8080 부분을 컴퓨터상에서 작동 중인 로컬 Weinre 서버로 바꾸면 됩니다. 이제 Weinre 설정이 끝났습니다. 모바일 장치에서 해당 테스트 페이지를 연 후 컴퓨터상에서 http://localhost:8080/client로 이동합니다. 모든 설정이 잘 되었다면 그림 12-8처럼 초록색 아이피 주소 2개가 보일 것입니다. 하나는 원격 대상(모바일 장치)이며, 다른 하나는 원격 클라이언트(컴퓨터)입니다.

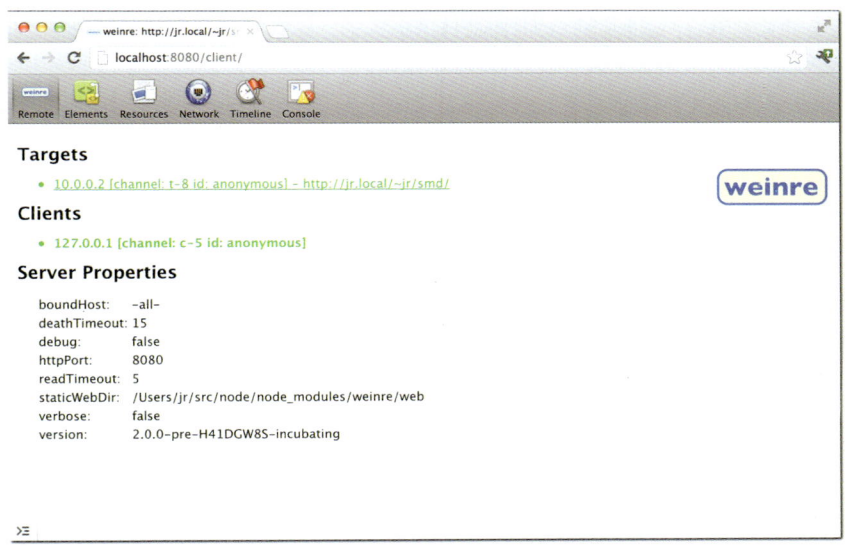

[그림 12-8] 두 iP가 초록색이면 Weinre가 연결된 것입니다

*Weinre를 사용하려면 Chrome이나 Safari와 같은 WebKit 기반 브라우저가 필요합니다.*

이제 Weinre의 툴들을 이용하여 애플리케이션 디버깅합니다. 그림 12-9와 같이 이제 어느 모바일 장치에서든 사용할 수 있는 개발 도구가 생겼습니다. 어떤 환경에서든지 애플리케이션을 테스트하는 것이 가능합니다.

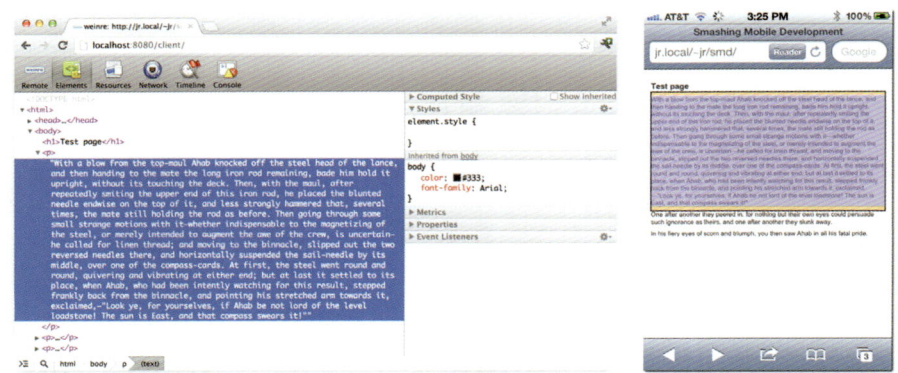

[그림 12-9] Weinre는 모바일 장치를 원격으로 디버깅할 수 있는 WebKit Developer Tools를 제공합니다. Chrome을 사용하여 iPhone에서 HTML 요소를 검사합니다. iPhone상에서 DOM 항목까지 강조하는 것이 가능합니다

## Touch vs. Mouse 이벤트

모바일 애플리케이션 디버깅 시에 힘든 점 중의 하나는 mouse와 touch 이벤트 제어에 관한 것입니다.

Corks 애플리케이션에서는 click 이벤트보다 응답 속도가 빠른 touch 이벤트를 사용합니다. 하지만 컴퓨터 브라우저에서 테스트할 때에는 이 touch 이벤트를 인식할 수 없기 때문에 문제가 발생합니다. 이 문제를 해결하려면 JavaScript를 이용해 touch 이벤트를 동일한 mouse 이벤트로 대체하면 됩니다.

애플리케이션 내의 모든 touch 이벤트를 일일이 리팩토링하는 것보다 페이지 내의 모든 이벤트를 다시 매핑하는 것이 어떨까요? Touche를 이용해서 해당 이벤트를 다시 매핑할 수 있습니다. 자세한 내용은 https://github.com/davidcalhoun/touche를 참조하기 바랍니다.

스크립트를 다운로드하여 JavaScript 안에 추가해주면 됩니다. 모든 touch 이벤트가 click 이벤트로 재매핑될 것입니다.

또한 이 스크립트는 touch 이벤트를 지원하지 않는 환경에서만 작동합니다. 그러므로 모바일 장치에서 이용 시에 이를 비활성화해야 하는 걱정은 하지 않아도 됩니다.

# 성능 팁

작은 기기상에서 인터넷을 할 수 있는 편리함이 생겼지만, 모바일 장치들은 컴퓨터에 비해 성능이 많이 떨어지는 것이 사실입니다. 그러므로 모바일 쪽 개발 시에는 성능을 주로 염두에 두고 개발해야 합니다.

## 모바일 대역폭

모바일 개발 중에 가장 힘든 점 중 하나는 모바일 대역폭 최적화 작업입니다. 컴퓨터 브라우저에서는 빠른 인터넷으로 인해 웹 애플리케이션 속도가 빠르지만 모바일에서는 예전 모뎀 사용 시절과 비슷하게 속도가 느립니다. 물론 모바일 네트워크 발전에 따라 속도가 점점 빨라지고 있기는 하지만, 이러한 발전은 모바일 애플리케이션의 기대치 증가에 맞아떨어지는 상황입니다. 더욱이 모든 유저가 4G를 사용하지 않는다는 점도 고려해야 합니다.

모바일 애플리케이션 성능을 향상할 수 있는 가장 좋은 방법 중 하나는 대역폭 사용량을 줄이는 것입니다.

### 이미지 파일은 적게, CSS는 더 많이

애플리케이션에서 동영상이나 음악 파일을 사용하지 않는다고 가정하면, 대역폭을 가장 많이 사용하는 것은 이미지 파일일 것입니다. 최신 모바일 브라우저에서 지원하는 다양한 CSS3 속성들을 사용하면 이미지를 최대한 줄일 수 있습니다.

예를 들어 Corks 애플리케이션에서는 각 버튼에 다른 이미지를 사용하지 않고 CSS를 이용한 Rounded corner, Gradient, Border 효과를 사용하여 표현했습니다. 이러한 CSS 효과는 각 브라우저에 적용할 코드에 접두사를 각각 사용하기 때문에 코드가 길어질 수 있지만, 이미지 파일을 사용하는 것보다는 빠릅니다. 더욱이 CSS를 이용하면 수정 및 관리가 매우 편리합니다.

기본 스타일링 외에도 CSS를 이용하여 복잡한 오브젝트를 그릴 수 있습니다. border-radius를 이용하여 원을 그리거나 border를 이용하여 삼각형을 그릴수도 있으며, 여러 기능을 사용하여 다각형을 그릴 수도 있습니다. 자세한 정보는 http://jonraasch.com/blog/drawing-with-css를 참조하기 바랍니다.

### Asset Management – Minification, Gzipping, CDNs

이미지를 최대한 줄이는 것과 더불어 애플리케이션에서 사용되는 파일을 최대한 줄여야 합니다. 이미지

이외의 파일 크기를 75% 정도 줄이는 간단한 몇 가지 작업만으로도 많은 차이가 생길 수 있습니다.

먼저 HTML, CSS, JavaScript와 같이 줄일 수 있는 파일은 최대한 줄입니다. Minification을 사용하면 파일 내부의 불필요한 공백 부분을 없앨 수 있으며, 파일 사이즈도 줄일 수 있습니다.

파일 minify 시에는 YUI Compressor 명령줄을 이용하는 것을 권장합니다. 하지만 명령줄 사용이 어렵다 면 http://refresh-sf.com/yui와 같은 웹 기반 minifier를 사용하면 됩니다.

다음으로는 minify한 모든 파일들을 gzip합니다. gzip을 사용하면 이미 크기를 줄인 파일들을 보통 60%에 서 85% 정도까지 더 작게 만들 수 있습니다. gzip을 하면 HTTP 헤더에 이를 명시해주어야 합니다.

- Content-Encoding: gzip
- Content-Type은 파일 종류에 따라 text/css, text/js, text/html을 사용하면 됩니다.

마지막으로 고정된 파일들은 기존과는 다른 서브 도메인에서 제공하는 것이 좋습니다. 왜냐하면 기존 메인 도메인에서 파일을 제공할 경우, 모든 파일에 헤더 데이터를 전송하기 때문입니다. 이 헤더 데이터에는 개 별 이미지, 스타일 시트, JavaScript 파일을 제공할 때 전혀 필요하지 않은 쿠키 정보가 포함되어 있습니다.

이미지 파일, 스타일 시트, JavaScript 파일을 제공할 때 필요하지 않은 추가 대역폭 사용을 줄이려면 다른 도메인을 사용하거나 Amazon S3와 같은 CDN을 활용하는 것이 좋습니다.

## User – Agent 리디렉션(Redirection)

마지막으로 컴퓨터용 웹 페이지를 따로 운영한다면 추가적인 대역폭 문제에 직면하게 될 것입니다. 왜 냐하면 컴퓨터용 애플리케이션에서는 모바일 애플리케이션보다 더 많은 콘텐츠를 포함하고 있기 때문입 니다. 사용하는 장치와 관련 없는 콘텐츠는 CSS Media Queries를 이용하여 숨길 수 있지만, 이는 좋은 방 법이 아닙니다.

왜냐하면 숨긴 CSS가 사용되지 않더라도 여전히 유저의 모바일 장치에 다운로드되기 때문입니다. 이로 인 해 필요 없는 대역폭을 사용하게 됩니다.

보통 User-Agent 리디렉션을 이용하여 모바일 유저가 접속했을 때 모바일 서브 도메인으로 이동하여 모바일에 특화된 페이지를 보여주는 것이 가장 좋은 방법입니다.

*이를 통해 CSS 파일에 모바일에서만 사용하는 스타일만 추가하여 사용할 수 있습니다.*

방법은 비교적 간단하지만, 실제로 User-Agent 리디렉션해보면 매우 복잡합니다. 왜냐하면 새로운 장치와 브라우저들이 끊임없이 출시되고 있고, User-Agent도 다양해졌기 때문입니다.

더욱이 일부 장치들은 User-Agent 값을 컴퓨터 브라우저와 동일하게 바꾸기도 합니다. 예를 들면 일부 모바일 장치들에서는 모바일용 웹 페이지를 지원하지 않는 웹 사이트를 이용하기 위해 데스크톱 브라우저인 것처럼 User-Agent 값을 변경하여 웹 사이트를 속입니다. 이 속임수를 사용하면 컴퓨터에 최적화된 페이지를 모바일에서 그대로 불러오기 때문에 속도면에서는 매우 느려지지만, 컴퓨터에서와 동일한 페이지를 이용할 수 있기 때문에 일부 유저들이 사용하기도 합니다.

완벽한 User-Agent 목록을 유지하려고 하는 것은 쓸데없는 노력이 될 수 있습니다. 다행히 몇몇 User-Agent 서비스를 이용하면 이를 보완하여 사용할 수 있습니다.

- Detect Mobile Browsers, http://www.detectmobilebrowsers.com: 다양한 언어를 지원하며, 가장 기본적인 모바일 리디렉션을 제공합니다.

- MobileESP, http://blog.mobileesp.com: PHP와 JavaScript API로 된 모바일 장치 감지 서비스를 제공합니다.

- WURFL, http://wurfl.sourceforge.net: WURFL은 수많은 모바일 장치와 각 장치별 성능에 대한 정보를 제공하며, 자주 업데이트됩니다.

이 애플리케이션에서는 모바일 리디렉션 서비스가 필요하기 때문에 www.detectmobilebrowsers.com의 서비스를 이용합니다.

Apache 서버를 사용하고 있다면 .htaccess를 이용하여 모바일 브라우저를 모바일 서브 도메인으로 이동하도록 하는 Apache 스크립트를 이용하는 것이 좋습니다. 간단하게 http://detectmobilebrowsers.com/mobile 부분을 모바일 서브 도메인 주소로 바꾼 후에 .htaccess 파일에 추가하면 됩니다.

*Apache 스크립트를 사용하는 것이 가장 효과적입니다. JavaScript 버전은 컴퓨터용 웹 사이트를 다운로드하는 도중에 모바일 장치를 감지하고 모바일 페이지로 이동하기 때문에 불필요한 대역폭이 소모됩니다.*

## JavaScript 최적화

모바일 장치는 대역폭 제한과 더불어 프로세서 성능도 많이 떨어집니다. 이 말은 Corks와 같이 유저와 상호 작용하는 기능이 많은 애플리케이션에서는 JavaScript를 최적화해야 한다는 것을 의미합니다.

### 성능 향상에 주력하기

애플리케이션을 최적화하는 작업은 끝이 없습니다. 하지만 전체 코드 베이스를 리팩토링하는 것보다는 큰 성능 향상을 가져올 부분을 분석하여 수정하는 것이 좋습니다.

한 가지 중요한 점은 pre-optimize하지 말아야 한다는 것입니다. 이 말은 Corks 애플리케이션을 맹목적으로 훑으면서 JavaScript를 하나하나 좀 더 빠르게 작동하도록 바꾸지 말라는 의미입니다. 이러한 최적화는 코드 베이스를 무질서하게 만들거나 코드를 이해하기 어렵게 만듭니다.

이보다는 실제 문제가 발생했을 때 코드를 최적화하는 것이 좋습니다. 예를 들면 애플리케이션을 테스트할 때 기대치보다 느리게 작동하는 섹션들을 찾아 수정하는 방법이 있습니다.

이제 애플리케이션에서 최적화가 필요한 부분을 찾았다면 여기서 몇 가지 더 수정해야 할 것이 있습니다. 반복되어 사용되는 함수나 loop가 존재하는지를 확인합니다. 이러한 섹션들을 찾아 최적화하면 그 효과는 2배, 3배로 늘어납니다.

*애플리케이션에서 코드 내부의 loop 외에도 jQuery에서 호출하는 숨겨진 loop도 고려해야 합니다. 예를 들어 jQuery.animate( ) 함수는 단일 함수같이 보이지만, 이 함수 내부에는 애니메이션 효과가 진행되는 동안 일정한 시간 간격을 두어 지속적으로 호출됩니다.*

### 하드웨어 가속 사용하기

하드웨어 가속 기능은 모바일 장치상에서 JavaScript 애니메이션 효과를 최적화할 때 좋습니다. 이는 필자가 가장 선호하는 최적화 기술이며, 이 방법은 활용하기 쉬울 뿐만 아니라 성능 향상에도 많은 도움이 됩니다.

*성능이 향상된다는 것은 애니메이션 효과를 빠르게 만든다는 것이 아니라 매끄럽게 만든다는 것을 의미합니다. 이는 성능 향상을 통해 애니메이션 효과의 프레임 수를 높여 매끄럽게 만드는 것입니다.*

하드웨어 가속은 CPU에서 처리되는 렌더링 작업 일부를 GPU를 이용하여 처리합니다. 이는 CPU의 과부하를 줄이는 동시에, 렌더링 작업에 적합한 GPU를 사용하기 때문에 큰 성능 향상을 가져올 수 있습니다.

WebKit 브라우저(iOS Safari, Android Browser 등)상에서 GPU를 이용한 하드웨어 가속을 활성화하는 방법은 쉽습니다. 모든 DOM 요소에 하드웨어 가속을 적용하려면, 다음 코드를 CSS에 추가하면 됩니다.

```
-webkit-transform: translateZ(0);
```

*실험용 CSS 속성들을 다양한 Android, iOS 장치에서 사용할 때에는 브라우저에서 이를 지원하지 않는 경우가 있을 수도 있으므로 철저하게 테스트해야 합니다.*

위 코드는 요소에 3D 변환 효과를 설정합니다. Z축은 0으로 설정되어 브라우저에는 기존과 동일하게 표시됩니다. 외관상의 변화는 없지만 이 설정은 브라우저가 요소들을 3D로 렌더링하도록 만듭니다. 이 방법을 통해 해당 모바일 장치에 GPU가 있는 경우, 이를 사용하여 요소를 렌더링합니다.

이 설정을 모든 DOM 요소에는 적용하지 않는 것이 좋습니다. 대부분의 정적 요소들에는 이 설정이 필요하지 않고, GPU를 과부하시키기만 할 뿐이며 하드웨어 가속이 필요한 부분을 렌더링할 때 도움이 되지 않을 수도 있습니다.

*이 설정은 무거운 애니메이션 효과가 사용되는 곳에 적합합니다. 애니메이션 효과가 끊기는 것이 보인다면 이 기술을 적용하기에 적합한 곳입니다.*

## iOS에서 전체 화면 모드 사용하기

5장에서는 iOS의 UIWebView를 사용하여 애플리케이션을 전체 화면 모드에서 사용하는 방법에 대해 배웠습니다. 전체 화면 모드가 유저 경험에 미치는 영향은 크지만, 한편으로는 성능상의 문제점도 존재합니다.

*UIWebView는 App Store의 다른 네이티브 앱들과 같이 전체 화면 모드로 동작합니다.*

UIWebView는 Mobile Safari와는 달리 성능이 좋은 Nitro JS Engine을 활용하지 못합니다. 이 말은 유저가 홈 화면에 애플리케이션을 북마크하여 실행하는 경우, JavaScript가 느리게 작동한다는 것을 의미합니다. Nitro를 이용할 때 가장 큰 성능 향상을 보이는 부분은 Just-In-Time(JIT) 기능입니다. JIT 기능은 RAM의 메모리 페이지 기능을 사용하지만, 이는 iOS의 보안 정책에 위배됩니다.

iOS에서는 Mobile Safari에 해당 기능을 사용할 수 있도록 하고 있지만, 홈 화면에 추가한 웹 애플리케이션에는 해당 권한이 제공되지 않습니다. 이 홈 화면에 추가된 애플리케이션은 모바일 장치상에서 다른 네이티브 애플리케이션과 동일한 권한을 갖게 됩니다. 메모리 페이지를 사용하는 등의 기능은 Apple 사의 폐쇄된 iOS 애플리케이션 정책에 위배됩니다.

## jQuery를 이용하여 오브젝트 캐시하기

JavaScript 성능을 향상시키는 또 다른 방법은 재사용하는 로컬 변수들을 캐시하는 것입니다. 예를 들어, 'foo.bar.blah'라는 오브젝트를 활용하고 싶을 때 이 항목을 자주 참조하게 되는데, 이 경우 하나의 변수로 해당 오브젝트를 캐시해 놓으면 처리 속도가 조금 빨라집니다.

```
var localBlah = foo.bar.blah;

// 이제 아래에 localBlah를 이용해 활용할 코드를 작성하면 됩니다.
```

이 방법을 사용하면 파일 크기를 약간 줄여주는 동시에 최적화해주기 때문에 이러한 형식의 최적화를 사용하는 것이 좋습니다.

이 밖에도 캐시 과정을 통해 큰 차이를 볼 수 있는 부분이 많습니다. 다음과 같은 jQuery DOM 부분을 예로 들어보겠습니다.

```
$('div.special').hide();
$('div.special').addClass('blah');
```

jQuery의 Sizzle Engine은 위와 같은 참조 기능에 최적화되어 있지만, DOM을 참조할 때의 lookup(조회) 과정은 느린 부분들 중 하나입니다. 그러므로 DOM lookup 과정을 최대한 피하는 것이 좋습니다.

다음 코드에서는 jQuery의 chaning(연쇄 처리)을 통해 DOM lookup 과정을 최대한 줄일 수 있습니다.

```
$('div.special').hide().addClass('blah');
```

위 방법은 특정 요소를 연속적으로 호출할 때 유용합니다. 연속적으로 사용하지는 않지만, 여러 번 사용하는 경우에는 다음 코드를 이용하면 됩니다.

```
var $elem = $('div.special');
$elem.hide();


.........
.........
$elem.addClass('blah');
```

이제 해당 요소를 참조할 때 이를 다시 조회해보지 않아도 됩니다. 변수 앞에 $ 표시를 붙이는 이유는 해당 변수가 DOM을 참조하고 있다는 것을 나타내기 위해서입니다.

> 경우에는 DOM lookup을 캐시하면 안되는 경우도 있는데, 이는 해당 요소가 변경되는 경우입니다.

## JavaScript 성능 측정

대부분의 개발 업무에서는 하나의 결과물이라도 한 가지 이상의 방법을 사용하여 이를 구현할 수 있습니다. 서로 다른 방법들 중에 어떤 것을 택할지 정할 때에는 아래와 같이 비교해보고 택하는 것이 좋습니다.

JSPerf(www.jsperf.com)를 이용하여 A와 B를 간단한 벤치마크 테스트하는 경우입니다. JSPerf에서 2개의 스크립트를 설정해 놓고 테스트하고 싶은 브라우저에서 실행합니다. 테스트가 완료되면 그림 12-10, 그림 12-11과 같이 어떤 스크립트가 더 빠른지를 보여줍니다.

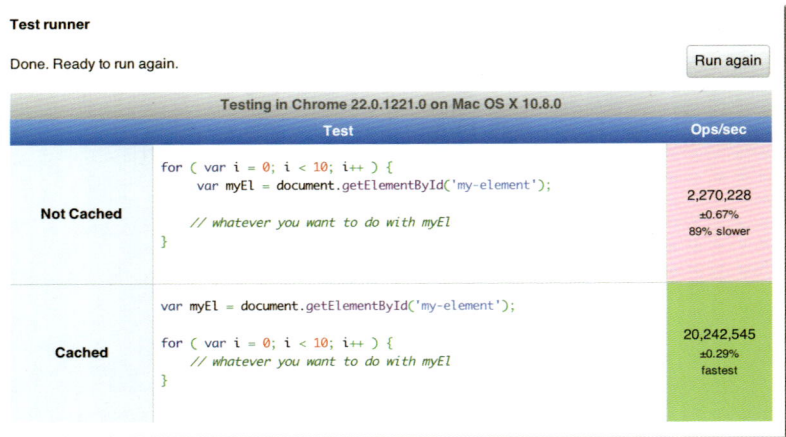

[그림 12-10] JSPerf의 벤치마크 테스트입니다. 이 테스트에서는 DOM 참조를 캐시한 스크립트가 더 빠르게 작동하였습니다

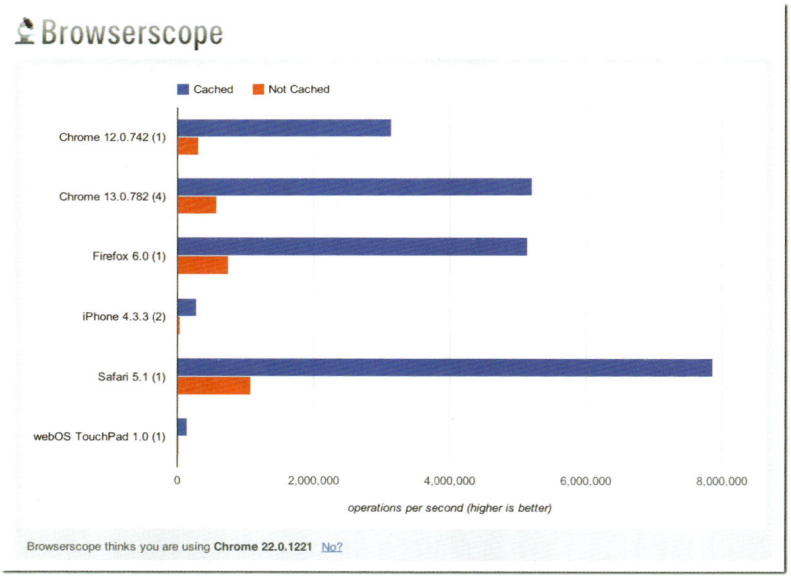

[그림 12-11] JSPerf를 이용하면 다양한 브라우저와 환경에서 테스트한 결과를 쉽게 비교할 수 있습니다. 각 브라우저상에서 테스트를 실시하면 JSPerf에서 브라우저별 성능 비교를 위해 테스트 결과를 저장합니다

더 복잡한 테스트를 하거나 실제 애플리케이션 내부에서 테스트할 경우, 그림 12-12와 같은 Chrome 개발자 도구의 Timeline 기능을 사용하면 됩니다.

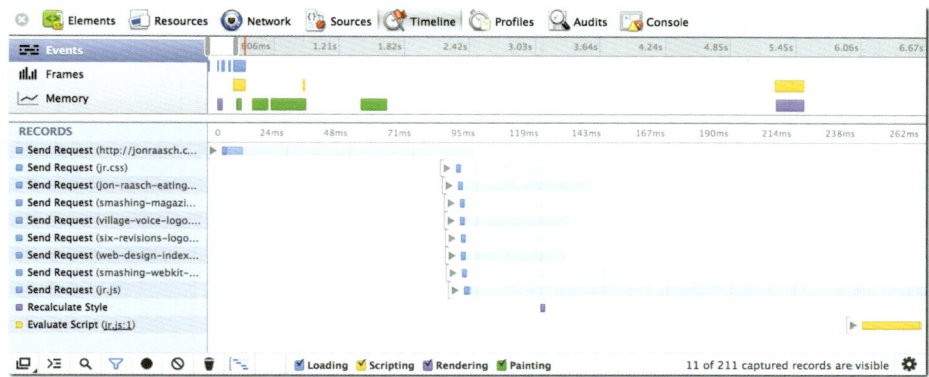

[그림 12-12] Timeline에서는 각 페이지의 부분들이 처리되는 데 걸리는 시간을 보여줍니다

Timeline에서는 다양한 유용한 정보를 보여줍니다. JavaScript 처리에만 관심이 있다면, Scripting을 제외한 나머지 부분의 체크 표시를 해제하면 됩니다.

## CSS 최적화

앞에서 대역폭, JavaScript 최적화를 통해 성능이 크게 향상되었을 것입니다. 이 밖에 CSS 최적화를 통해 애플리케이션의 성능을 좀 더 끌어올릴 수도 있습니다.

> *CSS 성능은 테스트하기 어려운 것으로 소문나 있습니다. 그러므로 속도가 빨라진 것을 느꼈다는 등의 질적 평가에 의존해야 합니다.*

### JavaScript 대신 CSS를 이용한 애니메이션 효과

위에서 하드웨어 가속을 통해 애니메이션 효과의 성능을 향상시켜 더 부드러운 효과가 나타나도록 하는 방법에 대하여 배웠습니다. 하지만 JavaScript를 사용하지 않고도 이 애니메이션 효과를 전보다 더 부드럽게 만들 수 있습니다.

CSS3의 새로운 기능들 중 하나가 부드러운 전환 효과와 다양한 키프레임 애니메이션을 지원하는 애니메이션 효과입니다. 위 두 가지 애니메이션 효과는 모두 CSS로 만듭니다. 그러므로 모든 애니메이션 효과의 렌더링은 CSS 자체에서 일어납니다. 이 말은 JavaScript 애니메이션 효과를 사용할 때보다 CSS 애니메이션 효과를 이용하는 경우, 브라우저가 이에 더 많이 최적화되어 있다는 뜻입니다.

jQuery 애니메이션 효과를 CSS3 애니메이션 효과로 바꾸면, 실질적인 프레임 수를 증가시켜 좀 더 부드러운 애니메이션 효과를 보여줍니다. 하지만 CSS3를 사용하는 경우 몇 가지 단점이 있습니다.

- CSS 애니메이션 효과는 jQuery 애니메이션 효과보다 약간 어설퍼 보입니다.

- CSS 애니메이션 효과를 사용하면 구조상으로 좋지 않습니다. 애니메이션 효과를 시작하게 만들어주는 것은 JavaScript인데, 애니메이션 효과 자체는 스타일 시트를 사용하기 때문입니다.

- CSS 애니메이션보다 jQuery 애니메이션에 좀 더 다양하고 강력한 기능들이 많습니다.

  *CSS 애니메이션 효과는 오래된 iOS/Android 장치에서는 동작하지 않고, 어떤 애니메이션 효과도 없이 정적 요소로 표현됩니다. 이는 CSS 애니메이션의 치명적인 단점입니다. 하지만 애플리케이션에서 애니메이션 효과를 꼭 사용해야 한다면 jQuery를 이용한 애니메이션 효과를 사용하면 됩니다.*

예를 들어, 하나의 div 요소를 페이드아웃시키는 동안 창 밖으로 보내고 싶다면 jQuery를 이용하여 다음처럼 작성할 수 있습니다.

```
$('.my-div').animate({
    left: 3000,
    opacity: 0
}, 1000, 'swing');
```

이 스크립트는 해당 div를 3000px 왼쪽으로 이동시키며, swing 함수를 이용하여 1초 동안 페이드아웃시킵니다. 이 스크립트를 CSS로 그대로 구현할 수 있습니다.

위 효과를 나타낼 수 있는 가장 쉬운 방법은 CSS Transition을 이용하는 것입니다. 먼저 '.hidden'이라는 새 class를 설정합니다.

```
.my-div.hidden {
    left: 3000px;
    opacity: 0;
}
```

다음으로, 해당 요소에 transition을 적용합니다.

```
.my-div {
    -webkit-transition: all 1s ease;
      -moz-transition: all 1s ease;
           transition: all 1s ease;
}
```

위 코드를 통해 transition 효과가 CSS를 이용해 매끄럽게 표현되도록 합니다. 위 Transition 효과에서는 jQuery 때와 동일한 애니메이션 속성을 적용하였습니다(1초 동안 지속, ease 타이밍 함수는 jQuery의 swing 기능과 비슷함).

마지막으로 jQuery를 이용하여 class를 적용하고 애니메이션 효과를 트리거(시작)합니다.

```
$('.my-div').addClass('hidden');
```

이 class를 추가하는 것만으로 모바일 장치에서 매끄럽게 보이는 애니메이션 효과를 트리거할 수 있습니다. 하지만 이 방법에도 몇 가지 단점이 있습니다.

- 이 요소에는 스타일을 변경해도 동일한 transition 효과가 적용됩니다. transition 효과를 골라 사용하거나 변경할 수 있지만 애니메이션 효과 자체를 필요에 따라 변경할 수는 없습니다. 예를 들어 해당 요소를 다시 페이드인할 수는 있지만, 1초 동안 작동하도록 설정한 값은 변경할 수 없습니다.

- Transition 효과를 사용할 경우 콜백함수를 사용하기 어려워집니다. Transition 효과 자체에서 애니메이션 효과가 끝났을 경우 지정해 놓은 기능을 실행하게 만드는 animationEnd 이벤트 핸들러를 지

원하기는 하지만, 이 이벤트 핸들러는 각각의 transition 효과가 끝날 때마다 매번 작동합니다. 예를 들면 left, opacity transition 효과가 각각 끝날 때마다 한 번씩 총 2회 실행됩니다.

- 이 방법은 애니메이션 효과를 CSS에서 전부 처리하기 때문에 CSS 기능에 과부하가 걸릴 수 있습니다. 또한 animationEnd 핸들러를 이용한 콜백함수를 사용하면 과부하가 더 심해질 수 있습니다.

*좀 더 다양한 애니메이션 효과가 필요하다면 transition 효과 대신 키프레임 애니메이션을 사용하면 됩니다.*

## Reflow(컴퓨터 화면에서 텍스트가 차지하는 공간을 조정하는 것) 피하기

Reflow는 브라우저가 페이지를 렌더링할 때 각 요소를 배치하는 작업을 나타내는 단어입니다. 이 작업은 페이지가 처음 로드될 때 뿐만 아니라 페이지의 일부가 변경되거나 레이아웃을 재렌더링해야 할 경우에 작동합니다.

보통 웹 페이지들은 서버와 상호 작용하는 콘텐츠가 없는 경우에도 거의 항상 Reflow 작업을 거칩니다. 그 이유는 Reflow 작업은 웹 페이지 내의 1개 이상의 요소들에 의해 실행되기 때문입니다. 이 또한 CSS로 인하여 실행되기도 합니다.

예를 들어 그림 12-13처럼 하나의 글 문단 옆에 이미지 파일이 위치하면 처음 페이지 로드 시에는 브라우저가 해당 이미지를 아직 다운로드하지 않은 상태이기 때문에 그 이미지의 크기를 알 수 없습니다. 하지만 이미지가 다운로드되고 나면 이미지를 수용할 수 있는 충분한 공간이 필요하기 때문에 이미지 아래에 위치한 콘텐츠를 아래로 이동해야 합니다.

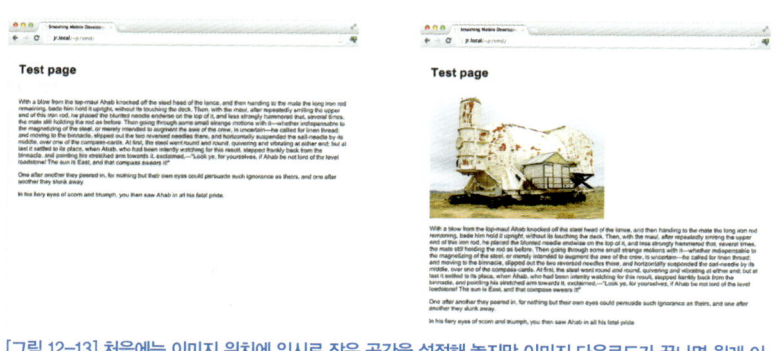

[그림 12-13] 처음에는 이미지 위치에 임시로 작은 공간을 설정해 놓지만 이미지 다운로드가 끝나면 원래 이미지 크기로 설정됩니다

이러한 Reflow 작업은 CSS나 이미지 태그에 이미지 크기를 명시해주는 방법으로 작동하지 않게 할 수 있습니다. 간단하게 가로 길이와 세로 길이를 정의해주면 브라우저에서 이미지를 다운로드하기 전에도 해당 이미지의 크기를 알 수 있게 됩니다.

Reflow 작업을 피하는 다른 방법 중 하나는 절대 위치(absolute positioning)를 사용하는 것입니다. 절대 위치를 사용하는 요소들은 레이아웃상의 다른 요소들의 영향을 받지 않습니다.

## 고성능 속성 피하기

모바일 장치들은 보통 CSS3의 새로운 기능들을 지원합니다. 하지만 이 기능들은 처리하기 어렵고 구형 모바일 기기에서는 문제가 될 수 있기 때문에 새 기능들을 사용하는 것은 양날의 검이 될 수도 있습니다.

앞에서 CSS로 이미지 파일 사용을 줄여 대역폭을 감소시키는 법에 대하여 알아보았습니다. 하지만 이러한 CSS 속성들을 처리하는 데에는 추가 처리 능력이 필요합니다.

예를 들면 많은 Android 장치들에서 간단한 border-radius와 같은 속성을 사용해도 성능 문제가 발생합니다. 이 경우에는 직각 모서리를 사용하거나 대역폭 소모가 크게 문제가 되지 않는다면, 이미지 파일을 사용하는 것이 좋습니다.

그리고 border-radius는 단지 빙산의 일각에 불과합니다. 프로세서의 영향을 많이 받는 속성에는 gradient, box-shadow, text-shadow, transform 등이 있습니다. 이러한 속성들을 애플리케이션에서 사용할 수는 있지만, 다양한 장치에서 성능을 테스트해봐야 합니다.

## 요약

이 장에서는 네이티브 장치 및 에뮬레이터상에서 테스트 환경을 설정하는 법을 알아보았습니다. 그 다음으로 네이티브 디버깅 툴과 Weinre와 같은 원격 디버깅 툴에 대해서도 알아보았습니다. 또한 컴퓨터상에서 쉽게 디버깅할 수 있도록 touch와 mouse 이벤트를 서로 변경하는 법에 대해서도 알아보았습니다.

다음으로, 모바일 성능 최적화에 대하여 다루었습니다. 대역폭을 줄이는 데에는 이미지 파일 대신 CSS를 사용하는 방법, 파일 최적화와 모바일 전용 웹 사이트를 분리하는 방법이 있습니다. JavaScript를 최적화하는 데에는 하드웨어 가속을 활성화하여 애니메이션 효과를 매끄럽게 하는 방법, DOM 레퍼런스를 캐시하는 방법, 기존과는 다른 식으로 코딩하는 방법이 있습니다. 마지막으로 CSS를 최적화하는 데에는 JavaScript 대신 CSS 애니메이션 효과를 사용하는 방법, 브라우저의 Reflow를 줄이는 방법, 고가의 속성 사용을 피하는 방법 등이 있습니다.

APPENDIX

# HTML5, CSS3, JavaScript의 개념

부록에서는 다음과 같은 내용을 다룹니다.

- HTML5 구조 요소(Structural Elements)를 이용하여 의미(Semantics) 개선하기
- Geolocation을 이용하여 지구상 유저 위치 정보 정확하게 알아내기
- DOM 저장소를 이용하여 여러 페이지에서 공통적으로 사용하는 변수 저장하기
- Cache Manifest를 이용하여 오프라인일 경우에도 애플리케이션의 핵심 기능 제공하기
- CSS3를 이용하여 Shadow, Gradient, Animation 효과 추가하기
- 멀티 터치 이벤트와 복잡한 터치 패턴을 이용하여 더 나은 유저 경험 만들기
- jQuery, AJAX, JSON을 이용하여 애플리케이션을 좀 더 동적으로 만들기

위의 주제들은 앞에서 이미 다루었던 내용들입니다. 이 부록은 각 기능들에 대하여 좀 더 깊이 있게 설명하였기 때문에 애플리케이션 구축 시에 레퍼런스로 활용할 수 있을 것입니다.

# HTML5

HTML5에서는 웹 사이트를 좀 더 세련되게 만들고, 개발 과정을 단순화할 수 있는 다양한 새 기능들을 소개합니다.

## 마크업(Markup)

HTML5에서는 마크업에 좀 더 의미(Semantic)를 부여하는 새 요소들을 추가하였습니다. ⟨header⟩, ⟨footer⟩와 같은 태그들은 사람이나 기계 모두가 코드를 더 쉽게 이해할 수 있도록 해줍니다. 이 말은 개발하기가 더 쉬워졌을 뿐만 아니라 Googlebot과 같은 검색 엔진에 접근하기 더 쉬워졌다는 뜻입니다.

이러한 시맨틱 마크업이 방문자들에게 아무 영향도 끼치지 않을 것이라 생각하겠지만, 이 시맨틱 마크업은 웹 페이지의 성능을 높여줍니다. 특정 요소가 줄어들면 CSS나 JavaScript와 같은 DOM Selector가 하는 일도 적어지기 때문입니다.

이러한 성능 개선은 컴퓨터상에서는 별 차이를 느끼지 못하지만, 모바일 장치상에서는 매우 중요합니다.

## 구조 요소(Structural Elements)

HTML5 구조 요소는 World Wide Web Consortium(W3C)에서 세부 요소들을 늘려감에 따라 계속 늘어나고 있습니다. 다음은 몇 가지 유용한 태그입니다.

- **⟨header⟩와 ⟨footer⟩**: 페이지 상단과 하단의 콘텐츠에 사용합니다. 보통 이 부분은 페이지마다 동일하게 사용됩니다.

- **⟨nav⟩**: 탐색 요소에 사용됩니다. 아쉽게도 nav 항목 요소(⟨ni⟩)는 아직 공식적으로 발표된 것이 없습니다. 그러므로 ⟨nav⟩ 태그 내에서는 ⟨ul⟩을 사용하면 됩니다.

```
<nav>
  <ul>
    <li>
```

```
        <a href="#">Link 1</a>
        </li>

        <li>
        <a href="#">Link 2</a>
        </li>

        <li>
        <a href="#">Link 3</a>
        </li>
    </ul>
  </nav>
```

- ⟨**section**⟩: 페이지의 섹션을 나타낼 때 사용합니다. 예를 들면 ⟨section class="sidebar"⟩⟨/section⟩ 처럼 사용할 수 있습니다. 이 섹션 태그는 페이지의 큰 부분들에 사용해야 하며, 작은 부분들에는 ⟨div⟩ 요소를 사용하면 됩니다.

- ⟨**article**⟩: 블로그, 뉴스, 잡지 등의 개별 기사에 사용되며, 이러한 사이트들에서 많이 사용되는 경향이 있습니다.

- ⟨**aside**⟩: 특정 내용과 거의 관계가 없는 내용을 표시할 때 사용합니다. 이 태그는 검색 엔진 사이트에서 중요하게 사용됩니다. 이 태그를 사용하면 검색 엔진 랭킹이 상승할 수 있습니다.

## 의미 단순화(Semantic Simplifications)

추가로 HTML5에서는 마크업을 단순화할 수 있는 여러 방법을 제공합니다.

- **Doctype:** 먼저 HTML5 doctype이 좀 더 간단해졌습니다.

```
<!DOCTYPE html>
```

예전에 doctype을 사용해본 사람이라면 예전 태그는 기억하기가 어렵다는 것을 알 것입니다. 예를 들어보겠습니다.

```
<!DOCTYPE html PUBLIC "-//W3C//DTD XHTML 1.0 Transitional//EN"
"http://www.w3.org/TR/xhtml1/DTD/xhtml1-transitional.dtd">
```

■ **JavaScript와 CSS**: HTML5에서는 스크립트를 정의할 때보다 간단한 형식을 사용할 수 있게 되었습니다. 이제 type="text/JavaScript" 부분을 생략할 수 있습니다.

```
<script src="my-script.js"></script>
```

추가로 〈link〉와 〈style〉 태그에도 type="text/css" 부분을 생략할 수 있습니다.

```
<link rel="stylesheet" href="my-stylesheet.css" />
<style></style>
```

대부분의 경우 태그를 사용할 때 해당 생략된 부분을 사용하는 경우가 많아서 HTML5부터는 이를 생략해도 되도록 기본 값으로 설정하였습니다.

## HTML5 Shiv 사용하기

HTML5 요소의 단점은 오래된 브라우저에서는 인식이 안 된다는 점입니다. 오래된 브라우저에서 에러가 발생하지는 않지만, CSS 스타일은 인식되지 않습니다.

HTML5 마크업을 지원하지 않는 브라우저는 IE8 이하 버전들입니다. 모바일 장치상에서 사용하는 데에는 거의 영향을 끼치지 않기 때문에 모바일 전용 페이지만 운영할 예정이라면 이 섹션을 건너뛰어도 됩니다. 하지만 컴퓨터용 페이지도 운영할 예정이라면 해당 HTML5를 지원하지 않는 브라우저를 위해 이를 보완하는 것이 좋습니다.

다행스럽게도 HTML5를 지원하지 않는 브라우저에서 HTML5가 표시되도록 하는 방법은 쉽습니다. 먼저 head 섹션에 JavaScript를 이용하여 웹 페이지에서 사용할 요소들을 수동으로 추가합니다.

```
<script>
  document.createElement('header');
  document.createElement('footer');
  document.createElement('nav');
  document.createElement('section');
  document.createElement('article');
  document.createElement('aside');
</script>
```

이러한 요소들을 추가해주는 스크립트인 HTML5 Shiv를 사용해도 됩니다. 간단하게 http://code.google. com/p/html5shiv에서 스크립트를 다운로드하여 head 부분에 추가하면 됩니다. 이를 추가한 후에는 모든 브라우저에서 HTML5 태그가 작동할 것입니다.

하지만 어느 방법을 사용하든 HTML5를 지원하는 브라우저에서는 위 스크립트를 사용하지 않는 것이 좋습니다. HTML5를 지원하는 대부분의 브라우저에서 위 스크립트를 추가하는 것은 의미가 없기 때문입니다.

HTML5 문제가 생기는 것은 IE8 이하 버전이기 때문에 이에 해당하는 경우에만 HTML5 Shiv를 사용하도록 합니다.

```
<!--[if lt IE 9]>
<script src="HTML5-Shiv-경로/html5shiv.js"></script>
<![endif]-->
```

*HTML5 Shiv와 HTML5 Shim 두 가지가 존재하는데, 이 둘의 차이점은 무엇일까요? HTML5 Shiv 웹 사이트에 "하나는 m, 하나는 v로 서로 이름만 다를 뿐 차이점은 없습니다"라고 나와 있습니다.*

## Geolocation

모바일 HTML5에서 가장 중요한 기능 중 하나는 Geolocation입니다. Geolocation API는 모바일 장치의 위치 정보를 가져와 이를 사용할 수 있도록 만들어줍니다. 이를 통해 유저의 위치를 지도상에 표시할 수 있으며, 해당 위치에 연관된 콘텐츠를 제공하는 것이 가능해집니다.

### 지원 여부 알아보기

Geolocation API를 호출하기 전에, 이 기능을 지원하는지의 여부를 확인해보아야 합니다.

```
if ("geolocation" in navigator) {
    //이 부분에 geolocation을 이용하여 할 작업을 추가합니다
}
```

*이를 통해 Geolocation을 지원하지 않는 브라우저에서 오류가 생기지 않도록 합니다.*

### 유저 위치 찾기

Geolocation 지원 여부를 확인한 후에는 유저의 위치를 식별해야 합니다. getCurrentPosition을 사용합니다.

```
if ("geolocation" in navigator) {
    navigator.geolocation.getCurrentPosition(function(position) {
        var userLatitude = position.coords.latitude,
        var userLongitude = position.coords.longitude;
    });
}
```

위 코드에서 볼 수 있듯이 navigator.geolocation.getCurrentPosition 함수는 유저의 위도 및 경도 정보를 반환해주는 callback 함수를 지원합니다.

컴퓨터와 같이 위치 정보를 제공하지 않는 장치에서 *Geolocation API*를 사용하면 개인 *IP*를 이용해 대략적인 위치를 추측하여 보여줍니다.

## 위치와 관련된 정보 가져오기

유저의 위도 및 경도에 대한 정보를 알면 Google Maps API와 같은 API를 이용하기는 쉽지만, 해당 위치에 관련된 정보가 부족합니다. 이러한 위도와 경도 정보를 가지고 해당 위치의 도시명, 국가명으로 변환해주는 서비스도 있습니다(심지어 주소까지 표시해주는 서비스도 있습니다).

이 Google Maps API 기능에 대한 자세한 정보는 http://stackoverflow.com/questions/3918412/city-by-gps-location-latitude-longitude를 참조하기 바랍니다.

## 시간에 따른 유저 위치 추적하기

getCurrentPosition은 위치 정보를 한 번 표시하는 데 유용합니다. 하지만 HTML5에서는 시간에 따른 유저의 위치 변화를 추적해주는 API도 제공합니다.

```
if ("geolocation" in navigator) {
    navigator.geolocation.watchPosition(function(position) {
        var userLatitude = position.coords.latitude,
        var userLongitude = position.coords.longitude;
    });
}
```

watchPosition은 getCurrentPosition과 비슷하게 유저의 위치 데이터를 전달해주는 콜백함수를 지원합니다. watchPosition에서 다른 점이 한 가지 있는데, 그것은 유저의 위치가 변경될 때마다 해당 콜백함수를 반복적으로 호출한다는 점입니다.

timeout과 getCurrentPosition을 사용하여 비슷한 기능을 구현할 수도 있지만, watchPosition을 사용할 경우에만 얻을 수 있는 장점이 몇 가지 있습니다. watchPosition은 사용하기 쉬운 장점 외에도, 유저의 실제 위치가 변경되는 경우에만 콜백함수를 호출하기 때문에 시간 간격을 두고 호출하는 방법보다 더 좋은 성능을 보여줍니다.

이 최적화 효과는 단지 Javascript 성능을 향상시킬 뿐만 아니라 해당 기기의 Geolocation 하드웨어 사용을 줄여 배터리 수명을 늘려줍니다.

> 일부 기기에서는, *watchPosition*을 사용했을 경우 *getCurrentPosition*을 사용했을 경우보다 정확한 위치 정보를 얻을 수 있습니다. 이는 *getCurrentPosition*을 사용했을 경우 기기가 위치 정보의 정확성에 상관없이 해당 데이터를 가능한 한 빠르게 반환하기 때문입니다. 하지만 *watchPosition*을 사용하면 애플리케이션에서 위치 정보를 개선하여 보다 정확한 좌표를 가져올 수 있게 합니다.

## 위치 정보 추적 정지하기

애플리케이션 내에서 위치 정보가 더 이상 필요하지 않은 경우에는 watchPosition을 unload할 수 있습니다. 이를 위해서는 먼저 watch 함수에 대한 변수를 정의해야 합니다.

```javascript
if ( "geolocation" in navigator ) {
    var myWatch = navigator.geolocation.watchPosition(function(position) {
        var userLatitude = position.coords.latitude,
        var userLonitude = position.coords.longitude;
    });
}
```

또한 언제든지 clearWatch 기능을 이용해 해당 기능을 unload할 수 있습니다.

```javascript
if ( "geolocation" in navigator) {
    navigator.geolocation.clearWatch(myWatch);
}
```

## DOM 저장소

웹 애플리케이션을 개발하기 쉽도록 도와주는 HTML5의 또 다른 기능 중 하나는 '로컬 저장소 기능'입니다. 로컬 저장소는 웹 사이트의 각기 다른 여러 페이지들에 동일한 JavaScript 변수를 사용할 수 있도록 이를 저장하는 기능을 합니다. 이 말은 웹 사이트 전 페이지상에서 필요시 사용할 수 있도록 데이터를 저장하는 것이 가능하다는 말입니다. 시간이 흘러 며칠 후에 해당 웹 사이트를 방문해도 해당 데이터는 계속 저장되어 있습니다.

유저의 웹 페이지 방문에 관한 정보를 브라우저에 바로 저장하는 것이 여러 면에서 좋습니다. 보통 서버에 세션 데이터를 저장했던 고전적인 방법을 탈피할 수 있습니다.

## 로컬 저장소 사용하기

로컬 저장소를 사용하는 방법은 매우 쉽습니다. 먼저 setItem을 이용하여 항목을 저장합니다.

```
localStorage.setItem("myVar", "My Value");
```

그런 다음, 저장된 데이터를 받아오려면 getItem을 사용합니다.

```
localStorage.getItem("myVar");
```

위 코드를 언제 실행하든 똑같이 'My Value'라는 값을 반환합니다.

마지막으로 removeItem을 사용하여 데이터를 삭제합니다.

```
localStorage.removeItem("myVar");
```

## 세션 저장소 사용하기

세션 저장소는 로컬 저장소와 동일하게 작동합니다. 단지 차이점은 브라우저를 닫거나 웹 사이트에서 다른 웹 사이트로 이동했을 때 저장된 데이터가 사라진다는 것입니다. 로컬 저장소에는 언제 방문하더라도 동일한 데이터를 제공해야 할 때 사용하고, 세션 저장소에는 좀 더 동적이고 단기간 보관해야 하는 정보를 보관할 때 사용하는 것이 좋습니다.

이 특징을 제외하고는 로컬 저장소와 완전히 동일한 기능을 수행합니다.

```
sessionStorage.setItem("myVar", "My Value");

//myVar의 값을 알림창에 띄웁니다.
alert( sessionStorage.getItem("myVar") );

//저장소에서 삭제합니다.
sessionStorage.removeItem("myVar");
```

## 좀 더 간단한 구문

로컬 저장소와 세션 저장소를 일반 JavaScript 오브젝트처럼 사용할 수 있습니다. 예를 들어보겠습니다.

```
localStorage.myVar = "My Value";

//myVar의 값을 알림창에 띄웁니다.
alert ( localStorage.myVar );

//저장소에서 삭제합니다.
delete localStorage.myVar;
```

## DOM 저장소를 이용해 배열, 오브젝트 저장하기

로컬 저장소와 세션 저장소는 key-value식의 저장만 가능합니다. 하지만 배열이나 오브젝트를 저장하고 싶다면 JSON.stringfy 함수를 이용하여 쉽게 문자열로 바꿀 수 있습니다.

```
var myArr = [];

myArr[0] = "blah";
myArr[1] = "blah 2";

localStorage.myArr = JSON.stringify(myArr);
```

다음으로, 로컬 저장소에서 데이터를 받아올 경우에는 JSON.parse를 이용하면 됩니다.

```
var storedArr = JSON.parse( localStorage.myArr );
```

## Cache Manifest

　HTML5의 Cache Manifest 기능은 어떤 페이지와 파일들을 다운로드하여 로컬에 저장해야 하는지 브라우저가 알 수 있게 해줍니다. 다운로드할 수 있도록 설정된 파일들은 해당 파일이 해당 유저 방문 시에 사용되지 않더라도 다운로드합니다.

이러한 캐시 기능은 Corks와 같이 홈 화면에서 실행되는 웹 애플리케이션에 매우 중요합니다. 그 이유는 인터넷이 연결되어 있지 않더라도 네이티브 앱처럼 구동할 수 있어야 하기 때문입니다.

　*Cache Manifest는 네이티브 앱과 경쟁하는 웹 애플리케이션에는 필수로 사용되어야 하는 기능입니다. 해당 웹 애플리케이션이 홈 화면에 추가되어 있을 경우, 일반 네이티브 애플리케이션처럼 인터넷이 연결되어 있지 않더라도 작동할 수 있도록 하는 것이 가능합니다.*

### manifest 정의하기

　먼저 문서의 〈html〉 태그 부분에 manifest 파일을 링크해야 합니다.

```
<html manifest="example.manifest">
   ...
</html>
```

이 manifest 파일은 올바른 mime-type으로 제공되지 않으면 인식되지 않습니다. Apache 서버를 사용 중이라면 다음 코드를 .htaccess 파일 내부에 추가합니다.

```
AddType text/cache-manifest .manifest
```

## manifest 파일 구축하기

다음으로, manifest 파일 구축하는 방법은 쉽습니다. 'CACHE MANIFEST'라는 글자로 시작하여 아래 줄에 캐시할 파일 목록을 추가하면 됩니다. 예를 들어보겠습니다.

```
CACHE MANIFEST
index.html
stylesheet.css
scripts/jQuery.js
images/my-logo.png
```

이제, 유저가 해당 manifest를 설정해 놓은 페이지를 방문하면 위 목록의 파일들을 자동으로 다운로드하여 저장합니다(해당 페이지에서 위의 파일이 사용되지 않는 경우에도 다운로드합니다).

> *manifest 파일은 bit급에서 캐시됩니다. 이 말은 manifest 파일 내부의 글자 하나(주석까지 도)가 변경되더라도 파일 전체를 재다운로드한다는 것을 의미합니다.*

## 특정 페이지에서 캐시 비활성화하기

Cache Manifest 기능은 인터넷 연결이 필요하지 않은 정적 페이지에 사용하기 좋습니다. 하지만 일부 페이지들은 온라인상에서만 작동하거나 동적으로 작동하기 때문에 캐시되지 말아야 하는 페이지들도 있습니다(Google Maps API를 사용하는 페이지나 매일 새로운 항목을 보여주는 페이지 등).

다행스럽게도 Cache Manifest에서 브라우저상에서 캐시되면 안 되는 파일들을 따로 지정할 수 있습니다. manifest 파일 내에서 CACHE와 NETWORK 섹션으로 구분해서 정의해주면 됩니다.

```
CACHE MANIFEST

# 캐시할 파일들
CACHE:
index.html
stylesheet.css
```

```
scripts/jQuery.js
images/my-logo.png

# 캐시하지 않을 파일들
NETWORK:
map.html
blog.html
```

이제 CACHE 섹션의 파일들은 캐시될 것이며, NETWORK 섹션의 파일들은 캐시되지 않을 것입니다(#로 시작하는 줄은 주석입니다).

> *CACHE MANIFEST 밑에 바로 목록을 작성하면 캐시할 목록으로 자동 지정됩니다.*
> *CACHE: 부분을 생략할 수도 있지만, 코드의 명확성을 위해 표시하는 것이 좋습니다.*

## 캐시되지 않은 콘텐츠를 대체할 페이지 설정하기

마지막으로 인터넷 연결이 필요한 페이지를 대체할 페이지를 정의할 수 있습니다. 이 대체할 페이지는 인터넷 연결이 필요한 페이지를 불러올 수 없을 때(인터넷 연결이 되지 않을 경우 등) 사용됩니다.

```
CACHE MANIFEST

# 캐시할 파일들
CACHE:
index.html
stylesheet.css
scripts/jQuery.js
images/my-logo.png

# 캐시하지 않을 파일들
NETWORK:
map.html
blog.html
```

```
# 대체할 페이지
FALLBACK:
*.html /offline.html
```

인터넷이 연결되어 있지 않을 때 offline.html을 표시합니다. 대체할 페이지 설정은 두 부분으로 분류됩니다. 요청받은 파일과 대체할 페이지의 URL입니다. 위 예제처럼 *(와일드카드)를 사용할 수 있습니다.

대체할 부분의 URL은 manifest 파일을 참조하는 페이지와 상대 경로로 연결됩니다. 그러므로 위 예제에서는 절대 경로인 /offline.html을 사용하였습니다.

## CSS3

CSS3에서는 페이지를 좀 더 돋보이게 할 수 있는 새로운 스타일링 옵션들을 제공합니다. 가장 좋은 점은 이미지 파일을 사용하지 않아도 되기 때문에 페이지를 빠르게 로드할 수 있으며, 서버 부하를 줄일 수 있다는 것입니다.

하지만 이 CSS3는 성능면에서 완벽하지 않으며, 렌더러(브라우저)가 처리할 일이 더 많아지기 때문에 처리 능력이 감소할 수 있습니다. 컴퓨터상에서는 거의 무시해도 될 정도지만, 모바일 장치에서는 성능이 많이 저하될 수 있습니다.

장치에 따라 성능이 달라집니다. iPhone(3G 등의 예전 모델 포함)에서는 어떤 CSS3 기능이든 모두 지원합니다. 하지만 각 제조사별로 성능이 다른 Android 장치들에서 성능 문제가 발생하기 시작했습니다. 이는 보통 Gradient나 Transition등의 고급 기능들을 사용할 때 발생합니다. 하지만 border-radius와 같은 간단한 기능 사용 시에 발생하는 경우도 있습니다.

그러므로 다양한 장치에서 애플리케이션을 테스트해보는 것이 좋습니다. 만일 문제가 생긴다면 문제 해결 및 성능 향상을 위해 디자인을 수정하는 것이 좋습니다. 좋은 디자인은 더 나은 유저 경험을 제공하지만, 성능 저하는 유저를 떠나게 만듭니다.

대부분의 웹 애플리케이션 문제는 *JavaScript*에서 비롯되기 때문에 *CSS3* 최적화에 대해서는 너무 걱정하지 않아도 됩니다. *12장*에서 다루었듯이, 애플리케이션 성능 개선 시에는 어떤 부분부터 수정해야 할지 고르는 과정도 중요합니다.

## box shadow(그림자)

box shadow 기능은 DOM 요소들에 그림자 효과를 추가하여 웹 페이지에 시각적인 강조 효과를 더해줍니다.

box-shadow 속성은 그림자 색부터 흐림 효과 등의 다양한 그림자 효과를 지정할 수 있습니다.

```
box-shadow: 1px 2px 8px #000;
```

위 코드는 그림자 상자의 다양한 옵션을 설정합니다.

- 처음 두 값은 그림자의 x축, y축 길이를 지정합니다. 위 예제에서는 오른쪽으로 1px, 아래쪽으로 2px 크기의 그림자를 만듭니다.

- 다음 값은 흐림 반경을 지정합니다. 그림자 흐림 효과가 8px까지 나타납니다. 흐림 효과를 늘리려면 숫자를 증가하면 되고, 줄이려면 숫자를 감소하면 됩니다.

마지막 속성은 그림자 색을 지정하며, 위 코드에서는 그림자 색을 검은색으로 지정합니다.

기본적인 그림자 속성을 지정하면, 그림 A-1과 같은 효과가 나타납니다.

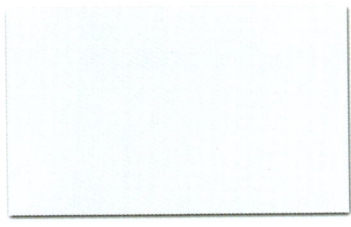

[그림 A-1] 가장 기본적인 그림자 효과가 지정되었습니다

### RGBA Transparency

위 그림에서 그림자가 약간 딱딱해 보이는 느낌이 드는 이유는 완전 불투명한 색을 사용하였기 때문입니다.

더 부드러운 효과를 주기 위해 RGBA 색을 검은색 대신 설정합니다.

```
box-shadow: 1px 2px 8px rgba(0,0,0,0.5);
```

RGBA 색은 RGB 색과 동일하지만, 투명 효과를 부여해주는 alpha transparency(알파 투명도)가 추가되었습니다. 이 예제에서는 검은색(R:0, G:0, B:0)을 설정한 후에, 50% 불투명도(0.5)를 설정합니다.

이를 통해 그림 A-2와 같이 색의 부조화를 약간 해결할 수 있습니다.

[그림 A-2] 위 그림자 효과는 RGBA색을 이용하여 좀 더 투명하게 만들었습니다

*RGB 그림자 효과가 작동하지 않는 경우, 대체할 효과를 따로 지정하지 않아도 됩니다. 그림자 효과를 지원하는 브라우저라면 RGBA 그림자 효과도 기본적으로 지원하기 때문입니다.*

### Vendor Prefixes(공급업체 접두사)

그림자 효과는 iOS 5에서는 잘 작동하지만 Android OS나 iOS 구 버전에서는 현재 작동하지 않습니다. 이때에는 공급업체 접두사를 추가하면 됩니다.

```
-webkit-box-shadow: 1px 2px 8px rgba(0,0,0,0.5);
```

iOS 새 버전 사용자, 기타 브라우저에서도 잘 작동하도록 접두사를 붙이지 않은 속성도 같이 추가해야 합니다.

```
-webkit-box-shadow: 1px 2px 8px rgba(0,0,0,0.5);
box-shadow: 1px 2px 8px rgba(0,0,0,0.5);
```

접두사를 붙이지 않은 box-shadow 속성이 맨 아래에 위치해야 위 접두사를 붙인 속성이 작동하지 않는 브라우저에서 완벽하게 작동하게 만들 수 있습니다.

> *Firefox 브라우저용 -moz-box-shadow를 추가해도 되지만, Firefox 4.0 버전부터는 접두사를 붙이지 않은 box-shadow도 완벽하게 지원하기 때문에 이를 따로 추가할 필요는 없습니다.*

## 왜 Vendor Prefixes(공급업체 접두사)를 붙이나요?

개발을 더 어렵게 만드는 이 Vendor Prefixes를 왜 붙이는지 궁금할 것입니다.

Vendor Prefixes는 CSS3의 새 기능으로, 브라우저에서 해당 기능을 구현하는 속도 및 성능을 최적화하는 기간이 필요하기 때문입니다.

브라우저에서 해당 기능을 완벽하게 지원하는 시점에 다다르면 개발자들이 이를 활용할 수 있도록 릴리즈합니다. 하지만 기능상의 버그가 여전히 존재할 수 있습니다. 좀 더 복잡한 기능들은 브라우저에서 지원하지 않는 부분도 존재할 수 있습니다.

이 경우 Vendor Prefixes를 사용하여 완벽한 기능을 지원하는 속성과 구분하여 브라우저에서 발생할 수 있는 잠재적인 문제들에 대비합니다.

## Multiple Box Shadows

콤마(,)를 이용하여 box shadow를 여러 개 추가할 수도 있습니다.

```
-webkit-box-shadow: 0px 0px 2px rgba(0,0,0,0.3), 1px 2px 8px
rgba(0,0,0,0.5);
box-shadow: 0px 0px 2px rgba(0,0,0,0.3), 1px 2px 8px rgba(0,0,0,0.5);
```

그림 A-3은 box-shadow를 두 번 적용한 모습입니다.

[그림 A-3] 위 그림에는 box-shadow가 2개 적
용되어 있습니다. 사각형에 가까이에 있는 약간 더
진한 그림자가 있는 것을 볼 수 있습니다

*box shadow를 여러 번 적용하면 첫 번째 그림자가 위에 나타나며, 그 다음 그림자는 기존 그림자 다음에 나타납니다.*

box shadow를 흐림 효과 없이 여러 개 겹쳐 3D 효과를 줄 수도 있습니다.

```
-webkit-box-shadow: 1px 1px 0px rgba(0,0,0,0.9), 2px 2px 0px
   rgba(0,0,0,0.9), 3px 3px 0px rgba(0,0,0,0.9), 4px 4px 0px
   rgba(0,0,0,0.9), 5px 5px 0px rgba(0,0,0,0.9), 6px 6px 0px
   rgba(0,0,0,0.9), 7px 7px 0px rgba(0,0,0,0.9);
box-shadow: 1px 1px 0px rgba(0,0,0,0.9), 2px 2px 0px rgba(0,0,0,0.9),
3px 3px 0px

rgba(0,0,0,0.9), 4px 4px 0px rgba(0,0,0,0.9), 5px 5px 0px rgba(0,0,0,0.9),
6px 6px
0px rgba(0,0,0,0.9), 7px 7px 0px rgba(0,0,0,0.9);
```

위 코드는 box shadow를 7번 사용하며, 1px씩 늘어납니다. 그림 A-4에서 볼 수 있듯이, 해당 요소가 페이지에서 입체적으로 튀어나와 보이는 효과가 적용되어 있습니다.

[그림 A-4] 이 3D 효과는 box shadow를 이용해 생성되었습니다

*텍스트에 3D효과를 주려면 text-shadow를 이용해 위처럼 똑같이 적용하면 됩니다.*

## Gradient

Gradient를 사용하면 단색 레이아웃에 시각적인 효과를 불어넣을 수 있습니다. CSS Gradient 기능은 매우 다양하며, 여러 유용한 옵션을 제공합니다. CSS로 Gradient를 제어한다는 말은 유저가 다운로드해야 할 이미지 파일 수가 줄어든다는 것을 의미합니다.

더욱이 이전까지 널리 사용되었던 이미지를 활용한 Gradient 효과는 이미지의 크기가 정해져 있기 때문에 HTML 요소의 변화에 따라 자연스럽게 적용되지 않았습니다. HTML 요소의 크기가 고정되어 있을 경우에는 해당 크기에 맞는 이미지 파일을 사용해도 되지만, 요소의 크기가 변하는 경우에는 문제가 발생합니다. 하지만 CSS Gradient 효과는 HTML 요소의 크기 변화에 따라 유동적으로 적용됩니다.

### Linear Gradients

먼저 요소의 배경색을 지정합니다. 이 배경색은 gradient를 지원하지 않는 브라우저에 나타날 색이며, gradient 렌더링 작업이 오래 걸릴 경우에도 나타납니다.

```
background-color: #999;
```

배경 이미지를 설정하여 *gradient*를 대체할 항목으로 사용할 수 있습니다. 단지 이를 *CSS Gradient* 옵션보다 먼저 정의해야 합니다.

```
background-image: -webkit-gradient(linear, left top, left bottom,
    from(#CCC), to (#555));
background-image: -webkit-linear-gradient(top, #CCC, #555);
background-image:        linear-gradient(to bottom, #CCC, #555);
```

위 코드는 그림 A-5처럼 위에서 아래로, 밝은 회색(#CCC)에서 어두운 회색(#555)으로 이어지는 linear(선형) gradient를 생성합니다.

[그림 A-5] 이 요소에는 기본 Linear Gradient가 적용되어 있습니다

위 코드들의 형식이 전부 다른 것을 볼 수 있습니다. 아쉽게도, 이전 버전과의 호환성을 위해서는 위 코드를 전부 적용해야 합니다.

- -webkit-gradient는 WebKit 브라우저에서 예전에 사용했던 구문입니다. Android나 iOS 구 버전에서 사용됩니다.
- -webkit-linear-gradient는 웹 표준을 받아들였지만 예전 장치에서 동작하지 않습니다.
- 접두사가 붙지 않은 linear-gradient는 요즘 출시되는 브라우저 버전에서 사용합니다.

-moz-linear-gradient와 -o-linear-gradient를 사용하여 Firefox와 Opera 브라우저 구 버전을 지원해도 되지만, 두 브라우저 모두 최신 버전에서는 linear-gradient를 지원합니다.

또한 IE9 이전 버전을 지원하려면 IE 필터를 이용해 대체할 내용을 생성하면 되지만, 이 IE 필터는 버그가 많기로 유명합니다.

아마 -ms-linear-gradient를 본 적이 있을지도 모릅니다. 하지만 이 *Vendor Prefix*는 추가하지 않아도 됩니다. 해당 속성은 *IE10* 개발자 버전에서 사용된 속성이며, 일반 버전으로 출시된 *IE 10*에서는 표준 *linear-gradient*를 지원합니다. 해당 -ms- 접두사를 따로 인식하는 *IE* 브라우저는 이제 존재하지 않으므로 생략하는 것이 좋습니다.

## Angled Gradient

Linear gradient를 사용하여 수직, 수평, 심지어는 대각선이나 어떤 각도로든 Gradient 효과를 줄 수 있습니다.

앞에서 생성한 gradient는 수직으로 되어 있지만, 위치 설정을 통해 수평으로 바꿀 수 있습니다.

```
background-image: -webkit-gradient(linear, left top, right top,
   from(#CCC), to (#555));
background-image: -webkit-linear-gradient(left, #CCC, #555);
background-image:          linear-gradient(to right, #CCC, #555);
```

약간 번거롭지만 구문들을 각각 다르게 변경해야 합니다.

- -webkit-gradient 구문은 left top과 right top을 사용합니다.
- -webkit-linear-gradient는 시작점(left)만 설정하면 됩니다.
- -W3C 표준에서는 Gradient 효과가 끝나는 방향(to right)을 설정합니다.

그림 A-6에서처럼 수평 Gradient가 생성됩니다.

[그림 A-6] 이 수평 Gradient는 위치 설정 변경을 통해 생성되었습니다

대각선 Gradient 효과도 생성할 수 있습니다.

```
background-image: -webkit-gradient(linear, left top, right bottom,
  from(#CCC), to(#000));
background-image: -webkit-linear-gradient(-45deg, #CCC, #000);
background-image:          linear-gradient(135deg, #CCC, #000);
```

여기서 각 구문이 다시 약간씩 변경됩니다.

- -webkit-gradient 구문에서는 앞에서 사용했던 구문(left top, right bottom)을 사용합니다.
- -webkit-linear-gradient 구문에서는 각도에 음수 값을 지원합니다.
- W3C를 준수하는 브라우저에서 각도에 음수 값을 사용해도 되지만, 90° 이상 되는 각도에 양수 값을 사용하는 것이 표준입니다. 위의 135deg는 -45deg와 동일합니다.

그림 A-7에서처럼 왼쪽 상단 코너에서 아래쪽 하단 코너로 이어지는 대각선 Gradient 효과를 볼 수 있습니다.

[그림 A-7] 이 대각선 Gradient 효과는 CSS3로
생성하였습니다

*IE 필터를 사용하여 수직, 수평 Gradient 효과는 생성할 수 있지만 대각선 Gradient 효과는
생성할 수 없습니다.*

마지막으로 45도 각도 말고 다른 각도를 적용해보고 싶다면 -webkit-gradient 구문을 제외하고 위에서 사용한 방법을 그대로 적용하면 됩니다.

```
background-image: -webkit-gradient(linear, left 20% top 100%, right 20%
    bottom 100%, from(#CCC), to(#000));
background-image: -webkit-linear-gradient(-60deg, #CCC, #0J0);
background-image:        linear-gradient(120deg, #CCC, #000);
```

여기서 아래 두 가지 구문은 매우 간단하지만 -webkit-gradient에서는 퍼센트를 추가하여 멈추는 지점을 지정해야 합니다. 약간 어려울 수도 있지만, 여러 번의 수정을 통해 맞는 것을 찾아 나가면 됩니다.

그림 A-8에서처럼 약간 기울어진 Gradient 효과를 볼 수 있습니다.

[그림 A-8] CSS3를 사용하여 60˚ 기울어진
Gradient를 생성하였습니다

## Gradient Tools

위 코드와 같은 세 개의 각기 다른 구문을 기억하기보다는 이러한 과정을 자동적으로 해주는 좀 더 편리한 서비스가 있습니다. 예를 들면 필자는 CSS preprocessor인 Sass나 LESS를 이용하여 위 코드와 같이 각기 다른 구문들을 처리하는 데 사용합니다.

하지만 preprocessor를 사용하기를 원하지 않는다면, 위와 같은 코드를 생성해주는 툴을 이용합니다. Colorzilla의 Ultimate CSS Gradient Generator가 그중 하나이며, www.colorzilla.com/gradient-editor 에서 이용할 수 있습니다.

그림 A-9와 같이, 이 에디터는 직관적인 UI를 통해 Gradient 효과를 생성해줍니다.

'Sass'라는 툴을 이용해도 Gradient 효과를 미리 보여주며, 이를 Compass(CSS3 모듈)에서 사용할 수 있도록 SCSS 포맷으로 출력해주기도 합니다.

*CSS preprocessor는 유동적인 CSS3 기능을 사용하는 데 특히 유용합니다. 새 표준이 만들어지는 경우, 새 구문들을 Dradients 효과에 빠르게 적용하는 것이 가능해지기 때문입니다.*

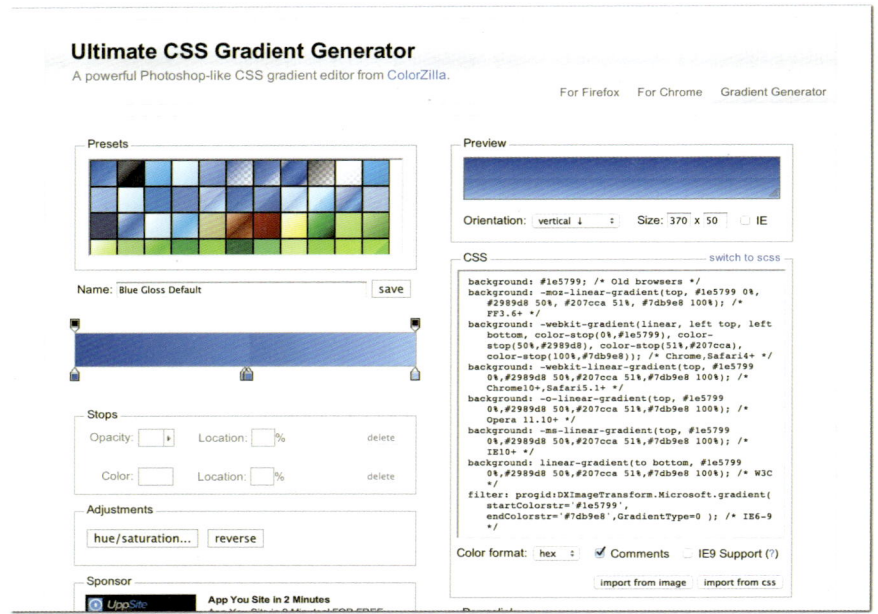

[그림 A-9] 이 툴을 이용하면 gradient 스타일을 쉽게 생성할 수 있습니다

## color stops

기본적인 두 가지 색 Gradient 이상으로, 좀 더 복잡한 Gradient 효과를 만들기 위해 'color stops'라는 것을 추가할 수 있습니다. color stops 기능은 Gradient 효과에 색을 추가해주며, 이는 앞에서 정의한 Gradient 구문에 원하는 만큼 추가할 수 있습니다.

```
background: -webkit-gradient(linear, left top, left bottom,
  from(#b4ddb4), color-stop(50%, #008a00), to(#002400));
background: -webkit-linear-gradient(top, #b4ddb4, #008a00 50%, #002400);
background:        linear-gradient(to bottom, #b4ddb4, #008a00 50%,
  #002400);
```

여기서, 그림 A-10처럼 Gradient 효과의 50% 지점까지 color stops 기능이 적용되었습니다.

[그림 A-10] 이 gradient는 color stops를 사용
하였습니다

시작 색과 끝나는 색도 *color stops*으로 정할 수 있습니다. *-webkit-gradient*에서는 각각 *color-stops(0%, #b4ddb4)*와 *color-stops(100%, #002400)*으로 대체하면 됩니다. 다른 코드들에는 각각 *0%, 100%*를 색 코드 뒤에 추가하면 됩니다.

color stops 기능을 이용해 3D 효과를 만들 수도 있습니다. 예를 들어 하단은 그림자 효과를 주면서 상단을 강조하는 버튼을 생성합니다.

```
background: -webkit-gradient(linear, left top, left bottom,
  from(#52b152), color-stop(25%, #83c783), color-stop(66%, #008a00),
  to(#002400));
background: -webkit-linear-gradient(top, #52b152, #83c783 25%, #008a00
  66%, #002400);
background:         linear-gradient(to bottom, #52b152, #83c783 25%,
  #008a00 66%, #002400);
```

이 코드는 color stop를 두 번 이용하여 Gradient 효과를 나타내며, 그림 A-11과 같이 3D 효과가 나타납니다.

[그림 A-11] color stops 기능을 이용하여 버튼에
3D 효과를 나타냈습니다

*IE 필터에서는 color stops 기능을 대체하는 기능을 지원하지 않습니다.*

## Radial Gradient

CSS3를 이용하여 Linear Gradient 외에도 원형이나 구형 Gradient 효과도 나타낼 수 있습니다. 설정할 수 있는 항목이 많으므로 필요에 따라 다양한 Gradient 효과를 나타낼 수 있습니다.

먼저 기본적인 Radial Gradient를 정의합니다.

```
background: -webkit-gradient(radial, center center, 0px, center center,
    100%, from(#CCC), to(#555));
background: -webkit-radial-gradient(center, ellipse cover, #CCC, #555);
background:          radial-gradient(ellipse at center, #CCC, #555);
```

이처럼 정의하는 부분이 앞의 Linear Gradient와 약간 다릅니다. color stops 기능은 Linear Gradient 사용 시와 비슷하지만, 위치를 설정하는 부분은 변경되었습니다. 그 이유는 Gradient 효과의 중심점과 반지름을 설정해야 하기 때문입니다.

- -webkit-gradient 구문에서는 시작점을 중앙으로 하고, 반지름을 '0'으로 설정합니다. 그리고 끝나는 지점도 요소의 가운데 지점을 원의 중앙으로 하며, 요소의 끝부분(100%)으로 설정합니다.

- -webkit-radial-gradient 구문에서는 위치를 중앙(center)로 지정하고, ellipse cover 설정을 통해 요소 전체를 커버하도록 설정합니다.

- - 마지막으로 W3C 표준에서는 간단하게 ellipse at center로 설정하면 됩니다.

그림 A-12에서 볼 수 있듯이, 요소의 끝부분으로 뻗어 나가는 Radial Gradient 효과를 생성합니다.

[그림 A-12] CSS3로 생성한 Radial Gradient 효과입니다

## Gradient 효과 반복하기(Repeating Gradient)

　마지막으로 CSS에서는 줄무늬 모양 배경을 쉽게 만들 수 있도록 Gradient 효과를 반복해서 사용하는 기능도 지원합니다.

이 Gradient 효과를 반복하는 기능은 요소 전체에 Gradient 효과를 지정하는 것이 아니기 때문에 다른 Gradient 효과와 사용하는 방법이 약간 다릅니다. 이로 인해 퍼센트(%)를 사용하지 않고 픽셀(px) 단위를 사용합니다.

```
background-image: -webkit-repeating-linear-gradient(
    top,
    blue,
    green 10px,
    white 20px
);
background-image:        repeating-linear-gradient(
    to bottom,
    blue,
    green 10px,
    white 20px
);
```

위 Gradient 효과에는 color stops 기능이 3번 추가되었습니다. Gradient 효과가 파란색으로 시작하여 10px까지는 초록색으로 변하다가 20px까지는 흰색으로 변합니다. 그 후 다시 파란색으로 시작하며 이러한 규칙으로 그림 A-13처럼 요소 전체에 적용합니다.

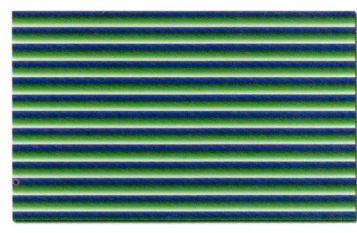

[그림 A-13] 이 요소에서는 Gradient 효과가 반복됩니다. 파란색, 초록색, 흰색까지는 부드럽게 변화되고 다시 흰색과 파란색 사이에는 Gradient 효과가 없습니다

Gradient 효과의 color stops 기능을 조작하면 줄무늬 모양도 만들 수 있습니다.

```
background-image: -webkit-repeating-linear-gradient(
    top,
    red,
    red 10px,
    white 10px,
    white 20px
);
background-image:         repeating-linear-gradient(
    to bottom,
    red,
    red 10px,
    white 10px,
    white 20px
);
```

그림 A-14에서처럼 첫부분부터 10px까지는 빨간색이며, 10px부터 20px까지는 흰색입니다. 이 패턴이 계속 반복됩니다.

[그림 A-14] Gradient 효과를 반복 사용하여 줄무늬 모양을 만들었습니다

이 줄무늬 효과는 이 효과를 지원하지 않는 브라우저에서 단색으로 나와도 무난할 경우(또는 이미지 파일로 대체해도 됩니다)에 유용합니다.

## CSS Animation

CSS Transitions나 키프레임 애니메이션은 웹 페이지에 간단한 애니메이션 효과를 추가하기에 좋은 방법입니다. 이 방법은 특히 모바일 장치상에서 jQuery animate( ) API와 같은 JavaScript를 이용한 애니메이션 효과보다 더 뛰어난 성능을 보여줍니다. 그 이유는 애니메이션 효과를 렌더러(브라우저)에서 직접 처리하기 때문입니다.

많은 모바일 장치에서 CSS Animation 기능이 하드웨어 가속을 사용합니다. 이 말은 해당 장치가 CPU(중앙 연산처리 장치) 대신 GPU(그래픽 연산처리 장치)를 사용하여 애니메이션 효과를 렌더링한다는 의미입니다. GPU는 이러한 형식의 작업에 특화되었기 때문에 훨씬 더 빠른 렌더링을 보여주며 CPU 부하를 줄여 다른 작업을 할 수 있도록 도와줍니다.

> *애니메이션 효과 처리 성능 향상은 두드러지게 나타납니다. 해당 장치가 각 애니메이션 프레임을 빠르게 렌더링할수록 더 많은 프레임을 볼 수 있게 되는데, 이는 유저들에게 더 매끄러운 애니메이션 효과를 제공합니다.*

## Transitions(전환 효과)

Transitions 효과는 유저가 웹 페이지와 상호 작용하는 데 도움을 주며, 더 세련된 유저 경험을 제공합니다.

CSS Transitions 효과는 HTML 요소의 스타일을 변경해주는 역할을 합니다. 예를 들어 hover 이벤트 발생 시에 버튼의 색을 바꿀 수 있습니다.

```
.button {
  background-color: red;
}

.button:hover {
  background-color: purple;
}
```

위 코드를 적용하면 버튼의 색이 즉시 바뀝니다. 하지만 Transitions 효과를 사용하면 색이 부드럽게 바뀝니다.

```
.button {
    transition: background-color 200ms ease;
}
```

이 Transition 효과에서는 세 가지 속성을 정의합니다.

- 어떤 속성에 애니메이션 효과를 부여할 것인지를 설정합니다. 위의 경우 background-color 속성에만 애니메이션 효과를 부여합니다. 하지만 해당 효과를 다른 속성들에 부여하거나 all을 사용하여 모든 속성에 애니메이션 효과를 부여할 수 있습니다.

- Transition 효과의 지속 시간을 설정합니다. 위의 경우에는 200ms(밀리 초)입니다.

- Transition 효과의 타이밍 기능을 설정합니다. 위의 경우에는 'ease'입니다. ease 옵션을 설정하면 애니메이션 효과를 처음부터 끝까지 일정하게 보여주지 않고, 처음에는 효과가 천천히 나타나다가 점점 빠르게 나타나게 합니다. 이로 인해 좀 더 자연스러운 효과가 나타납니다.

    *타이밍 기능은 뒷부분에서 자세히 다룹니다.*

## 하나의 요소에 다양한 Transition 효과 사용하기

하나의 요소에 다양한 Transiton 효과를 사용하는 것도 가능합니다. 또한 각 애니메이션 효과를 다양한 속도로 설정하는 것도 가능합니다. 하지만 여러 효과를 사용하면 약식 구문을 사용할 수 없습니다.

```
.button {
    transition-property: opacity, background-color;
    transition-duration: 200ms, 500ms;
    transition-timing-function: ease;
}
```

여기서는 opacity, background-color 효과를 각각 200ms, 500ms 동안 보여줍니다. 타이밍 기능은 한 가지만 사용되었는데, 이는 각 애니메이션 효과에 모두 적용됩니다. 이와 같은 형식으로 사용하면 됩니다.

> *요소의 모든 속성에 transition 효과를 부여하려면, transition-property를 'all'로 정의하면 됩니다.*

## Vendor Prefixes(공급업체 접두사)

다른 실험적인 CSS3 기능처럼, transition 효과 사용 시에 적합한 Vendor Prefixes를 사용하는 것도 중요합니다.

```css
.button {
  -webkit-transition: background-color 200ms ease;
     -moz-transition: background-color 200ms ease;
       -o-transition: background-color 200ms ease;
          transition: background-color 200ms ease;
}
```

위 코드는 다양한 브라우저에서 사용할 수 있는 transition 효과를 정의하고 있습니다. 하지만 어떤 모바일 브라우저를 지원할 것인지에 따라 -moz-transition, -o-transition 등을 생략할 수도 있습니다.

아마 -ms-linear-gradient를 본 적이 있을지도 모릅니다. 하지만 이 Vendor Prefix는 추가하지 않아도 됩니다. 해당 속성은 IE10 개발자 버전에서 사용되었으며, 일반 버전인 IE10에서는 표준 linear-gradient를 지원합니다. 해당 -ms- 접두사를 따로 인식하는 IE 브라우저는 이제 존재하지 않으므로 생략하는 것이 좋습니다.

마지막으로 하나의 요소에 다양한 transition 효과를 정의하기 위해서는 transition-property, transition-duration, transition-timing-function 속성 앞에 Vendor Prefixes를 추가하면 됩니다. 이렇게 하면 CSS 코드 부분이 길어질 수는 있지만, 다양한 브라우저를 지원하기 위해서는 이렇게 해야만 합니다.

> *이 장의 앞부분 box-shadow 섹션에서 왜 Vendor Prefixes를 사용하는지에 대해 다루었습니다.*

## JavaScript를 이용해 Transitions 효과 작동하기

Transitions 효과는 보통 CSS에 사용되어 :hover, :focus 등의 이벤트가 발생될 때 애니메이션 효과를 제공합니다.

하지만 JavaScript를 통해서도 해당 Transition 효과를 작동할 수 있습니다. Transition 효과가 해당 요소의 CSS 속성이 바뀔 때 작동하기 때문에 해당 요소의 CSS 속성을 JavaScript를 이용해 바꿔주면 됩니다.

예를 들어 앞의 버튼 예제에서 배경색을 다르게 바꿔주는 하나의 class를 정의합니다.

```
.button.inactive {
    background-color:gray;
}
```

다음은 JavaScript나 jQuery를 이용해 해당 class를 적용해줍니다. 위의 예제에서는 버튼 class를 inactive로 바꿔야 합니다.

```
$('.button').addClass('inactive');
```

이 class가 해당 요소에 추가되면 background-color에 transition 효과가 시작되면서 :hover 이벤트가 발생했을 때처럼 배경색이 매끄럽게 변경됩니다. 이와 마찬가지로 해당 class를 제거하면 배경색은 원래대로 되돌아갑니다.

## Transition End Event(Transition 효과 종료 이벤트)

DOM에서는 Transition 효과가 끝났을 때, 실행될 때를 감지하는 이벤트를 제공하여 콜백함수를 사용할 수 있도록 해줍니다. 이 말은 애니메이션 효과가 끝났을 때 추가로 JavaScript 코드를 실행할 수 있다는 의미입니다.

예를 들어 페이드 아웃 Transition 효과를 설정하고 특정 class가 추가되었을 때 버튼을 사라지게 하는 효과를 추가하였습니다.

```
.button {
  transition-property: opacity, background-color;
  transition-duration: 200ms, 500ms;
  transition-timing-function: ease;
}

.button.hidden {
  opacity: 0;
}
```

다음으로, jQuery를 이용하여 해당 class를 적용해봅니다.

```
$('.button').addClass('hidden');
```

위 코드를 사용하면 해당 요소가 숨겨지지만 그 숨겨진 자리는 계속 빈 공간으로 남아 있게 됩니다. 이는 해당 요소를 투명 처리하기 때문에 일어나는 현상이며, 이 빈 공간도 없애고 싶으면 display: none 속성을 적용해야 합니다.

하지만 CSS에서 display: none을 설정하는 즉시 해당 요소가 사라지므로, 페이드아웃 효과가 나타나지 않습니다. 더욱이 transition 효과는 display 속성을 지원하지 않습니다.

이 부분에서 TransitionEnd 이벤트를 사용하는 것이 좋습니다.

```
function hideButton(e) {
  $(this).css('display', 'none');
}

$('.button')[0].addEventListener('webkitTransitionEnd', hideButton);
```

이 콜백함수는 transition 효과가 끝나면 버튼을 숨깁니다. 여기서는 jQuery와는 반대로 DOM 요소인 $('.button')[0]을 이용합니다.

> 나중을 위하여 접두사가 붙지 않은 *TransitionEnd* 이벤트를 함께 사용하는 것이 좋으며, 다른 브라우저들도 지원하고 싶다면 *mozTransitionEnd*나 *oTransitionEnd*와 함께 사용하면 됩니다.

## TransitionEnd 이벤트 문제

하지만 이 이벤트는 보이는 것처럼 간단하지 않습니다. 먼저 콜백함수에 console.log를 추가해봅니다.

```
function hideButton(e) {
  $(this).css('display', 'none');
  console.log('transition end event');
}

$('.button')[0].addEventListener('webkitTransitionEnd', hideButton);
```

그림 A-15처럼 해당 콜백함수는 두 번 실행됩니다.

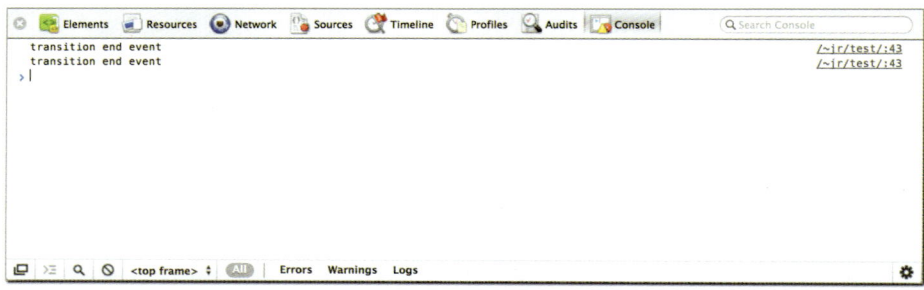

[그림 A-15] Transition End 콜백함수가 두 번 실행됩니다

TransitionEnd 콜백함수는 요소의 Transition 효과가 끝날 때마다 실행되기 때문에 이러한 현상이 발생합니다. 앞에서 opacity, background-color 두 가지 Transition 효과를 사용하였기 때문에 두 번 실행됩니다.

이 예제에서는 display: none을 사용하기 때문에 그다지 큰 문제는 되지 않습니다. 왜냐하면 display: none을 두 번 실행해도 다른 변화가 생기지 않기 때문입니다. 하지만 background-color 효과가 opacity 효과보다 빠르다면 어떻게 될까요? 해당 요소가 투명해지는 도중에 사라질 것입니다.

또는 최악의 경우에 hover 이벤트가 발생하면 해당 이벤트 발생 시에 색 변화를 적용해 놓았기 때문에 요소가 사라지게 될 것입니다.

이처럼 transition end 이벤트는 다루기가 어렵습니다. 어떤 속성이 변화되었는지에 관한 정보를 넘겨주지 않기 때문입니다. 그렇기 때문에 다른 편법을 이용해 콜백함수가 필요한 transition 효과가 실행되었는지를 구분하는 기능을 만들어야 합니다.

> *Transition End 이벤트를 적용할 때에는 transition-property: all 옵션을 피하는 것이 좋습니다. 이는 애니메이션 효과를 적용하고 싶지 않은 속성에도 애니메이션 효과를 부여하는 등의 예상하지 못한 이벤트가 발생할 수 있습니다.*

## JavaScript를 이용한 Transition 효과의 장단점

이 기능은 편리하지만 JavaScript를 사용하기 때문에 추가로 코딩해야 합니다. 하지만 JavaScript 자체에서 애니메이션 효과를 구현하는 것이 아니라 CSS에서 애니메이션 효과를 구현합니다. 애니메이션 효과 자체는 CSS에서, 이를 제어하는 부분은 JavaScript에서 합니다.

TransitionEnd 이벤트를 사용하면 문제가 심각해집니다. 이는 애니메이션 효과가 직관적이지 못할 뿐만 아니라 애니메이션 코드의 분할로 이어지기 때문입니다. 이때에는 jQuery animate( ) API와 같은 직관적인 콜백함수 대신 추가적인 이벤트 리스너를 설정해야 합니다. 이때 각기 다른 애니메이션 효과를 적용하더라도 동일한 transitionEnd 이벤트가 실행됩니다.

이 방법이 아닌 jQuery animate( ) API를 사용하는 것을 권장합니다. 애니메이션 효과는 같지만 성능면에서 JavaScript가 CSS Transition보다 많이 떨어집니다. CSS 효과는 브라우저가 직접 처리하기 때문입니다.

대부분의 모바일 장치에서는 JavaScript 애니메이션이 자주 끊어지는 문제가 발생합니다. 하지만 CSS Transition 효과는 훨씬 매끄럽게 렌더링됩니다. 그러므로 더 좋은 유저 경험을 제공하려면 애플리케이션의 구조를 바꿔줘야 합니다.

## Keyframes(키프레임)

Transition 효과는 간단한 애니메이션 효과에 적합하고, Keyframes는 좀 더 복잡한 애니메이션 효과에 적합합니다. Keyframes를 사용하면 다단계 애니메이션 효과를 정의할 수 있습니다.

제일 첫 단계는 Keyframe 애니메이션을 정의하는 단계입니다.

```
@-webkit-keyframes my-animation {
  from {
    opacity: 0;
  }
  to {
    opacity: 1;
  }
}
```

From과 To를 태그를 사용하여 'my-animation'이라는 사용자 정의 애니메이션의 시작점과 끝점을 정의합니다. 위 예제에서는 기본적인 페이드인 효과를 사용하지만, 다른 종류의 스타일을 추가하는 것도 가능합니다.

다음으로, -webkit-animation 속성을 사용하여 해당 애니메이션 효과를 HTML 요소에 적용합니다.

```
.my-element {
  -webkit-animation: my-animation 2s infinite;
}
```

이 코드를 이용해 사용자 정의 애니메이션을 HTML 요소에 적용하였습니다. 애니메이션 효과는 2초에 걸쳐 보이며, 무한 반복됩니다.

Keyframe 애니메이션은 종류가 매우 다양하며, 두 단계 애니메이션으로 제한되지 않습니다. 퍼센트(%)를 사용하여 다양한 애니메이션을 원하는 만큼 추가할 수 있습니다.

```
@-webkit-keyframes my-animation {
  0% {
    opacity: 0;
  }
  50% {
    opacity: 1;
  }
  100% {
    opacity: 0;
  }
}
```

또한 콤마(,)를 이용하여 동일한 애니메이션을 한꺼번에 정의할 수 있습니다. 예를 들면 다음 코드는 위의 코드와 동일한 기능을 합니다.

```
@-webkit-keyframes my-animation {
  0%, 100% {
    opacity: 0;
  }
  50% {
    opacity: 1;
  }
}
```

더욱이 애니메이션 효과에 추가로 다양한 옵션을 설정할 수도 있습니다. 타이밍 기능을 사용하고 싶다고 가정하고 그 예를 들어보겠습니다.

```
-webkit-animation: my-animation 2s infinite ease;
```

또는 애니메이션이 시작하기 전에 약간의 딜레이를 설정할 수 있습니다.

```
-webkit-animation-delay: 3s;
```

위 코드는 3초가 지난 후에 애니메이션 효과를 시작합니다.

애니메이션 효과를 무한 반복할 경우에는 처음 상태로 되돌아가서 다시 애니메이션이 시작되도록 기본적으로 설정되어 있습니다. 하지만 이를 반대로 설정할 수도 있습니다.

```
-webkit-animation-direction: alternate;
```

마지막으로 하나 이상의 Keyframe 애니메이션 효과를 적용할 경우에는 콤마(,)로 구분해주면 됩니다.

```
-webkit-animation: first-animation 2s infinite,
      second-animation 2s infinite;
```

이처럼 Keyframe 애니메이션을 여러 가지로 사용하면 애니메이션 효과가 매우 다양해집니다.

*위 애니메이션 효과의 @keyframes 정의문도 추가하여 다른 브라우저에서도 사용할 수 있도록 합니다.*

## Custom Timing Functions(사용자 정의 타이밍 기능)

타이밍 기능을 사용하면 애니메이션 효과를 좀 더 자연스럽게 만들 수 있습니다. 현실에서는 동작들이 즉시 시작하거나 즉시 끝나는 경우가 거의 없습니다. 또한 우리의 눈은 자연스러운 동작에 적응되어 있습니다. ease 기능을 적용하지 않으면 애니메이션 효과가 가짜같이 보이거나 컴퓨터로 인위적으로 만들어진 동작처럼 보일 것입니다.

ease 기능 외에도 Transitions 효과에 사용할 수 있는 미리 정의된 타이밍 기능이 몇 가지 더 있습니다. ease-in, ease-out, ease-in-out 속성을 사용할 수 있으며, 각 속성의 애니메이션 효과는 약간씩 다릅니다.

위의 미리 정의된 속성들 외에도 사용자 정의 타이밍 기능을 정의할 수 있습니다. 이를 위해 Cubic Bezier 기능을 활용합니다.

```
transition-timing-function: cubic-bezier(.35, .15, .3, 1);
```

Cubic Bezier 기능은 복잡한 곡선을 추적하는 데 필요한 모든 것들을 정의합니다. 하지만 복잡한 수학으로 인해 머리가 아프기 전에, 그림 A-16처럼 www.cubic-bezier.com의 Lea Verou의 툴을 이용합니다.

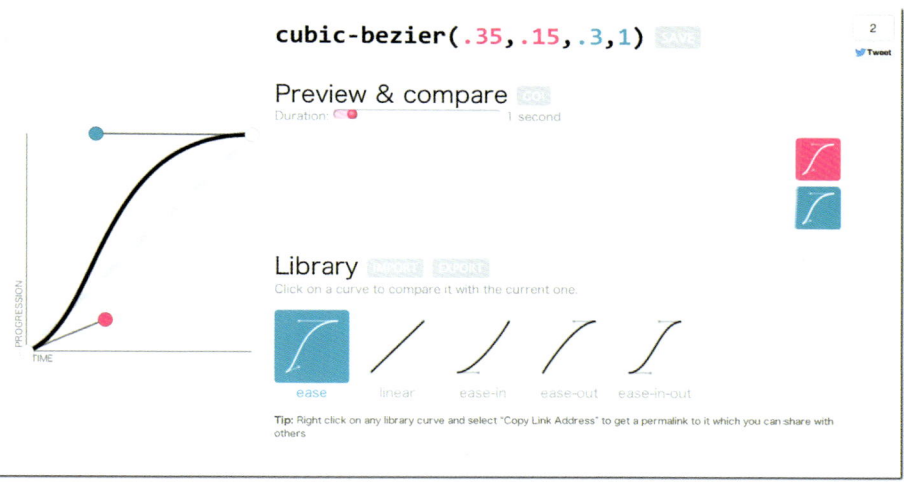

[그림 A-16] 이 www.cubic-bezier.com에서 제공하는 툴은 직관적인 GUI를 통해 Cubic Bezier 기능을 정의해줍니다

이 툴을 이용하면 해당 곡선을 제어하는 점들을 조정할 수 있으며, 브라우저상에서 미리 볼 수도 있습니다. 심지어 미리 정의된 타이밍 기능과 이를 비교해볼 수도 있습니다(미리 정의된 타이밍 기능도 Cubic Bezier 로 다시 정의할 수 있습니다).

*사용자 정의 타이밍 기능은 Transitions 효과와 키프레임 애니메이션 효과에 적용할 수 있습니다.*

# JavaScript

대부분의 모바일 애플리케이션은 매우 상호 작용적이며, 이로 인해 JavaScript에 많이 의존합니다. JavaScript를 이용하면 터치스크린 인터페이스부터 서버와의 통신에 이르기까지 모든 것들을 스크립트로 만들 수 있습니다.

## Basic Event(기본적인 이벤트)

이벤트 제어 기능은 JavaScript에서 사용하는 주요 상호 작용 기능입니다. 클릭 이벤트를 포함한 폼 요소까지의 다양한 유저 입력을 처리하는 특별한 스크립트를 사용하기 때문입니다. 다음은 모바일 및 컴퓨터 브라우저에서 처리할 수 있는 몇 가지 이벤트입니다.

*일부 브라우저에서는 이벤트 핸들러를 약간 다른 방식으로 처리합니다. 그러므로 크로스 브라우저 문제를 해결하기 위해서는 jQuery와 연결하여 사용해야 합니다.*

## onClick

가장 많이 사용되는 이벤트 핸들러는 onClick 이벤트입니다. 이는 유저의 마우스 클릭을 처리하는 이벤트입니다. jQuery의 click( )을 이용하여 HTML 요소에 클릭 이벤트를 연결할 수 있습니다.

```
$('.my-element').click(function(e) {
    // 클릭 시에 수행할 작업을 이곳에 추가합니다.
});
```

위에서처럼 click( ) 기능에 콜백함수를 집어넣어 유저가 해당 요소를 클릭할 경우에 호출하도록 합니다.

jQuery를 이용하면 클릭한 항목을 참조할 수 있는 방법이 많습니다. 가장 쉬운 방법은 $(this)를 사용하는 방법입니다. 요소가 클릭되었을 경우 해당 요소를 숨기는 기능을 예로 들어보겠습니다.

```
$('.my-element').click(function(e) {
    // 해당 요소를 숨깁니다.
    $(this).hide();
});
```

*모바일에서는 click 이벤트를 사용하기보다 touch 이벤트를 사용하는 것이 좋습니다. 이에 관해서는 뒷부분에서 다룹니다.*

## 기본 클릭 동작 비활성화하기

가끔 기본 클릭 이벤트를 비활성화하고 싶을 때가 있을 것입니다. 예를 들어 AJAX를 이용하여 링크를 로드하려고 하는데, 해당 링크가 브라우저상에서 열리게 하지 않고 싶을 경우입니다. 이 경우에는 기본 클릭 동작을 비활성화해야 하는데, preventDefault( )를 콜백함수 내의 e 인수에 적용하면 됩니다.

```
$('.my-element').click(function(e) {
    e.preventDefault();
});
```

콜백함수 내에 return을 집어넣어 클릭 동작을 비활성화할 수도 있지만, 이는 권장하는 방법이 아닙니다. 왜냐하면 해당 요소에 적용한 다른 JavaScript 클릭 핸들러도 함께 비활성화하기 때문입니다. 반면에, e.preventDefault( )는 기본 클릭 동작만 비활성화합니다.

## Preventing Event Bubbling(이벤트 버블링 방지)

Click 이벤트는 버블링 현상을 만들기도 합니다. 버블링 현상이란, 한 요소를 클릭할 경우 해당 요소의 상위 요소들까지 전부 트리거하는 현상을 뜻합니다(예를 들어 〈li〉 요소를 클릭했는데, 상위 〈ul〉 요소까지 클릭 이벤트가 실행되는 현상을 들 수 있습니다).

이 현상으로 인해 가끔 문제가 발생하며, 이 때에는 e.stopPropagation( )을 추가하여 버블링 현상을 비활성화할 수 있습니다.

```
$('.my-element').click(function(e) {
  e.preventDefault();
  e.stopPropagation();
});
```

이 메서드는 유저가 하위 노드를 클릭할 때 아무 관계없는 클릭 이벤트가 발생하지 않도록 합니다.

### onFocus와 onBlur

폼 요소 이벤트 핸들러에는 'onFocus'와 'onBlur'라는 두 가지 특별한 이벤트 핸들러가 있습니다. 이 이벤트 핸들러들은 각각 해당 폼에 포커스가 주어졌을 때나 해당 폼에서 포커스가 옮겨졌을 때 발생하는 이벤트입니다. 즉, 유저가 폼 내부의 필드를 클릭할 경우 onFocus 이벤트가 발생하며, 유저가 다른 곳을 클릭할 경우 onBlur 이벤트가 발생합니다.

> 해당 필드에 클릭 이벤트를 적용하는 것이 더 쉬울 것이라 생각할 수도 있습니다. 하지만 유저가 폼 내부의 필드로 이동하는 방법에는 Tab 을 사용하는 등의 여러 가지 방법이 존재합니다.

예를 들어 focus 이벤트 때 입력 필드에 class를 추가하고, blur 이벤트 때 해당 class를 제거할 수도 있습니다.

```
$('input').focus(function(e) {
  $(this).addClass('focused');
});
```

```
$('input').blur(function(e) {
  $(this).removeClass('focused');
});
```

하지만 해당 class가 단지 스타일만을 추가하는 것이라면 JavaScript를 전혀 사용하지 않고 CSS의 :focus와 :blur 기능을 대신 사용해도 됩니다.

## jQuery의 on( ) API

DOM이나 jQuery를 이용하여 이벤트를 적용할 때 현재 페이지에 존재하는 요소들에만 이벤트를 적용할 수 있습니다. 하지만 JavaScript를 이용해 동적으로 추가되는 요소들에게는 적용되지 않습니다.

예를 들어, 모든 〈anchor〉 태그(〈a〉 태그)에 click 핸들러를 적용합니다.

```javascript
$('a').click(function(e) {
    // click 시에 수행할 작업들
});
```

이 핸들러는 페이지상의 모든 〈a〉 요소에 적용되며, 〈a〉 요소가 호출되었을 때 작동합니다.
하지만 JavaScript를 이용하여 새로 추가하는 〈a〉 요소들에는 적용되지 않습니다.

언제 추가되었는지의 여부에 상관없이 모든 〈a〉 요소에 핸들러를 적용하려면 jQuery의 on( ) API를 사용하면 됩니다.

```javascript
$('a').on('click', function(e) {
    // click 시에 수행할 작업들
});
```

요소에 적용할 핸들러 종류를 넣어주기만 하면 됩니다. 콜백함수는 해당 이벤트가 발생될 때 호출되며, focus나 blur 이벤트도 위와 같이 적용할 수 있습니다.

```javascript
$('input').on('focus', function(e) {
    // focus 이벤트 발생 시에 수행할 작업들
});

$('input').on('blur', function(e) {
    // blur 이벤트 발생 시에 수행할 작업들
});
```

on( ) API에 관한 더 많은 정보는 http://api.jQuery.com/on에서 볼 수 있습니다.

*jQuery의 live( ) 이벤트를 사용하는 것이 익숙할지 모르지만, live( ) API는 새 on( ) API로 인해 사용하지 않습니다.*

## Touch Event(터치 이벤트)

터치 이벤트 핸들러는 모바일상에서 가장 중요한 JavaScript 메서드입니다. 왜냐하면 모바일 환경은 인터페이스로만 이루어져 있으며, 대부분의 최신 모바일 장치들은 터치스크린을 사용하기 때문입니다.

모바일 장치상에서 터치 이벤트 대신 기본적인 클릭 이벤트를 사용할 수도 있습니다. 하지만 클릭 이벤트는 터치 이벤트보다 반응속도가 떨어집니다. 즉, 클릭 이벤트를 인식하는 시간이 터치 이벤트를 인식하는 시간보다 더 오래 걸립니다. 이는 유저 경험에 중대한 영향을 끼칠 수 있습니다.

모바일상에서의 터치 이벤트는 touchstart, touchend, 여러 손가락을 이용한 멀티 터치 등과 같이 매우 다양합니다. 더욱이 일부 플랫폼에서는 좀 더 복잡한 모션을 추적할 수 있도록 직관적인 제스처 기능을 지원하기도 합니다.

### 기본적인 터치 이벤트

기본적인 터치 이벤트를 사용하기 위해서는 touchstart 이벤트 핸들러를 추가하면 됩니다.

touchstart 이벤트는 유저가 화면을 터치했을 경우에 발생합니다. 예를 들어 click 이벤트가 적용되어 있는 〈a〉 태그를 터치 이벤트로 변경하여 반응속도를 좀 더 빠르게 할 수 있습니다.

```
$('a').bind('touchstart', function(e) {
    // 여기서 preventDefault를 꼭 사용해야 합니다. 기본 클릭 이벤트가 발생하지 않도록 하기 위해서입니다.
    e.preventDefault();

    window.location = $(this).attr('href');
});
```

위 코드는 페이지상의 모든 〈a〉 태그에 터치 이벤트를 적용합니다.

다른 이벤트 핸들러가 적용되어 있을 경우, 위와 같은 사용자 정의 핸들러에서 preventDefault( )를 사용하여 해당 핸들러의 기능을 정지하는 것이 불가능하다는 것을 명심해야 합니다.

## Touchend 이벤트

touchstart 이벤트가 반응속도면에서는 뛰어나지만, 유저가 손가락을 화면에서 떼었을 때 발생하는 touchend 이벤트를 사용하는 것을 권장합니다. 유저가 처음 화면을 잘못 터치했을 경우, 이를 조정할 수 있도록 해주기 때문입니다.

```
$('.my-element').bind('touchend', function(e) {
    // 터치 이벤트 후 수행할 작업을 추가합니다.
});
```

사실, 가장 좋은 방법은 유저가 터치를 시작했을 경우 터치되었다는 것을 나타내주고, 손가락을 떼었을 때 실행하도록 하는 것입니다.

```
$('.my-element').bind('touchstart', function(e) {
    // 해당 요소 터치를 시작했다는 것을 알려줍니다.
    $(this).addClass('touching');
});
$('.my-element').bind('touched', function(e) {
    // 터치가 끝났을 때 해당 class를 제거합니다.
    $(this).removeClass('touching');

    // 터치 후 실행할 작업을 아래에 추가합니다.
});
```

*터치 이벤트는 컴퓨터 브라우저에서 작동하지 않는다는 점을 명심해야 합니다. 즉, 컴퓨터 브라우저에서 테스트하려면 click 이벤트로 바꿔주거나 데스크톱 전용 페이지를 따로 만들어야 합니다.*

## Touchmove 이벤트

유저가 터치한 후의 터치 이벤트 변경을 추적할 수도 있습니다. 이 기술은 드래그나 다른 간단한 터치 제스처를 인식하는 데 유용합니다.

```
$('.my-element').bind('touchmove', function(e) {
    // 터치 이벤트의 위치 값을 가져옵니다.
    var x = e.touch.pageX;
    var y = e.touch.pageY;
});
```

위에서처럼 터치 이벤트가 발생하는 지점을 e.touch.pageX와 e.touch.pageY를 이용하여 구할 수 있습니다.

touchmove 이벤트의 기본은 매우 간단하지만, 이를 이용해 복잡한 터치 제스처를 인식하는 것은 어려운 작업입니다. 이 섹션의 뒷부분에서 미리 정의된 제스처를 인식하는 방법에 대해 알아볼 것입니다.

> *터치 위치 정보는 touchstart, touchend에서도 사용할 수 있습니다. 하지만 iOS를 지원하려면 touchend 이벤트에서 e.changeTouch.pageX, e.changeTouch.pageY를 사용해야 합니다.*

## 멀티 터치 이벤트

모바일 장치에서만 사용할 수 있는 유일한 기능 중 하나가 멀티 터치 이벤트입니다. 마우스를 이용하면 한 번에 하나의 지점만 선택할 수 있지만, 터치스크린을 사용하면 손가락을 이용해 여러 지점을 동시에 선택할 수 있습니다.

이 기능을 사용하는 방법은 쉽습니다. touchstart, touchend, touchmove 이벤트에서 e.touches 배열을 활용하면 됩니다. 손가락 2개의 위치를 추적하는 예를 들어보겠습니다.

```
$('.my-element').bind('touchstart', function(e) {
    // 첫 번째 손가락
    var x1 = e.touches[0].pageX;
    var y1 = e.touches[0].pageY;

    // 두 번째 손가락
    var x2 = e.touches[1].pageX;
    var y2 = e.touches[1].pageY;
});
```

위의 예제는 손가락 2개의 위치를 추적하지만, 원하는 만큼 추가할 수 있습니다(유저들은 보통 손가락 2개 이상 터치하는 경우는 거의 없습니다).

위 코드는 하나의 터치가 지속되는 동안 터치 이벤트가 계속 지속됩니다. 즉, 두 번째 손가락을 요소 바깥으로 이동해도 지속된다는 의미입니다. 이를 요소 내부의 터치만 인식하도록 한정하려면 e.targetTouches를 사용하면 됩니다.

```
$('.my-element').bind('touchstart', function(e) {
    // 첫 번째 손가락
    var x1 = e.targetTouches[0].pageX;
    var y1 = e.targetTouches[0].pageY;

    // 두 번째 손가락
    var x2 = e.targetTouches[1].pageX;
    var y2 = e.targetTouches[1].pageY;
});
```

e.changedTouches를 이용하여 멀티 터치 이벤트를 추적할 수도 있습니다.

```
$('.my-element').bind('touchstart', function(e) {
    // 첫 번째 손가락
    var x1 = e.changedTouches[0].pageX;
    var y1 = e.changedTouches[0].pageY;

    // 두 번째 손가락
    var x2 = e.changedTouches[1].pageX;
    var y2 = e.changedTouches[1].pageY;
});
```

하지만 위 changed touch 이벤트 2개는 손가락 2개가 둘 다 움직일 때만 작동합니다. 손가락 하나는 가만히 있고, 하나만 움직인다면 하나의 이벤트만 발생합니다.

## iOS 제스처

e.changedTouches를 이용하여 특별한 제스처를 추적하는 것은 복잡합니다. 다행스럽게도 iOS에서는 JavaScript로 활용할 수 있는 미리 정의된 제스처를 지원합니다.

먼저 gesturechange 이벤트 핸들러를 연결합니다.

```
$('.my-element').bind('gesturechange', function(e) {
    var rotation = e.rotation;
    var scale = e.scale;
});
```

이 gesturechange 이벤트는 유저가 다음 두 제스처 중 하나를 수행하였을 때 발생합니다.

- Rotation(로테이션)(화면에 두 손가락을 눌러 회전시킬 때)
- Scale(스케일)(확대, 축소)

위와 같은 제스처들을 e.rotation, e.scale 값을 이용하여 활용할 수 있습니다.

위 제스처들 외에도 tapping, swiping, dragging, "touch and hold" 등의 다른 여러 제스처들을 사용할 수 있습니다. 자세한 정보는 http://bit.ly/apple-gestures에서 확인할 수 있습니다.

## 기타 제스처 옵션

iOS 제스처 기능은 다른 장치에서 사용하는 것이 불가능하지만, 제스처 이벤트를 지원하도록 해주는 Third-party 플러그인이나 프레임워크가 많이 출시되어 있습니다. iOS에서 지원하는 제스처 외에도 다른 다양한 제스처들을 지원할 수 있습니다.
위와 같은 기능이 필요한 경우에는 jQuery Mobile이나 Sencha Touch의 제스처 기능에 대해 자세히 알아보는 것을 추천합니다.

## jQuery

jQuery는 코드의 구문보다 특징 및 기능에 중점을 두어 JavaScript 개발을 간소화해주는 JavaScript 라이브러리입니다. "Vanilla JavaScript"(라이브러리가 없는 JavaScript)는 속도면에서 매우 빠르지만, 각 브라우저별로 JavaScript를 구현하는 방식이 다르기 때문에 여러 문제가 발생할 수 있습니다(주로 IE에서 많이 발생합니다). 따라서 Chrome에서 작동하는 JavaScript가 IE에서 작동한다고 단정할 수는 없습니다. 이는 부록의 뒷부분에서 다룰 AJAX와 같이 좀 더 복잡한 기능에서 두드러지게 나타나는 현상입니다.

여러 브라우저에서 지원하는 것이 가능하도록 구문을 통합하는 것과 더불어 jQuery에서는 일반 Vanilla JavaScript에서는 사용할 수 없는 여러 기능을 제공합니다. 새 기능이 필요할 때마다 새로운 구조를 개발하는 번거로움 없이 jQuery 팀의 축적된 경험이 반영된 jQuery를 사용할 수 있습니다.

jQuery의 다양한 API 컬렉션에 대해 알아보려면 http://www.jQuery.com를 방문하면 됩니다.

## jQuery Mobile

어떤 기능이 필요한지에 따라 다르지만, 그림 A-17의 jQuery Mobile을 사용하는 것을 고려해보는 것도 좋습니다. jQuery Mobile은 모바일에 특화된 다양한 종류의 툴들을 제공합니다. 주로 인터페이스와 스타일링 옵션을 구성하는 이러한 툴들은 적은 노력으로도 모바일 유저 경험을 증대시킬 수 있도록 만들어 줍니다.

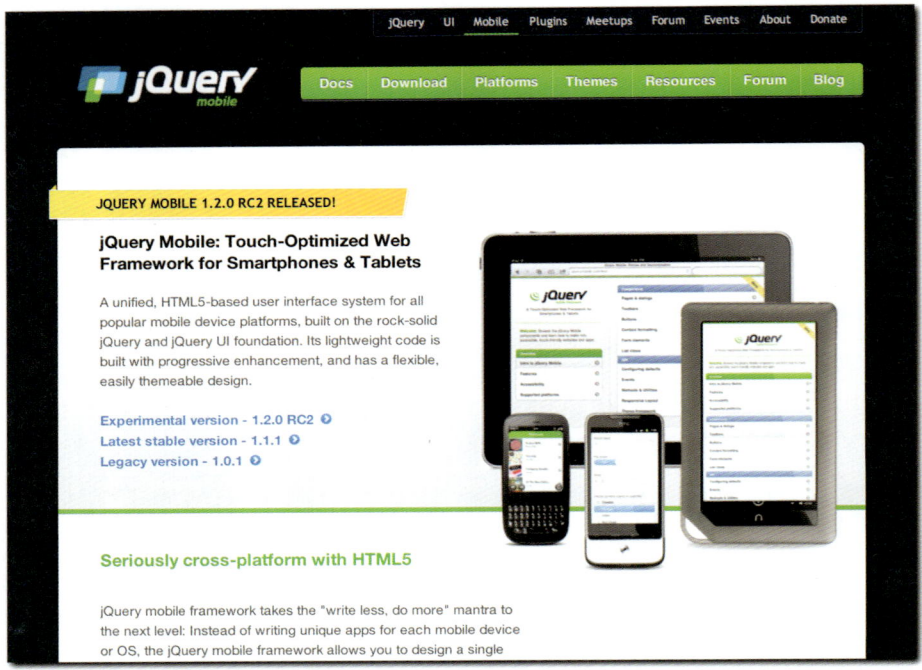

[그림 A-17] jQuery Mobile에 대한 자세한 정보는 http://jQuerymobile.com/에서 볼 수 있습니다

## 플러그인

jQuery를 이용하여 개발할 때 가장 좋은 부분은 jQuery 커뮤니티가 활성화되어 있다는 것입니다. 가장 유명한 JavaScript 라이브러리인 만큼 웹상에 수천 가지의 자세한 튜토리얼이 올라와 있고, 다양한 플러그인을 사용할 수 있습니다.

이러한 플러그인은 jQuery의 주 기능으로는 사용할 수 없는 좀 더 복잡한 기능을 사용할 수 있도록 해줍니다. 플러그인 활용 시에 얻을 수 있는 두 가지 이점은 다음과 같습니다.

- 플러그인을 활용하면 개발 시간을 크게 단축할 수 있습니다.
- 플러그인은 보통 오픈 소스이기 때문에 많은 사람들이 이를 같이 디버깅합니다.

하지만 모든 플러그인이 동일한 품질로 만들어지는 것은 아닙니다. jQuery의 인기는 양날의 검입니다. 즉, 많은 플러그인들이 만들어져 있지만, 이들 중에 jQuery 라이브러리를 제대로 이해하지 못한 개발자들이 만든 플러그인도 많이 있습니다. 또한 매우 숙련된 개발자라 하더라도 오래되거나 해당 플러그인을 지원하지 않는 경우도 많습니다.

그러므로 애플리케이션에 플러그인을 통합하기 전에 주의 깊게 테스트해야 합니다.

*필자가 처음 개발을 시작했을 때 jQuery 플러그인을 엉망으로 만든 적이 있기 때문에 주의*
*하라는 뜻으로 하는 말입니다.*

## Zepto.js

jQuery는 정말 강력한 기능을 가지고 있으며 지난 몇 년 동안 실질적으로 많이 성장해 왔습니다. 즉, 더 많은 기능을 사용할 수 있지만, 파일 크기가 커지고 인스턴스화하는 데 걸리는 시간이 조금 길어졌다는 의미입니다.

jQuery는 컴퓨터 프로젝트나 모바일에서의 복잡한 기능을 사용할 때 적합합니다. 하지만 간단한 모바일 애플리케이션에는 'Zepto'라는 jQuery 대신 사용할 수 있는 가벼운 스크립트가 존재합니다.

*Zepto의 용량은 8KB이며, jQuery의 용량은 32KB입니다.*

가장 좋은 점은 Zepto가 jQuery 구문을 사용하며, jQuery로 만든 어느 프로젝트에든지 사용할 수 있다는 것입니다. Zepto로 바꾸면서 사용할 수 없게 된 기능이 없다고 가정하면, 애플리케이션의 파일 용량을 현저하게 줄일 수 있습니다.

하지만 Zepto는 IE를 지원하지 않는다는 점을 명심해야 합니다. 이것이 용량이 크게 줄어든 주요 원인입니다. IE는 보통 다른 브라우저와는 다른 JavaScript 접근법을 사용하는 경우가 많습니다. 이로 인해 jQuery의 파일 용량이 커지게 되었습니다. Zepto는 본래 모바일용으로 만들어졌으며, 모바일 브라우저에서는 IE에서 사용하는 부분을 지원하지 않아도 정상적으로 작동합니다.

*컴퓨터상의 IE도 지원하고 싶다면 IE 조건문을 이용하여 IE인 경우 jQuery를 사용하고, 그*
*밖의 경우에는 Zepto를 사용하면 됩니다.*

## AJAX

AJAX는 페이지를 새로 고침하지 않고도 backend 서버와 통신할 수 있도록 해주는 시스템 프로토콜입니다. 모바일에서는 보통 데이터 전송 속도가 느리기 때문에 중요한 기능입니다. AJAX를 통해 서버와 통신하면 페이지 전체를 새로 고침하지 않고, 페이지의 일부 콘텐츠만 새로 고침하도록 할 수 있습니다.

AJAX는 브라우저마다 약간 다르게 작동하지만, jQuery와 같이 사용한다면 이러한 브라우저별로 상이한 점은 무시해도 됩니다. jQuery의 AJAX API가 이를 알아서 처리해주기 때문입니다.

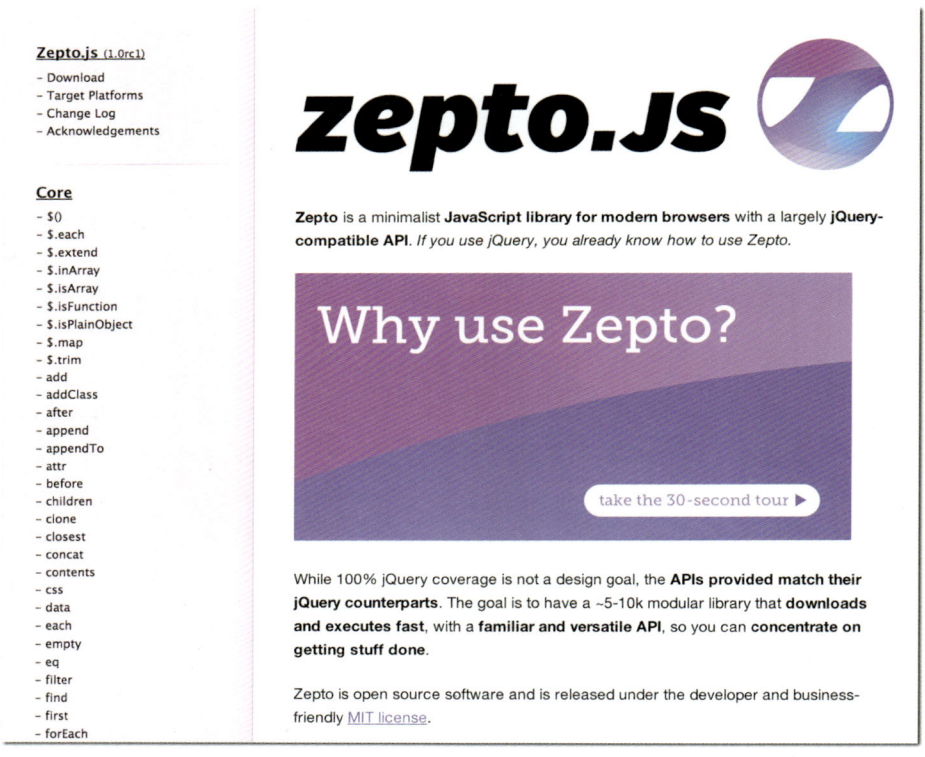

[그림 A-18] Zepto에 관한 더 자세한 정보는 http://zeptojs.com를 참조하기 바랍니다

기본적인 AJAX 호출입니다.

```
$.ajax({
  url: '스크립트-주소.php',
  type: 'post',
  data: {
    data1: true,
    data2: false
  },
  success: function(data) {
    //받아온 결과로 수행할 작업을 추가합니다.
  }
});
```

이 코드는 AJAX에서 사용하는 가장 기본적인 옵션을 포함하고 있습니다.

- url에는 데이터를 전송할 주소
- type에는 전송 방식(예를 들면 post나 get이 있습니다.)
- 전송할 data(예를 들면 JavaScript 오브젝트나 쿼리 문자열이 있습니다.)
- 서버의 응답을 처리할 콜백함수

상세한 옵션에 관해서는 http://api.jQuery.com/jQuery.ajax를 참조하기 바랍니다.

## JSON

JSON은 AJAX를 이용해 서버와 통신할 때 선택할 수 있는 Data 교환 형식입니다. JSON은 서버와 정보를 주고받을 때 간결한 방식을 선택하기 때문에 업로드, 다운로드 속도가 빠르며 서버와 통신에 사용될 수 있는 가장 이상적인 방식으로 여겨지고 있습니다.

## JSON 구문

JSON은 대형 JavaScript 오브젝트이므로 대부분의 필요한 기능을 모두 포함하고 있습니다. 예를 들어 보겠습니다.

```
    {
        "myData": {
            "item1": "텍스트 문자열",
            "item2": 10,
            "item3": true,
            "item4": [
                "배열 항목 1",
                "배열 항목 2",
                "배열 항목 3"
            ]
        },
        "moreData": {
            "item5": "more items"
        }
    }
```

위와 같이 JSON은 다양한 데이터 종류를 포함할 수 있습니다.

JSON을 이용하여 작업할 때 오래된 브라우저를 지원하려고 한다면, 구문 사용 시에 주의해야 합니다. 콤마 (,)나 따옴표를 사용하지 않은 배열 등의 잘못된 형식을 사용하면 오류가 발생할 수 있습니다. 이러한 문제 는 최신 브라우저에서는 발생하지 않으며, 테스트 시에도 오류가 발생하지 않을 것입니다.

JSONLint를 사용하면 JSON 코드를 검증할 수 있습니다. 그림 A-19와 같은 온라인 검증기는 http://jsonlint. com에서 구할 수 있습니다.

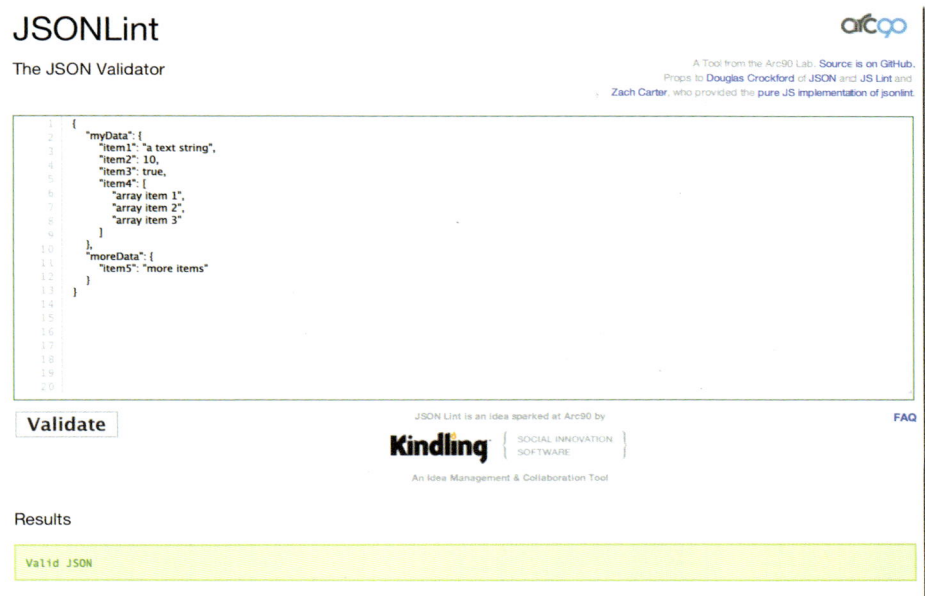

[그림 A-19] 온라인 JSONLint 검증기를 이용하면 JSON 코드가 유효한지를 쉽고 빠르게 확인할 수 있습니다

## Data Parsing(데이터 분석)

JSON이 JavaScript 오브젝트 같이 보이지만, 사실 문자열을 앞뒤로 나열한 것입니다. 다행스럽게도 이 JSON 문자열들을 쉽게 분석하여 JavaScript상에서 사용할 수 있도록 해주는 몇 가지 방법이 존재합니다.

그중 한 가지 방법은 window.JSON.parse( );를 이용하는 것입니다.

```javascript
function parseJSON(data) {
    // 먼저 일부 브라우저에서 문제가 될 수 있는 공백을 제거합니다.
    data = jQuery.trim( data );

    //그후, JSON Parsing 기능 사용이 가능하다면 해당 기능을 이용하여 JSON을 분석합니다.
    if ( window.JSON && window.JSON.parse ) {
        return window.JSON.parse( data );
    }
}
```

매우 오래된 브라우저에서는 window.JSON을 지원하지 않으므로 간단한 JavaScript 파일을 추가해야 합니다. 이 문제는 IE7 이하 버전의 브라우저에서만 발생하기 때문에 모바일상에서는 문제가 되지 않습니다. 스크립트는 https://github.com/douglascrockford/JSON-js에서 다운로드할 수 있습니다.

이를 대체할 수단으로 jQuery의 parseJSON( ) API를 사용해도 됩니다. 이 기능은 모든 브라우저에서 작동합니다.

> *Vanilla JavaScript의 속도가 빠르고, 라이브러리를 변경했을 때에도 잘 작동하기 때문에 가능한 이 Vanilla JavaScript를 사용하려고 할 수도 있습니다. window.JSON은 대부분의 모바일 브라우저에서 작동하기 때문에 모바일 개발 시에 jQuery 대체용으로 사용해도 됩니다.*

## JSONP

AJAX가 서버와 통신하기에는 매우 좋은 프로토콜이지만, 일반 HTTP 처리 과정에 존재하지 않는 다양한 보안 문제를 일으킬 수 있습니다. 주로 공격자가 개인 데이터(HTTPS 포함)를 개인 서버로 전송하는 것이 가능합니다.

다행히도 크로스 도메인(cross-domain) AJAX를 비활성화시키는 방법을 통해 이 위험을 줄일 수 있습니다. 즉, www.my-domain.com은 www.my-second-domain.com과 AJAX를 이용하여 통신할 수 없다는 의미입니다.

하지만 여러 상황에서 크로스 도메인 통신이 필요한 경우가 있습니다. 이때에는 JSONP를 사용하면 됩니다. JSONP wrapper를 추가하면 브라우저의 보안 검사를 통과할 수 있습니다.

jQuery의 AJAX API를 이용하면 쉽게 추가할 수 있습니다. jsonp 옵션을 true 값으로 설정해주기만 하면 됩니다.

```
$.ajax({
  url: '스크립트-주소.php',
  type: 'post',
  jsonp: true,
  data: {
    data1: true,
    data2: false
  },
  success: function(data) {
    // 받아온 결과로 수행할 작업을 추가합니다.
  }
});
```

## 요약

이 부록에서는 일반적인 모바일 애플리케이션에서 사용하는 기술 몇 가지에 대해 다루었습니다. Corks 애플리케이션을 만들 때 사용되는 대부분의 기술들을 사용하였지만 이 밖에도 다양하고 재미있는 HTML5, CSS3, JavaScript 옵션들이 많이 있습니다. 이 책에서 다루지 않은 최신 기술들을 찾아 배우는 것을 권장합니다.

웹 개발(특히 모바일 개발)의 가장 흥미로운 점은 다루어볼 수 있는 새로운 기술들이 항상 존재한다는 점입니다. 계속 코딩하세요!

# INDEX